어느 시골 소년의 애달픈 꿈의 기도

황무지가 장미꽃같이 5권 시리즈 2권

전 인류를 위해 가져야 할

미국의 책임

1등 국가를 건설한 힘의 원천!
인류 구원을 향한 미국의 권리와 의무!

황무지가 장미꽃같이 5권 시리즈 2권

전 인류를 위해 가져야 할
미국의 **책임**

1판 1쇄 인쇄 | 2021년 9월 30일

1판 1쇄 발행 | 2021년 10월 11일

글 | 이병기

발행인 | 이병기

발행처 | 꿈에출판

주 소 | (우)21504 인천광역시 남동구 석정로 574번길 9-4 한울 306

대표전화 | 010 9516 4216

이메일 | bklee4216@naver.com

등 록 | 2018. 2. 19 제2018-000008호

ISBN | 979-11-963313-4-4

979-11-963313-2-0(세트)

가 격 | $20   ₩20,000

우리은행 **1005-303-416846** 이병기 꿈에출판

목차

추천사

횃불트리니티신학대학원대학교 명예총장 **김상복**

　한 사람이 평생 기도해온 내용을 담은 책을 낸다는 것은 뜻깊은 일이라 생각됩니다.

　많은 경우 사람들은 자신의 인생과 삶을 담은 회고록을 책으로 남기게 마련인데 평생 하나님께 기도를 드린 자신의 기도 제목을 책으로 남기는 것은 드문 일이기 때문입니다.

　그런데 그 기도 제목들이 60년 넘는 세월 동안 처음부터 끝까지 변하지 않고 일관되게 미국과 전 세계 인류의 정의와 사랑과 행복을 위한 기도라 하니 더욱더 놀랍습니다.

　이병기 장로님의 꿈과 기도가 실현된다면 아름다운 세상이 될 것입니다.

추천사

미주LA 기독교방송 대표 **남철우**

기독교는 여러 종교 중에 인간의 죄 문제를 가장 심오하게 다루는 종교라 할 수 있습니다.

그런데도 세상에는 여전히 죄가 만연하고 있으며 이 죄로 인해 온갖 고통과 어려움이 인간의 행복과 정의를 앗아가고 있으니 죄 문제는 반드시 해결해야 할 일입니다.

이병기 장로님의 책에서는 이 심오한 죄 문제의 해결방법에 대하여 구체적으로 여러 가지를 이야기하고 있으며 또 새로운 패러다임까지 제시하고 있어 인상적입니다.

부디 이 책의 기도 제목처럼 인류가 죄 문제를 이기고 진정한 행복의 세계로 나아갈 수 있기를 위해 기도하겠습니다.

추천사

가수 남진 장로

　평생 기도해온 내용을 가지고 무려 5권의 책을 낸다고 하니 놀랍고 부디 미국의 많은 사람에게 영향을 끼쳤으면 좋겠습니다.

　책의 내용에서 인류의 정의와 인권을 세우기 위한 외침, 인류의 죄 문제를 해결하고자 하는 방법, 인류의 공영과 삶의 변화를 위한 신패러다임 등이 인상적이었으며 잘 썼다는 느낌을 받았습니다.

　부디 장로님의 평생 기도 내용이 담긴 이 책이 많은 미국인과 나아가 세계인에게 영향을 끼쳐 저자와 함께 꿈을 이루시길 기도하고 응원합니다.

서문

미국이 세계 최고국가가 된 힘의 원천은 무엇일까?

나는 거의 60년 넘게 당신 나라를 위해 기도해온 사람입니다.

나는 왜 이토록 긴 세월 당신 나라 미합중국을 위해 기도했을까요?

아이러니한 것은, 사실 나도 그 이유를 정확히 안다기보다 그저 하나님의 뜻에 이끌려, 내 마음이 가는 대로 기도했었다는 데 있습니다.

어릴 때는 6 · 25전쟁 이야기가 무섭고 두렵고 의지하는 마음으로 기도했었고, 조금 커서는 당신 나라가 강하다 하니 나의 나라를 지켜줄 것 같아서 기도했었으며, 더 커서는 당신 나라 사람들이 나의 나라에 도움 주고 나누고 섬기는 모습이 너무도 거룩하고 고귀하고 위대해 보여 기도했었습니다.

하지만 지금은, 안타까운 마음 반, 기대하는 마음 반으로 당신의 마음 정신과 당신 나라를 위해 기도하고 있습니다. 안타까운 마음 반이라는 것은, 지금 세상이 당신 나라로 인해 놀라운 발전을 한 것은 사실이지만, 그러나 여전히 고통받고 불행 가운데 사는 사람들이 많고 무엇보다 세상에 부정한 섹스와 마약, 동성애, 폭력, 사기, 살인, 간음, 중독, 패륜 등이 범람하는 등 세상이 타락해가고 있기 때문에 안타까운 마음 반입니다.

또 이 수렁에서 인류를 건질 수 있는 이는 그래도 오직 당신 나라 미합중국뿐이라는 생각으로 기도하기에 기대하는 마음 반입니다.

어쨌든 내가 바라는 기도는 전 세계에 못사는 사람들 잘살게 되고 또 잘 사는 사람들은 더 행복하게 되어 온 인류가 함께 잘 살고 행복하게 되는 것입니다.

나는 이를 위해 어제도 기도하고 오늘도 기도하며 내일도 기도할 것입니다. 그리고 이를 위해 전 세계인들의 지도자 역할, 지휘자 역할을 해야 할 사람이 바로 당신임을 알려주고 슬픔에 빠진 당신이라면 위로를 주고, 비탄에 빠진 당신이라면 격려를 해주며, 죄의 수렁에 빠져 있는 당신이라면 수렁에서 건져내 주기 위해 최선을 다할 것입니다.

또 불안과 두려움에 빠져 있는 당신이라면 용기를 주고, 절망에 빠져 있는 당신이라면 희망을 던져줄 것입니다.

갈 길을 몰라 방황하는 당신이라면 방향을 제시해주며, 하는 일이 잘 되지 않아 힘이 빠져 있는 당신이라면 하나님의 능력으로 주시는 내 모든 기도의 에너지를 다 쏟아 부어 당신에게 힘주기 위해 최선을 다할 것입니다.

이제 이 책에서는 미합중국 당신 나라가 세상에서 차지하는 위상이 어느 정도인지 알려주며 도대체 당신 나라가 어떻게 세계 1등 국가가 될 수 있었는지 그 힘의 원천과 발원지(복음)를 살펴볼 것입니다.

그리고 당신이 세계 중심국가의 국민으로서 어떤 권리와 책임(의무)이 있는지 살펴볼 것입니다.

또한 전 세계 국가와 국민들에게 희망을 던져주기 위해 필요한 새로운 패러다임에 대하여 살펴볼 것입니다.

마지막으로 나는 그토록 간절히 꿈꾸는 나의 꿈과 당신의 꿈을 세상에 심어볼 것입니다.

이처럼 많은 이야기 가운데 나의 소원은 단 한 가지입니다.

당신과 당신 나라가 중심이 되어 전 세계의 사람들과 국가들이 함께 잘 살 수 있는 세상을 건설하기를 바라는 것입니다.

앞에서도 이야기했듯이 불행했던 사람들이 행복하게 되고 나아가 세상에 행복의 씨앗을 심는 자가 되는 그런 세계를 꿈꾸는 것입니다.

다음 찬송가의 뜻처럼 말입니다.

나 어느 날 꿈속을 헤매며 어느 바닷가 거닐 때

그 갈릴리 오신 이 따르는 많은 무리를 보았네

나 그때에 확실히 소경이 눈을 뜨는 것 보았네

-찬송가 84장 중에서-

이 병 기

제1기도

미국의
힘의 원천!

미국의 힘의 원천은
청교도 정신과 개척정신

당신 나라 청교도 정신의 원류, 영국 청교도!

당신은 당신 나라 힘의 원천이라 할 수 있는 청교도가 어떻게 탄생했는지 아십니까?

청교도는 원래 영국에서 탄생한 기독교의 교파입니다.

성경의 가르침에 따른 엄격한 도덕, 주일의 신성화와 엄수, 쾌락의 제한과 철저한 금욕주의 등을 주장하며 기존의 부패한 교파에 대항하여 새롭게 태어난 개혁 교파라 할 수 있었습니다.

하지만 당시 율법주의에 물들어 있었던 영국의 왕들은 청교도를 심하게 박해하였습니다.

결국 청교도들은 이웃 네덜란드와 기타 지역으로 피해 다니며 종교 생활을 이어가야 했습니다.

그중에 메이플라워호를 타고 아메리카 신대륙으로 건너간 청교도들이 있었으니 이들이 바로 당신들의 선조인 필그림이었던 것입니다.

당신은 당신의 선조 청교도들이 단순히 본국의 박해를 피해 아메리카로 떠났다는 사실만 알고 있지 않습니까?

하지만 청교도는 단지 박해를 피해 도망 다니는 존재만은 아니었습니다.

그들은 불의에 대항해 정의를 얻어내는 위대한 용기를 가진 사람들이기도 했습니다.

당신은 청교도 혁명을 기억하시나요?

당시 영국 왕 찰스 1세(Charles I) 정권은 절대 왕권을 주장하며 의회의 승인도 없이 백성들에게 무거운 세금을 부과하고 심지어 힘없는 사람들의 돈까지 강제로 징수하는 제도를 만들어 돈을 거둬들이기에 여념이 없었습니다.

물론 이를 거부하는 사람은 강제로 투옥해버리는 일도 자행했고요. 이를 보다 못한 청교도들이 주축이 된 시민들이 1646년 들고 일어나 혁명을 일으켰으니 이것이 바로 청교도 혁명입니다.

영국은 바로 이 청교도 혁명 이후 비로소 왕권 국가에서 공화정 국가로 바뀔 수 있었던 것이고요.

영국의 섬나라 스코틀랜드에 존 낙스(John Knox)라는 사람이 있었습니다.

그는 신부의 신분으로서 성경을 믿으며 하나님을 섬기는 매우 신실한 사람이었습니다.

그런데 어느 날 스코틀랜드를 침공한 프랑스에 의해 노예로 끌려가는 신세가 되었습니다.

그는 무려 19개월 동안 노트르담 호에서 노 젓는 노예로 일했습니

───────────

151) 신사 나라의 환경의 거룩성, 협력성, 봉사정신에 존경과 경의를 표합니다. 타민족이 부러워하는 미합중국이 되기를 위해 기도합니다.

다. 낙스가 그곳에서 본 노예 생활은 참으로 가혹한 것이었습니다.

배에는 300여 명의 노예가 있었는데 그들은 인간 이하의 짐승 취급을 받으며 노를 젓고 배를 청소하는 삶을 살고 있었습니다.

반대로 감독들은 호화로운 생활을 누리며 게으름을 피우는 노예들을 폭력으로 다스리고 있었습니다.

낙스 역시 그들로부터 인간 이하의 취급을 당하며 고통 속에 지내야 했습니다.

심지어 쇠사슬로 의자에 묶여 지내는 일도 다반사였습니다.

낙스는 그런 절망적인 상황 속에서 하나님을 부르짖었습니다.

하나님은 낙스의 부르짖음에 응답하셨고 낙스는 기적적으로 구출되기에 이릅니다. 이때 낙스는 기존의 구교가 잘못되었음을 깨달았습니다. 낙스는 다시 성경을 보았습니다.

분명 성경에는 인간이 인간을 부리는 일은 죄라고 적혀 있었습니다.

낙스는 이러한 죄에서 돌이키는 일은 기존의 구교에 매달릴 것이 아니라 다시 성경으로 돌아가는 길밖에 없다고 생각했습니다.

그래서 성경 위주의 새로운 삶의 원리가 필요하다고 생각하여 새로운 종파를 만들었으니 그것이 바로 청교도입니다.

당신은 청교도가 이처럼 불의에 대항하여 정의를 얻기 위해 만들어진 종교임을 기억해야 할 것입니다.

당신의 선조 청교도들은 이처럼 불의에 굴복하지 않는 정의의 사도였음을 당신은 기억해야 할 것입니다.

그렇다면 이런 청교도들이 어떻게 지금의 당신 나라 아메리카로 향해야 했던 것일까요?

현재를 알기 위해 가장 중요한 것은 과거의 역사를 아는 것으로 생각합니다. 현재의 모습은 과거의 역사가 만들어낸 산물이기 때문입니다.

그런 면에서 나는 이제부터 당신·나라 아메리카 대륙의 발견부터 당신 나라 청교도들의 역사를 알아보는 여정을 떠나길 원합니다.

아메리카 대륙의 발견

이 핵심적인 사건의 배경을 살펴보기 위해 먼저 인디언의 역사부터 시작하는 것이 당연한 수순일 것입니다. 유럽인들이 이주하기 전, 북미대륙에는 인디언이 살고 있었습니다.

인디언의 기원에 대한 의견은 분분하지만, 당시 아시아대륙과 아메리카대륙은 연결되어 있었기 때문에, 몽골족이 수천 년에 걸쳐 시베리아로부터 아메리카로 이동했다는 설이 가장 유력합니다.

유럽인들이 아메리카대륙에 오기 전까지, 인디언들은 북미와 남미에 고루 퍼져서 독자적인 문명을 발전시켜 갔습니다.

그런 가운데 1492년, 인도를 찾아 스페인을 떠나왔던 콜럼버스(Christopher Columbus) 일행이 아메리카 대륙을 발견하게 됩니다. - 물론 이때 콜럼버스는 이 땅이 인도인 줄 착각하게 됩니다. - 이후 유럽인들의 노력으로 마침내 베일에 싸여 있었던 아메리카 대륙이 문명 세계에 드러나게 됩니다.

152) 현대판 식인종을 해결하지 않으면 미래의 식인종으로 연결될 것입니다. 현대판 식인종이 한 번만 결심하여 하나님의 품으로 돌아오면 천국의 희망이 있습니다. 현대판 식인종이 하나님 품으로 돌아오기를 위해 기도합니다.

그리고 그 이후 약 100년간 아메리카 대륙은 스페인의 약탈 대상이 되었습니다.

스페인이 아메리카를 독점하는 것을 막기 위해 포르투갈이 항의했고, 교황은 1494년 아메리카 대륙을 그 둘에게 나눠주었습니다. 하지만 이에 가만히 있을 영국과 프랑스가 아니었습니다.

영국과 프랑스는 물론 당시 신 세력으로 떠올랐던 네덜란드까지 신대륙 정복에 합류하면서 아메리카 대륙은 유럽 열강들의 식민지 쟁탈 격전장이 되어버리고 말았습니다.

스페인은 16세기 중반쯤에 이르러서는 남아메리카 기존의 인디언 제국들(잉카 제국, 아즈텍 왕국)을 멸망시키고 아르헨티나 일부를 제외한 중남미 전역을 정복하여 식민도시를 건설했지만, 북아메리카에는 식민지를 건설하지 못했습니다.

이에 15세기 말부터 북아메리카에 식민지를 건설하기 위한 발판을 찾기 시작했던 영국과 프랑스가 이곳의 정복에 나섭니다.

1588년, 당시 대서양의 제해권을 쥐고 있던 스페인의 강력한 해군과 신대륙 진출을 위한 움직임을 보이던 영국 사이에서 발발했던 해전에서 영국이 승리를 거둠으로써 영국은 아메리카로 접근하는 것이 좀 더 쉬워졌습니다.

남아메리카는 이미 스페인이 차지하고 있었으므로 영국은 북아메리카로 눈을 돌렸습니다.

그런데 이 당시 영국은 국왕이 식민지에 직접 군대와 사람을 보내 통치했던 스페인과는 달리, 개인이나 회사에 식민지 경영을 위한 특허장을 내주는 방식으로 북아메리카 땅에 접근했습니다.

이때 영국 국왕으로부터 이 특허장을 취득한 월터 롤리(Walter Raleigh)라는 사람이 있었는데 그는 플로리다 북쪽의 해안지방을 탐험하였고, 엘리자베스 여왕을 기념하여 그 땅을 버지니아라고 명명했습니다.

월터 롤리의 뒤를 이어, 일단의 투자가들이 모여 런던 주식회사를 설립하고 신대륙 진출에 발을 담갔습니다.

런던 주식회사는 제임스 국왕으로부터 남부 버지니아에 대한 특허장을 얻은 뒤, 1606년 그곳으로 일단의 개척자들을 파견했습니다.

1607년 체사피크만(Chesapeake Bay) 연안에 도착한 이들은 만을 따라 들어가 정착하고 그들의 마을을 제임스타운이라 이름 지었습니다.

낯선 환경의 원주민들과 말라리아 등의 질병으로 인해 개척자들은 고통받고 견뎌내기 어려운 듯 보였으나, 인디언들이 피우던 담배가 유럽에 소개되어 귀족의 기호품으로 자리 잡은 뒤, 담배 농사를 지어 성공을 거두었고 이는 곧 다른 유럽인들이 제임스타운으로 유입되는 데에 영향을 미쳤습니다.

또한 런던 주식회사 측에서는 이민자들에게 약간의 땅을 임대하였는데, 이는 임대라기보다는 거의 사유에 가까운 개념이라, 본국의 사람들이 새로운 기회를 찾아 버지니아로 이주하는 계기가 되었습니다. 그런데도 이들의 정착 생활은 여전히 쉽지 않았습니다.

---

153) 미합중국의 자동차와 배, 기차, 비행기 등 운송수단을 위해 기도합니다. 한순간의 실수로 사고의 위험이 일어나지 않도록 늘 교통안전을 위해 기도합니다.

인디언의 대규모 공격으로 인해 큰 피해를 보았고, 담배 농사는 땅을 황폐화해 숲을 개간하는 데에 많은 노동력이 필요했기 때문이었습니다. 사실 이들이 청교도 이전에 당신 나라 땅을 밟은 최초의 이민자들이었습니다.

이들의 존재는 다음에 올 청교도들의 기초를 미리 닦아놓았다는 점에서 의미가 있다 하겠습니다.

이것은 마치 성경에서 예수님이 오시기 전 세례 요한이 길을 닦으러 미리 온 것에 비유할 수 있습니다. 무슨 일이든 기초를 닦는 일은 매우 중요합니다. 그런 면에서 당신은 이들의 존재에 대해 알아두는 것도 좋을 것입니다.

필그림 청교도들의 플리머스 식민지 건설

1534년 헨리 8세(Henry VIII)는 수장령을 발표하여 로마 교황과의 관계를 일방적으로 단절하고 스스로 영국 성공회의 수장이 되었습니다.

이것은 가톨릭을 반대하는 것이므로 얼핏 보기에 개신교로 전환하는 것처럼 보였지만 사실은 그저 정치적인 이유로 가톨릭을 탈퇴한 것뿐이지 청교도처럼 성경으로 돌아가자는 몸부림은 아니었습니다. 그런 면에서 영국 성공회는 이름만 바뀌었지 내용은 가톨릭과 크게 차이 나지 않았습니다.

그러니 청교도들은 이에 반대할 수밖에 없었습니다.

이러한 이유로 청교도들은 16~17세기 내내 국왕과 분쟁을 계속했고, 이들 중에서도 급진적인 분파였던 '분리주의자'들은 박해를 피해 네덜란드를 거쳐 1620년 11월 11일 메이플라워호를 타고 마침내 당신 나라 매사추세츠의 케이프 코드에 도착했습니다.

이것이 바로 당신 나라 선조 청교도들이 당신 나라 땅을 디딘 첫발이었던 것입니다.

이들 청교도는 배에서 내리기 전 '메이플라워 서약'을 통해 자체적으로 시민적 정치공동체를 구성하기 위한 협약을 했습니다.

이렇게 만들어진 최초의 정착촌 이름은 플리머스(Plymouth)였습니다.

이는 시민들이 모두 참여한 계약 때문에 국가가 만들어진 역사상 유일무이한 예라고 할 수 있는 순간이었습니다.

이때 존 스미스 선장에 의해 탐사된 곳이 뉴플리머스로 이곳은 최초의 정착촌 플리머스의 수도가 되었습니다.

이렇게 북아메리카 땅에 의해 세워진 플리머스는 1620년부터 시작하여 1691년 매사추세츠에 합병될 때까지, 북아메리카에서 완벽한 자치권을 가지고 있었던 유일한 식민지로 활동했습니다. 그들은 민주적이고 열정적인 마음으로 정착 생활을 시작했지만, 이 지역은 너무 북쪽이어서 탐험 되지도 않았고 아무도 특허장을 신청하지 않은 곳이었던 만큼 생활이 힘들었습니다.

대부분이 그 겨울을 넘기지 못하고 죽었지만, 이듬해 봄 본국으

154) 학창 시절 달나라에 암스트롱이 착륙한 것을 보고 크게 감동하였습니다. 이를 보고 미국의 위상이 더 높아지기를 위해, 또 인류의 미래 과학을 위해 기도하였습니다.

로 돌아가는 메이플라워호에 탄 사람은 아무도 없었다고 합니다. 모두가 이곳에 정착하기로 마음먹었던 것입니다. 이 사람들을 필그림(순례자)이라 합니다. 필그림들은 원주민의 도움을 받아 생계를 꾸려나갔고,

그해 추수가 끝난 뒤 대풍년을 맞았습니다.

이에 청교도들은 가장 먼저 하나님께 감사예배를 드렸습니다.

그리고 인디언을 초대하여 옥수수와 빵, 칠면조를 대접하고 잔치를 벌였고 이것이 지금의 당신 나라 추수감사절의 기원이 되었다고도 합니다.

이 거룩한 추수감사절의 의미를 되살리는 감동의 노래가 있습니다. 바로 찬송가 '넓은 들에 익은 곡식'입니다.

넓은 들에 익은 곡식 황금물결 뒤치며
어디든지 태양빛에 향기 진동하도다

(새찬송가 589장)

당신의 선조 청교도들은 그야말로 아무것도 없던 새로운 땅을 일궈 넓은 들을 만들고 그곳에 곡식을 심어 황금 물결을 일궈내고야 말았던 것입니다.

아아! 나는 그때 그 개척자들을 위해 황무지 어디든지 태양 빛을 주시고 곡식의 향기가 진동하게 해 주셨던 하나님께 감사합니다.

만약 그때 그 은혜가 없었다면 오늘날 당신 나라도 없었을 것이니

감사하고 또 감사하지 않을 수 없습니다.

초기 청교도들의 실수, 마녀재판!

나는 이 지점에서 조금 무거운 이야기를 하려 합니다.

아마 당신이 조금 듣기 거북할지도 모르겠습니다.

이것은 당신 나라 초기 청교도 정착민들이 행했던 위선적 율법주의와 마녀재판에 관한 이야기이기 때문입니다. 내가 갑자기 이런 무거운 이야기를 하려 하는 이유는, 당신 나라 청교도 정신의 본질이 무엇인지 더 깊은 고찰을 하기 위함입니다.

그래야 세계 최고국가를 일궈낸 당신 나라 힘의 원천도 알아낼 수 있기 때문입니다.

어떤 문제의 원인을 캐려 할 때 그저 좋은 면만 찾아가다 보면 진짜 원인을 놓치기 쉬운 법입니다.

나는 당신 나라 힘의 원천이 분명 청교도 정신에 있다고 확신합니다. 하지만 청교도에 대하여 좋지 않은 인상을 받는 사람들이 많다는 사실을 나도 잘 알고 있습니다.

나 역시 청교도가 너무 위선적 율법에 치우친 나머지 고지식하고 지나친 행동을 했다는 사실을 잘 알고 있습니다.

그런데도 어떻게 당신 나라는 그 청교도 정신을 바탕으로 세계 최고국가를 이룰 수 있었을까요?

나의 의문은 여기에서 출발했습니다.

---

155) 미합중국이 하나님의 은총과 인도하심으로 부흥하옵소서. 전 국민이 합심하여 한마음으로 노력하여 고통받거나 외로워하는 사람이 능히 어려움을 이겨낼 수 있기를 위해 기도합니다.

이 세상의 훌륭한 일은 처음부터 끝까지 좋았을 때 생기지 않습니다.

반드시 어려움의 과정을 극복하는 기막힌 반전 스토리가 있을 때 사람들은 감동하고 훌륭한 일로 승화하게 됩니다.

이것은 역사를 둘러봐도 그렇고 주위의 성공한 사람들을 둘러봐도 그렇습니다. 대개가 극한의 어려움을 뛰어넘은 후에야 비로소 성공의 고지에 오를 수 있었고 후대에까지 감동을 주는 훌륭한 사람으로 기억되는 것입니다. 그래서 비록 무겁지만 나는 당신에게 이 이야기를 하려 하는 것입니다.

당신은, 당신 나라 초기 청교도 정착민들이 정착에 성공하기도 했지만, 마녀재판이라는 명목 아래 많은 선량한 사람들을 죄인으로 몰아 목숨을 앗아가기도 했다는 사실을 알고 있습니까?

기존에 살고 있었던 인디언을 탄압하고 학살했다는 이야기는 잘 알려졌지만, 마녀재판에 관해서는 생소할 것입니다. 마녀재판이 무엇입니까?

바로 구교의 악습에서 비롯된 마녀사냥을 계승하여 마녀로 지목된 사람을 무참히 공개 화형에 처하는 제도가 마녀재판 아닙니까? 유럽의 가톨릭에서는 마녀사냥으로 15세기~18세기 동안 최소 50만 명에서 최대 9백만 명을 죄인으로 몰아 무참히 죽였다고 전해지고 있습니다.

그런데 놀라운 것은 그 구교의 악습을 버리고 개혁하겠다고 새롭게 출발한 개신교마저도 그 마녀사냥을 따라 했다는 사실입니다.

그리고! 더욱더 안타까운 것은 개신교의 최대 개혁파라 할 수 있는 청교도에까지 마녀사냥의 전통은 사라지지 않고 이어져 왔다는 사실입니다.

당신은 마녀사냥이 얼마나 극악무도한 악을 저질렀는지 아십니까?

마녀사냥은 마녀 사냥꾼들에 의해 시작됩니다. 사악한 마녀 사냥꾼들은 아무리 죄 없는 사람이라도 극심한 고문을 통하여 없는 죄를 강제로 자백하게 만들어 마녀를 만들어내고야 맙니다.

그렇게 졸지에 마녀가 된 사람은 억울하게 화형에 처해야 했고요.

그들이 이런 무자비한 짓을 자행한 이유는 정치적, 종교적 이유 때문이었다고 합니다.

정치적으로는 자신들의 반대 세력을 처단하기 위함이었고 종교적으로는 신앙을 저버리고 악마가 깃들었다는 이유 때문이었습니다. 한편, 마녀재판은 서로 신고하는 제도를 만들어 가장 가깝고 친한 친구조차 믿지 못하게 하였으며 한집안의 사람들마저 서로를 경계하지 않을 수 없게 만들어 극심한 불신사회를 만들어내기도 했습니다.

그런데 이런 흉악한 마녀사냥이 왜 당신 나라 아메리카 땅까지 전해졌던 것일까요?

사실 당신의 선조 청교도들이 처음부터 마녀사냥을 한 것은 아닙니다. 청교도는 신앙심으로 똘똘 뭉친 사람들의 모임이었으니까요. 하지만 청교도에서 강조하는 교리에서 벗어나는 사람이 하나둘 나

---

156) 미합중국 대자연의 온 대지를 파랗게 수놓는 아름다운 생명을 바라보며 미합중국의 미래 새 희망을 위해 기도했습니다.

타나면서 이들의 처리에 고심하였을 것입니다. 이들은 이미 본국에 있을 때 종교재판을 경험해본 사람들이었으므로 이런 사람들에 대한 종교재판을 시행했습니다. 그리고… 안타깝지만 이것이 타락하여 마녀재판으로 발전한 것입니다.

여하튼 당신 나라의 초기 청교도 정착민들은 "마녀가 뉴잉글랜드의 낙원을 타락시키고 있다!"는 명목 아래 마녀를 지목하여 처형하는 일을 하기 시작합니다.

그리고 이러한 문화는 뉴잉글랜드 전역으로 퍼져 나갑니다.

그중 가장 유명한 마녀재판이 바로 매사추세츠 세일럼 마을(현재의 Danvers)에서 일어난 사건입니다.

이 사건은 처음 전직 상인이며 하버드 대학 중퇴자인 새무얼 패리스가 이 마을의 목사로 부임하면서 시작되었습니다.

그의 아홉 살 먹은 딸 베티(Betty Parris)와 열한 살 먹은 조카 아비게일(Abigail Williams) 그리고 열두 살 먹은 마을 유지의 딸 앤 푸트남(Ann Putnam)이 차례로 마을 사람들을 마녀로 고발하면서 마을은 순식간에 공포의 도가니로 변해버렸습니다.

이 마녀사냥은 단지 세일럼 마을에 그치지 않고 전 매사추세츠로 번져나가 무려 150명 이상의 주민(대다수가 여성)이 마녀 혐의로 기소되었습니다. 이때 정직하게 자신은 그런 짓을 한 일이 없다고 결백을 주장한 사람은 처형당하고 자신이 마녀 짓을 했다고 거짓으로 자백한 사람은 살려주었습니다.

이 같은 마녀사냥은 이제 뉴잉글랜드 지역으로 확산하였으며 이

때 고발된 마녀들은 대부분 사회적 신분이 낮고, 이웃들로부터 소외된 사람들이거나 자식이 없는 과부들이었다 하니 안타까운 마음 금할 길 없습니다.

당신은 당신 나라 초기 청교도 사회에서 이런 일이 일어났다는 사실이 믿어지십니까? 하지만 이것은 분명한 역사적 사실이니 인정하지 않을 수 없습니다.

아아! 이 이야기는 당신 나라를 너무도 사랑했던 나로서도, 더욱이 당신 나라 청교도 정신을 너무도 따랐던 나로서도 정말이지 받아들이고 싶지 않은 추한 이야기지만, 이것은 엄연한 역사적 사실이므로 나와 당신은 이 사실을 받아들이지 않을 수 없습니다.

만약 이 일이 여기에서 끝났다면 나는 이 사실을 책에 쓸 이유가 없습니다.

하지만 '아픈 만큼 성숙해진다'는 말처럼 이 사건 이후의 상황이 너무도 극적으로 반전되어 나는 이 사실을 쓰기로 결심했습니다.

바로 여기에서 당신 나라의 위대성을 찾을 수 있기 때문입니다.

오! 하나님, 그토록 하나님 앞에 죄악이었던 마녀사냥이 꿈의 나라 미국에서도 이어진 이유가 바로 하나님의 뜻이었음을 고백합니다.

하나님께서는 이것의 뿌리를 뽑기 위해 이 땅에서도 사용하셨습니다.

만약 이렇게 하지 않으셨다면 마녀사냥의 죄악은 끝나지 않았을지도 모릅니다. 그런 면에서 미국에서 마녀사냥을 허락하신 것조차

---

157) 하나님의 아가페 사랑 앞에 미합중국과 온 민족이 서로 협력하여 순종할 수 있기 위해 기도합니다.

감사합니다.

오직 하나님만이 할 수 있는 일임을 고백합니다.

극적인 전환점을 이뤘던 사건, 회개!

나는 분명 당신 나라 청교도 정신의 원류가 영국에서 전해진 초기 청교도들에게만 있지 않다고 생각하기에 당신에게 이 위험한 이야기를 그대로 하는 것입니다.

사실 많은 사람이 청교도에 대하여 좋지 않은 인식을 하고 있다는 사실도 나 역시 잘 알고 있습니다.

그것은 아마 청교도가 너무 지나치게 엄격한 도덕성을 강조한 나머지 고리타분하리만치 율법에 매달린 데서 그 원인을 찾을 수 있을 것입니다.

그 때문에 세일럼 마녀재판과 같은 믿을 수 없는 일이 일어나기도 했을 것이고요.

하지만 청교도가 이처럼 엄격해질 수밖에 없었던 데는 나름 교리적인 이유가 있었음을 당신은 알아야 할 것입니다.

당신은 초기 청교도들이 유달리 원죄설을 신봉했었다는 사실을 알고 있습니까?

즉, 인간은 날 때부터 원죄를 안고 태어나기에 끊임없이 원죄에 대해 속죄하는 삶을 살아야 한다는 원죄설 말입니다.

그래야 비로소 구원에 이를 수 있다고 생각했기에 청교도들은 그렇게 엄격한 삶을 살 수밖에 없었던 것입니다.

당신은 초기 청교도들이 원죄를 벗고 구원받기 위해 언제나 자신을 엄격하게 다스리는 극심한 도덕적 자세를 가졌다는 사실을 알고 있습니까?

당신네 선조였던 초기 청교도들은 주일에는 하나님만 경배하는 것 외에 아무것도 하지 않아야 한다는 성경의 문자를 그대로 지켰기에 일요일에는 정말로 아무것도 하지 않는 문화를 낳았습니다. 일요일에는 청소나 친구 만나는 것을 금하는 것은 물론이고 가장 기본적인 몸을 씻는 것이나 심지어 불을 지펴 요리하는 것조차 금할 정도였으니까요.

물론 이를 어긴 사람은 엄격히 다스렸기 때문에 그게 너무 지나치다 보니 마녀재판 같은 부작용을 낳기도 했던 것입니다.

하지만 당신은 이런 청교도의 엄격성 때문에 당신 나라 사람들이 다른 유럽인에 비해 정직성, 근면성을 발달시켜 나라 발전에 큰 공헌을 한 점도 있다는 사실을 기억해야 할 것입니다.

그리고! 또 하나, 바로 이 세일럼 마녀재판의 위기가 당신 나라 청교도가 다시 바르게 서는 계기가 되었다는 사실도 기억해야 할 것입니다.

당신 나라의 위대성, 당신 나라 청교도 정신의 위대성은 바로 이때부터 빛을 발하게 되기 때문입니다.

비 온 뒤에 땅이 굳는다는 말이 바로 이때 적용될 수 있을 것입니다. 이게 도대체 무슨 말일까요?

---

158) 미합중국과 온 땅에 하나님의 복을 허락하여 진리의 자유를 맛볼 수 있기를 위해 기도합니다.

당신의 선조 청교도들이 세일럼 마녀재판으로 역사상 씻을 수 없는 죄를 범했을 때, 청교도들의 아메리칸 드림은 최고의 위기를 맞는 순간이었습니다. 하지만 당신의 선조 청교도들은 이때부터 이전의 청교도들은 생각지도 못한 반전을 펼치기 시작합니다.

아마도 그것은 당신 나라 땅에서 품어져 나오는 기운과 하나님의 기운이 합하여 놀라운 승화작용을 했기 때문에 가능한 일이 아닐까, 생각되기도 합니다.

세일럼 마녀재판 이후, 당신 나라에서는 놀라운 일들이 일어나기 시작했습니다.

그것은 바로 자기반성, 회개 운동, 즉 대각성 운동의 발발이었습니다.

사실 성경에서는 죄를 안 짓는 것보다 더 중요한 것이 '회개'라 가르치고 있습니다. 인간은 근원적으로 불완전한 존재(죄인)이기에 죄를 완전히 짓지 않을 수는 없는 것입니다.

그런데 그런 죄를 짓고도 뉘우치지 못한다면 그것은 이전의 죄보다 더 큰 죄를 짓는 것이 되고 맙니다. 그래서 성경에서는 회개가 중요하다고 이야기한 것입니다. 당신은 이 사실을 알고 있습니까?

"만일 우리가 우리 죄를 자백하면 저는 미쁘시고 의로우사 우리 죄를 사하시며 모든 불의에서 우리를 깨끗케 하실 것이요"

-요한1서 1:9-

초기 청교도의 대각성운동 전개과정 – 1차 대각성운동

당신 나라 청교도 정신의 바탕을 찾기 위해 초기 청교도의 대각성 운동은 반드시 알아야 할 대목입니다.

그래서 나는 당신에게 당신 나라 선조들이 일으킨 대각성 운동의 역사를 소개하려 합니다.

이 역사를 통하여 당신은 당신 나라 땅에서 일어난 위대한 정신을 배우게 될 것입니다.

나는 결국 이때의 회개 정신이 결국 정직의 밑바탕이 되는 개척 정신과 봉사 정신, 교육 정신, 민주주의 정신으로 이어져 위대한 당신 나라를 건설할 수 있었다고 보기 때문입니다.

이 놀라운 일은 세일럼 마녀재판으로 온통 나라가 뒤숭숭할 때 재판의 판사로 참여했던 새뮤얼 슈얼 판사가 재판의 불공정성을 공개적으로 시인하면서부터 시작되었다고 볼 수 있습니다.

판사가 자신의 잘못을 시인하기 쉽지 않은 일인데, 슈얼 판사는 그 어려운 일을 한 것입니다. 슈얼 판사는 이날을 단식 일로 정하고 전 뉴잉글랜드에 회개를 위한 결의를 촉구했습니다.

놀랍게도 이후로 당신 나라에서 마녀재판이 사라져갔습니다.

회개 운동은 이것으로 끝나지 않았습니다. 18세기에 들어 당신 나라 청교도들은 다시 위기를 맞이했습니다.

개척 이민 2대를 지나 3대 시대를 맞이하면서 초기의 뜨거웠던 신앙심이 싸늘히 식기 시작한 것입니다. 점차 교회를 떠나는 사람들이 많아지면서 사회적 도덕도 땅에 떨어지기 시작했습니다.

---

159) 하나님께서 허락하신 아름다운 최고 국가 미합중국에서 혹시 악당 조직의 두목을 하는 사람들이 있습니까? 당신의 마음에서 악을 끝내고 새 희망의 비전을 꿈꾸기 위해 기도합니다.

음주와 문란한 섹스문화가 활개 치기 시작했습니다. 그 당시 교회에 나가는 사람이 전체 인구의 10%도 되지 않을 정도였다니 그때의 분위기가 어느 정도였는지 이해가 될 것입니다.

당신 나라 청교도가 다시 위기를 맞이했을 때, 또 놀라운 일이 벌어졌습니다.

바로 대각성 운동이 일어난 것입니다.

대각성 운동은 1차와 2차로 나누어 진행되었는데 1차 대각성 운동은 18세기 초 일단의 목사들에 의해 주도되었습니다. 이들 목사는 주로 영적 침체를 회복하기 위해 신앙의 도덕적 타락을 질타하는 설교를 하였는데 이 중 특히 조나단 에드워즈 목사가 '진노하시는 하나님의 손에 있는 죄인들'을 설파했습니다.

이 설교를 들은 청중들은 도시 전체가 비탄에 잠길 정도로 뜨겁게 공감했고 깊은 잠에 빠졌던 자신들을 돌아보며 눈물로 회개했다고 합니다. 당신은 당신 선조들의 이런 행동을 어떻게 생각하십니까?

놀랍게도 1차 대각성 운동 때 전체 인구가 30만 정도였던 뉴잉글랜드(미국 동부)에 있었던 교회 교인의 수가 약 25,000명에서 약 50,000명으로 불어났다고 하니 그때의 열기가 어느 정도였는지 짐작이 갈 것입니다.

2차 대각성 운동의 기적!

당신은 1776년 7월 4일이 무슨 날인지 누구보다 잘 알고 있을 것입니다.

바로 당신 나라의 독립선언서가 발표된 날입니다.

비로소 당신 나라는 영국의 식민지에서 벗어나 독립국으로 다시 태어난 것입니다. 하지만 이때 당신 나라는 종교의 자유를 선언함으로써 또다시 신앙적 타락의 길을 걷기 시작합니다.

사람들은 하나님을 떠나 흥청망청했고 도덕적 쾌락주의에 빠지기 시작했습니다.

또다시 청교도 정신에 위기가 닥친 것입니다. 그런데 이 위기의 순간에 다시 놀라운 일이 벌어졌습니다.

켄터키에서 목회하고 있던 맥그레디 목사가 다른 4명의 목사와 함께 레드 리버로 사경회를 갔을 때였습니다.

그들은 강가에서 집회를 열었는데 마지막 날 맥그레디 목사가 함께 데리고 갔던 맥기 목사가 설교할 때였습니다.

그는 청중들을 향해 회개를 촉구하는 설교를 했는데 바로 그 순간 곳곳에서 청중들이 눈물을 흘리며 회개하기 시작한 것입니다. 문제는 이 회개의 열기가 한 번으로 끝난 것이 아니라 마치 전염병처럼 당신 나라 곳곳으로 전파되어 갔다는 사실입니다.

이 일에 맥그레디 목사가 얼마나 흥분했는지 당시 그가 뉴욕 미셔너리 매거진(New York Missionary Magazine)에 기고한 글을 통하여 알 수 있습니다.

---

160) 과거와 현재의 고통으로 상한 마음의 상처는 하나님 외에 어느 누구도 치료할 수 없습니다. 상처로 고통받는 사람들은 부디 하나님 품으로 돌아와 새사람으로 탄생하기를 기도합니다.

"하나님의 능력이 온 회중을 흔드는 듯했다.

설교가 끝날 무렵 괴로운 심령들의 통회소리가 거의 그의 설교만큼이나 커졌다.

집회가 끝난 후 참석한 자 중 아무도 집으로 돌아가기를 원치 않은 듯했고 그동안 굶주리고 잠을 이루지 못했는데 그것이 아무에게도 영향을 미치지 않았다.

여기 영적 각성과 회심의 역사가 수많은 곳에서 발견되었고, 심지어 이상하고 놀라운 몇 가지 새로운 일들이 내[맥그레디]게 일어났다."

당시 켄터키는 당신 나라의 서부에 해당하는 지역이었습니다.

서부에서 시작된 회개 운동은 이제 동부까지 전파되었습니다. 코네티컷주에서 회개 운동이 들불처럼 일어나더니 이내 곧 동부 전역으로 확산하였습니다. 무엇보다 놀라운 것은 당시 회개 운동의 중심에 젊은이들이 있었다는 사실입니다. 그들은 처절히 자신의 죄를 회개하고 바르게 살 것을 다짐하는 기도를 드리기 시작했습니다. 방황의 절정에 있던 청년들이 회개의 중심에 섰다는 것은 엄청난 의미를 지닙니다.

그중 한 명인 뉴햄프셔의 의사 모릴이 경험한 고백을 들어보면 그때의 경험이 얼마나 대단한 것이었는지 알 수 있습니다.

"…나는 이 세상에서 존재한 모든 것 중에서 가장 추한 자라고 생각되었다.

왜냐하면 하나님의 은혜 바깥에서 살면서 죄만 지어왔기 때문이다. 하지만 13일간의 악몽과 같은 두려움과 공포가 지난 후 나의 영혼은 자유와 안식을 누렸다."

당신은 이 고백을 들으며 무슨 생각을 하십니까?

세상에는 자기 욕심대로 살면서 죄만 짓고 가는 사람이 있습니다.

반대로 하나님의 은혜와 사랑을 남기고 가는 사람도 있습니다. 당신은 어떤 삶을 살기 원하십니까? 당연히 후자일 것입니다. 하지만 사람들은 자기 속에 있는 근본의 욕심을 거두지 못하므로 마음의 원과 달리 죄에 빠져 사는 경우가 허다합니다.

이 죄에서 돌이키는 길은 바로 '회개'밖에 없는 것입니다.

그런 면에서 이날의 회개 운동은 하나님의 역사임이 분명합니다. 이날 젊은이들 중심으로 전개된 회개 운동이 전 미국으로 퍼져나가 당신 나라의 청교도 정신을 완전히 바꿔놓기에 이르렀으니까요.

정말 놀랍지 않습니까?

우리가 아무리 죄인일지라도 나의 죄에 대하여 가슴 치며 통회하고 땅을 치고 애통해하는 울부짖음이 있다면, 그리고 다시는 죄짓지 않겠다는 통렬한 고백이 있다면 어찌 하나님이 우리 죄를 용서하여 주지 않겠습니까!

당신 나라 선조의 그 울부짖음의 고백이 죽어가던 당신 나라 청교도 정신을 다시 살려놓을 수 있었던 것입니다. 당신은 이 사실에 대하여 어떻게 생각하십니까?

---

161) 인간은 누구나 심장을 통하여 동맥과 정맥에 피가 흐름으로써 생명력을 발휘할 수 있습니다. 이에 당신 미국의 튼튼한 심장과 맥박, 생명력을 위해 기도합니다.

당신 나라 힘의 원천, 청교도 정신의 힘!

당신은 당신의 선조들이 당신 나라를 개척할 때 그 바탕이 된 기본 정신이 바로 당신 나라 식 청교도 정신에 있다는 사실을 알고 있습니까?

세일럼 재판의 회개 운동과 2차에 걸친 대각성 운동을 통하여 당신 나라의 청교도 정신은 완성되기에 이릅니다.

그리고 이제 그 청교도 정신은 당신 나라의 모든 문화, 즉 교육제도, 정치제도, 사회문화 제도를 만드는 데 밑바탕을 이루게 됩니다.

그 증거가 바로 위대한 아메리카 미합중국을 만든 다음의 충성서약문에 고스란히 담겨 있습니다.

당신은 당신 나라에 이민 온 사람들에게 다음과 같은 충성서약문을 낭독하도록 한다는 사실을 알고 있습니까?

"나는 모두를 위한 자유와 정의를 실현하고 '하나님 아래(under God)' 분리될 수 없는 하나의 나라인 나의 공화국과 그것을 상징하는 국기에 대해 충성을 맹세합니다."

어떤가요? 아메리카합중국의 국민이 되는 조건으로 분명히 '하나님 아래'라는 단어가 들어가 있지요?

당신은 이 사실을 분명히 기억해야 할 것입니다.

당신 나라는 독립 이후 나라를 건설하는 데 있어 수많은 이민자를 받아들이는 정책을 실시합니다. 이로 인해 전 세계 수많은 나라

에서 당신 나라로 이민이 넘쳐나는 가운데 아무나 받을 수 없기에
이들 이민자에게서 받은 서약문이 바로 이것입니다.

이때 이민 온 사람들이 당신 나라의 국민이 되기 위해서는 반드
시 위의 충성서약을 해야 비로소 당신 나라의 국민이 될 수 있는
자격이 주어졌습니다.

이민자들이 당신 나라의 국적을 취득하기 위해서는 기념식에서
손을 들어 이 서약문을 암송해야 했던 것입니다.

그뿐만 아니라 현재에도 당신 나라의 50개 주 중에서 절반 정도
가 이 충성서약을 학교에서 암송하도록 장려하고 있습니다.

이것으로 당신 나라는 청교도 정신의 신앙 위에 세워졌다는 증거
가 되는 것입니다.

나는 이처럼 당신 나라 힘의 원천이 되는 청교도 정신을 당신 나
라 식 청교도 정신이라 불러야 한다고 생각합니다.

왜냐하면 그것은 유럽에서 태동했던 청교도 정신과는 엄연히 차
이가 있기 때문입니다.

무엇보다 당신 나라 식 청교도 정신은 언제든지 타락할 수 있는
인간의 위기를 바로 잡을 힘이 있는 정신입니다.

이것은 마치 오뚝이와 비슷한 모습입니다.

넘어질 듯하면 다시 일어나고, 넘어질 듯하면 다시 일어나고….

결코 넘어질 수 없는 정신입니다.

그랬기에 당신 나라는 수많은 위기 속에서도 다시 일어서 수 있
었고 결국 세계 1등 국가로 우뚝 설 수 있었던 것입니다. 당신은 이

---

162) 나쁜 습관은 쉽게 생기나 이를 다시 좋은 습관으로 고치기는 참으로 어렵습니다. 이에
지구 반대편에서 나는 당신의 좋은 습관을 위해 기도하고 있습니다.

사실을 인정하십니까?

혹 당신은 지금 넘어져 있지는 않습니까?

그렇다면 이런 당신의 선조들처럼 오뚝이 정신으로 벌떡 일어서기를 바랍니다.

또한 당신 나라 식 청교도 정신은 문제가 있을 때는 언제든지 수정할 힘이 있는 정신입니다.

대부분 망하거나 쇠퇴한 나라를 보면 고정관념을 벗어버리지 못한 데서 문제가 발생합니다. 아프리카의 나라들을 보십시오.

우리는 이 기아에서 벗어날 수 없다는 고정관념이 극심합니다. 그러니 아무리 NGO 단체들이 도움을 준다 해도 그 기아에서 도저히 벗어날 수 없는 것입니다.

그런데 당신 나라는 청교도가 위기에 빠졌을 때 과감히 지나치게 율법적인 교리에 수정을 가하는 포용력을 보여주었습니다.

이전까지 청교도는 폐쇄적인 칼빈주의 신앙을 신봉했습니다.

하지만 2차례에 걸친 대각성 운동을 통하여 교회들이

'수정 칼빈주의'를 채택함으로써 지나친 율법주의에서 벗어나는 힘을 보여준 것입니다.

당신도 혹시 지금 기존의 고정관념에 사로잡혀 고통받고 있지 않습니까?

그렇다면 당신의 선조를 본받아 과감히 고정관념에서 빠져나와 하나님이 주시는 새로운 힘으로 새길을 걸어가기 바랍니다.

나는 당신 나라 식 청교도 정신이 이런 위대한 힘을 갖추고 있었기에 이후 세계 최고국가를 향한 원동력이 될 수 있었다고 생각합니다.

따라서 당신도 세계 최고국가의 국민으로서 이 정신을 이어받아 온 인류에게 이 청교도 정신의 씨앗을 심는 일에 앞장서기를 간절히 바랍니다. 당신은 나의 이 생각에 동의하십니까?

지금, 당신 나라는 세계의 1등 국가로서 세계의 모범국가이자 신의 선택을 받은 후예라는 자긍심이 있는 국가입니다.

당신도 이것을 인정하시지요?

당신 나라는 이런 당신 나라의 문화와 정신을 세계에 전파해야 한다는 사명감으로 그동안 나의 나라를 비롯한 세계의 많은 나라를 당신 나라 식 기독교로 개종시키는 데 온갖 노력을 기울이기도 하였습니다.

그 밑바탕에는 바로 당신 나라 식 청교도 정신을 세계에 전파해야 한다는 사명감이 깔려 있었던 것입니다.

그만큼 당신 나라 식 청교도 정신은 당신들 스스로에게도 자긍심을 가져다주는 당신 나라 힘의 원천이었기에 가능했던 일입니다.

그리고 그 당신 나라 식 청교도 정신은 전 세계 어둠에 빠진 나라들에도 빛이 되고 있습니다.

그것은 당신의 선조들은 목숨을 바쳐서 복음의 빛을 전했기 때문입니다.

따라서 당신 나라 식 청교도 정신은 이 시대 빛의 사자들이며 복

---

163) 하나님의 은혜와 미국 선교사의 은덕만 생각하면 나의 마음속 깊은 곳에서 감사가 저절로 나옵니다. 참으로 어려운 역사 속에서 은혜를 베푼 당신과 선조님의 사랑에 감사 기도를 드립니다.

음의 빛이 되기도 하는 것입니다.

오, 하나님 이 어둠의 시대에 빛의 사자들이 나타나서 죄로 어두운 밤을 밝게 비춰주기를 간절히 기도합니다.

그 역할을 저와 미국인이 협력하여서 해나갈 수 있기를 간절히 소원합니다.

미합중국 창조의 원동력, 개척정신!

나는 내가 사모했던 당신 나라가 불과 300년도 채 되지 않는 역사 가운데 세계 1등 국가로 우뚝 선 힘의 원천이 무엇인지 항상 궁금했고 그래서 이를 위해 기도했었습니다.

이에 사람들은 여러 가지를 이야기하는데 나는 그중에서도 개척정신에 주목하지 않을 수 없었습니다.

당신은 당신 나라의 개척정신이 무엇인지 알고 있습니까?

당신은 당신 나라가 독립했을 당시 불과 13개 주에 지나지 않는 동부의 조그마한 나라에 불과했다는 사실을 알고 있습니까?

아니, 독립하기 전에는 13개의 유럽 식민지에 지나지 않았다는 사실을 알고 있습니까?

그런데 오늘날 당신 나라는 'United States of America, 아메리카 합중국'이라는 명칭으로 3억이 넘는 당신 나라 사람들이 광활한 땅 위의 50개 주에서 살고 있습니다.

도대체 당신의 선조들은 어떻게 13개의 식민지에 불과했던 당신 나라를 50개 주(별 50개)를 이루는 커다란 연방국으로 발전시켰으며 영토 면에서도 세계 3~4위에 해당할 정도로 광활한 지역을 차지할 수 있게 된 것일까요?

게다가 세계 1등 국가로 발돋움할 수 있었던 것일까요?

사람들은 이 모든 힘의 원천이 바로 개척정신에 있다고 이구동성 이야기합니다.

도대체 당신 나라의 개척정신이란 무엇을 말하는 것일까요?

당신은 그것을 나에게 제대로 설명해 줄 수 있습니까?

당신 나라의 개척정신은 아마도 초기 신대륙의 개척과 서부 개척, 그리고 나머지 알래스카와 하와이 개척을 들 수 있을 것입니다.

이 중 초기 신대륙 개척은 이미 앞에서 언급했기에 이후 독립이 어떻게 이루어졌는지,

또 서부 개척은 어떻게 이루어졌는지 알아보려 합니다.

먼저, 초기 13개 식민지에 불과했던 당신 나라는 어떻게 독립을 이루게 된 것일까요?

영국은 18세기 초에 이르기까지 버지니아와 플리머스를 시작으로, 북아메리카의 대서양 동북 연안에 총 13개의 식민지를 건설했습니다. 하지만 북쪽에서 영토를 확장하던 프랑스와 충돌하기에 이릅니다.

초반에 승세를 달리던 프랑스군은 1759년부터 열세에 몰렸고, 전쟁은 1763년 영국군의 승리로 끝났습니다. 문제는 전쟁 기간 식

---

164) 유엔본부의 사랑과 세계 각 나라 유엔 기구의 역할에 감사드리며 세계의 평화와 인권과 봉사와 정의를 실현할 수 있기를 늘 기도합니다.

민지는 여러모로 영국을 지원하기 위해 의용군과 물자를 보급했지만, 전쟁이 끝난 후 영국은 오히려 식민지에 보상을 요구하고 간섭을 강화하는 정책을 썼습니다.

영국은 식민지에 여러 가지 세법을 세워서 조세 부담을 가중했던 것입니다. 이에 식민지인들은 세법 철폐를 요구했고, 영국 상품에 대한 불매운동을 진행했습니다.

그러던 중 1773년, 식민지로 들어오는 인도산 차에 대해 관세를 부과하는 조항에 반대하는 '자유의 아들들'이라는 무리가 인디언 분장을 하고 항구에 정박해 있던 동인도회사 소속 배에 올라가 차 상자를 모두 바다에 버리는 사건이 발생했습니다.

이것이 독립운동의 시작이었던 보스턴 차 사건(Boston Tea Party)입니다.

나는 당신이 '자유의 아들들'이란 조직의 이름에 주목하기를 원합니다. 이들이야말로 자유를 갈구하며 탄생한 저항조직이었기 때문입니다.

당시 영국은 미국을 가리켜 "이 아이들은 우리 덕분에 발전했다….."는 표현을 써 당신 나라 사람들을 자극했습니다. 이때 영국에 대항해 결성된 애국조직이 바로 '자유의 아들들'이었던 것입니다.

1774년 6월 조지아를 제외한 12개 식민지 대표들이 모여 영국에 일부 법 철회를 청원했지만 거부당하는 일이 발생했습니다.

이렇게 식민지와 본국 사이의 긴장감이 팽팽해지던 중 1775년 영국군과 식민지인들 사이에 첫 무력 충돌이 일어났고, 이때 8명이 목숨을 잃게 되어 긴장감은 극에 달하게 되었습니다.

식민지 대표들은 다시 모여 영국과의 전쟁을 결의하고 식민지 연합군을 조직, 조지 워싱턴을 연합군 총사령관에 임명했습니다.

그리고 1776년 7월 4일, 세 번째 식민지 회의에서 식민지인들은 토마스 제퍼슨의 독립선언서를 만장일치로 채택하고 독립을 선언하기에 이릅니다.

이렇게 식민지와 영국 간에 7년의 긴 전쟁이 시작된 것입니다.

그리고 전쟁은 1783년 식민지의 승리로 끝나면서 드디어 당신 나라는 독립하게 된 것입니다.

이때 당신 나라는 13개 주가 차지하고 있었던 지역 외에도 영국으로부터 애팔래치아 산맥과 미시시피강 사이의 광대한 지역까지 덤으로 차지하게 되어 버지니아, 오하이오, 켄터키 등 9개의 주를 더 건설하여 22개 주를 거느린 나라가 되었습니다.

루이지애나 매입과 함께 시작된 숨 가쁜 영토 확장

당신 나라의 땅이 확대되자 수많은 개척민이 새로운 주(북서부의 오하이오, 인디애나, 미시간 등)로 이주해갔습니다.

이때 개척민들은 농업을 크게 발달 시켜 이제 뉴욕이나 보스턴 등의 대도시로 다니며 농작물을 팔 수 있게까지 되었습니다.

이때 그들은 육로보다 미시시피강을 이용한 수로를 더 애용했습니다.

---

165) 미합중국이 1776년 7월 4일 독립한 시점부터 현재까지 세계 각국에 자유민주주의를 심어주고 평화와 인권을 세워준 것에 감사드립니다. 이 같은 미국을 사모하는 마음으로 기도합니다.

　그것은, 수로가 육로보다 훨씬 덜 위험했기 때문이었습니다. 하지만 문제가 하나 있었는데 수로 중간에 프랑스령이었던 뉴올리언스가 있었고 이를 통과하면서 통행세를 물어야 했다는 것이었습니다.

　이에 당신 나라 의회는 이 문제를 해결하기 위해 아예 이 지역을 프랑스로부터 사들이기로 하게 됩니다. 재미있는 것은, 이때 프랑스의 왕이 바로 그 유명한 프랑스의 영웅 나폴레옹이었다는 사실입니다.

　결국 나폴레옹은 루이지애나 지역의 식민지를 당신 나라에 당시 돈으로 1,500만 달러에 팔기로 약속하는데 놀라운 것은, 이때 당신 나라가 사들인 땅의 넓이가 나의 나라 한반도의 10배에 해당하는 어마어마한 규모라는 것입니다.

　그 넓은 땅을 불과 1,500만 달러에 사들였으니 오늘날 결과를 보면 프랑스로서 땅을 치고 통탄할 일이요,

　당신 나라로서는 정말 운이 트인 일이라 하지 않을 수 없습니다.

　나는 이때부터 당신 나라의 운(물론 이 운은 하나님의 섭리입니다)이 트였다고 생각합니다.

　훗날 당신 나라 사람들은 이때 당시의 거래를 '미국 역사상 가장 현명한 거래'로 치켜세우기도 합니다.

　어쨌든 당신 나라는 이곳에 루이지애나, 아칸소 등 7개의 주를 더 건설하게 되는데, 이 지역의 개척은 단순히 당신 나라의 땅이 넓어졌다는 의미 외에도 서부 개척의 길을 열었다는 점에서 역사상 중요한 의미가 있게 됩니다.

한편, 당신 나라는 북쪽 국경선과 남쪽 국경선이 확실히 해야 하는 상황에 놓이게 됩니다.

그래서 북쪽 지역을 차지하고 있던 영국, 남쪽 지역을 차지하고 있던 스페인, 멕시코 등과 협상 또는 전쟁을 벌이는 상황에 직면합니다.

이때 협상에 성공하고 전쟁에 이김으로써 비로소 지금의 남부 플로리다와 서부 캘리포니아 등 중서부 지역을 손에 넣게 됩니다.

이로써 미국 본토의 영토가 완성되기에 이르는데, 당신은 당신 선조들의 이 숨 가쁜 영토 확장의 역사를 보면서 무엇을 느낍니다.

나는 이때 하나님의 역사가 없었다면 당신 나라가 이처럼 큰 영토를 차지할 수 없다는 것을 느꼈습니다.

당신 나라가 독립한 1783년 이후 불과 100년이 채 되지 않아 일어났던 일이었으니까요.

하나님은 이미 이때부터 당신 나라를 쓰시려고 이런 일을 벌였던 것입니다. 당신의 나의 이 생각에 대하여 어떻게 판단하십니까?

또 당신은 당신 선조들의 개척정신으로부터 무엇을 배웁니까?

마지막 알래스카와 하와이까지!

이제 남은 것은 알래스카와 하와이입니다. 알래스카 경우 극적으로 사게 된 케이스입니다. 알래스카는 그야말로 얼음으로 가득한 불모의 땅이었는데 왜 당신 나라는 헛돈을 쓴다는 국민들의 비난을

---

166) 미합중국의 초대 대통령 조지 워싱턴 대통령님의 위대한 업적에 감동하여 그의 영혼을 축복하는 기도를 올려드렸습니다.

감수하면서까지 알래스카 땅을 매입하게 된 것일까요?

사실 내가 '극적으로'라는 단어를 썼지만, 나는 이 역시 하나님의 개입이 있었다고 생각합니다. 그것은 뒤이어 일어날 일을 보면 당신도 알 수 있을 것입니다.

당시에 당신 나라는 러시아, 유럽으로까지 놓이는 전신망 가설을 추진하고 있었습니다.

그러한 전신망을 구축하기 위해서는 알래스카 땅을 확보하는 것이 꼭 필요했던 것이고요. 하지만 러시아가 내세운 가격 720만 달러는 부담스러운 가격이 아닐 수 없었습니다.

당시 720만 달러는 지금의 가치로 따지면 상당한 거액이었기 때문입니다. 이 때문에 당신 나라에서는 찬반으로 여론이 엇갈렸는데 결국 매입을 결정하게 됩니다.

재미있는 것은, 지금 누구도 당시 알래스카 매입이 잘못된 것이라고 비판하는 사람은 없다는 사실입니다. 왜냐하면 알래스카에서는 원유가 터져 나왔고 금광이 발견되었기 때문입니다.

훗날 러시아가 뒤늦게 땅을 치고 통곡했지만 어쩔 수 없는 노릇이었습니다.

덕분에 당신 나라는 알래스카로 더욱더 부를 쌓을 수 있었습니다. 나는 이때 작용한 운 역시 당신 나라가 훗날 세계 1등 국가가 될 것이란 징조였다고 생각합니다.

아니, 더 깊이 생각해 보면 하나님께서 당신 나라를 쓰기 위하여 이미 예정하고 있었던 일이며, 그 뜻이 성취되었던 것입니다.

당신이 기독교인이라면 나의 이 생각에 동의하실 것입니다.

마지막 남은 하와이는 당신 나라에서 마지막으로 주가 된 곳으로 비로소 당신 나라는 50주를 채우게 됩니다.

오늘날 하와이는 축복의 땅으로 불리고 있으니 이 역시 하나님의 뜻으로 이루어진 일이라 볼 수 있지 않겠습니까?

원래 하와이는 토착민이 왕국을 이루고 살던 곳이었습니다.

하지만 하와이가 살기 좋은 땅이라는 소문이 전 세계로 퍼지면서 이민자들이 이곳으로 몰려들기 시작했습니다.

당연히 이민자 중에서는 당신 나라 사람들이 압도적으로 많았고 이때 나의 나라의 조선에서도 하와이에 이민을 간 사람이 있었습니다.

이렇게 하와이에서 새 삶을 개척하던 당신 나라의 이민자들은 사탕수수 농사에 크게 성공하였고 이에 따라 제당업이 번창하게 되었습니다.

급기야 당신 나라 본토에까지 설탕을 수출하기에 이르렀는데 1890년이 되자 갑자기 당신 나라 본국에서 관세를 올리는 정책을 들고나오게 됩니다.

이에 하와이에 있던 당신 나라의 농장주들은 흥분했고 하와이를 미국과 합병해야 한다는 주장이 이곳저곳에서 터져 나오기 시작했습니다.

결국, 하와이에 있던 당신 나라의 농장주들이 중심이 되어 1893

---

167) 거울을 누가 발명했을까요? 어떤 모습도 가감 없이 그대로 표현합니다. 이러한 거울을 통하여 인류가 마음을 비춰봄으로써 깊은 감정과 양심을 들여다볼 것을 기도합니다.

년 하와이 혁명이 일어나기에 이릅니다.

이렇게 하와이를 차지한 당신 나라 이주자 중심의 공화국 정부는 당신 나라 본국 정부에 정식으로 하와이를 합병해 달라는 요청을 하였고 이를 승인하면서 하와이는 비로소 미합중국의 땅이 되었던 것입니다.

그리고 1959년 하와이는 드디어 당신 나라의 50번째 주가 되었던 것이고요. 이렇게 하여 마지막 50번째 별이 완성되었습니다.

여기에서, 나는 왜 당신 나라 국기에 50개의 주를 별로 표시했는지 의문이 생겼습니다.

아아! 그것은 당신 나라가 전 세계에서 별과 같은 존재가 되라는 하나님의 뜻이었습니다.

별과 같이 빛나는 존재, 어둠을 밝히고 물리치는 존재!

그것이 바로 당신 나라였던 것입니다.

당신은 이 사실을 받아들이십니까?

그렇다면 당신도 별과 같이 빛나는 존재가 되어야 한다고 생각하지 않습니까?

별과 같은 존재가 되어 당신의 선조들처럼 어두운 세상을 밝혀야 한다고 생각하지 않습니까?

당신은 당신의 선조들이 13개 주에 불과하던 땅을 알래스카와 하와이까지 포함하는 50개 주로 늘려 드넓은 땅을 만들어나가는 이 역사를 어떻게 바라보십니까?

나는 창세기에서 하나님이 아브라함에게 밟는 모든 땅을 주시겠
다고 약속했던 그 장면이 떠오릅니다.

아브라함이 처음 하나님의 명령을 받고 가나안 땅을 밟았을 때
밟는 땅마다 광활한 땅을 차지했던 것처럼, 당신의 선조들 역시 더
죄가 만연하지 않는 하나님의 나라를 이루라는 명령을 받고 아메
리카 땅을 밟았을 때 밟는 땅마다 당신 선조들의 땅이 되고 말았던
것입니다.

아브라함과 당신의 선조들!

두 모양이 이처럼 닮아있으니.

아아! 이것은 나만의 생각일까요?

너는 눈을 들어 너 있는 곳에서 동서남북을 바라보라 보이는 땅
을 내가 너와 네 자손에게 주리니 영원히 이르리라

-창세기 13:14~15-

아아, 당신은 이 사실을 알고 있습니까?

내가 당신의 땅 위에 있는 모든 것과 심지어 땅속에 있는 것들까
지도 기도하였다는 사실을요.

그만큼 당신과 당신 나라를 사랑했고 당신의 선조들이 이뤄놓은
광활한 당신의 땅을 소중히 여겼기 때문입니다.

당신은 나의 마음의 기도를 아시나요?

---

168) 세계에는 유명한 명품이 많습니다. 나는 어린 시절부터 미합중국이야말로 참으로 귀한
명품 중에 최고의 명품이라 여겨왔습니다. 이에 미국의 시민인 당신도 인류의 영원한
명품이 되기를 위해 기도하였습니다.

서부개척 시대의 위대한 힘!

당신 나라가 숨 가쁘게 영토를 확장하는 사이 이제 당신의 선조들은 서부 개척시대를 열어야 했습니다.

동부를 넘어 서부에는 드넓은 땅이 펼쳐져 있었으니까요!

문제는 서부를 개척하기 위해서는 험준한 애팔래치아산맥과 광활하고 거대한 로키산맥을 넘어야 한다는 사실입니다.

당신은 도대체 당신의 선조가 어떻게 아무 기술도 없던 그 당시에 험준한 애팔래치아산맥과 광활하고 거대한 로키산맥을 넘을 수 있었다고 생각하십니까?

인간으로서는 도저히 불가능해 보이는 데 말입니다.

그리고 광활하고 거대한 로키산맥을 넘었다 치더라도 어떻게 저 황무지나 다름없었던 캘리포니아를 위대하고 멋진 황금의 땅으로 개척할 수 있었다고 생각하십니까?

나는 이것이 바로 당신 나라만이 가지고 있었던 청교도 정신과 개척정신이 있었기에 가능했던 일이라 생각합니다.

당신은 서부 개척의 첫 관문을 연 사람이 대니얼 분(Daniel Boone)이라는 사실을 알고 있습니까?

지금의 켄터키는 험준한 애팔래치아산맥을 넘어야 했기에 감히 넘볼 수 없는 지역으로 여겨지던 지역이었습니다.

하지만 켄터키는 서부로 향하는 관문에 있었기 때문에 반드시 차지해야만 하는 지역이기도 했습니다.

이런 상황에서 켄터키 개척에 나선 사람이 바로 대니얼 분(Daniel

Boone)이었던 것입니다.

그는 최초의 당신 나라 서부 개척자로 통하는 인물이기도 합니다.

그는 당시 인디언들의 저항에도 불구하고, 애팔래치아산맥의 컴벌랜드 협곡을 지나서 켄터키를 향하는 '월더니스 통로'를 개척하는 데 성공했습니다.

그리고 지금의 켄터키 땅에 있는 인디언들을 끈질기게 설득하여 당신 나라 백인들을 이곳에 정착시키는 데에도 성공하는 쾌거를 이뤄내기도 했습니다. 이후로 당신 나라의 서부 개척은 그가 터놓은 길을 따라 손쉽게 이루어질 수 있었던 것입니다.

이런 공로로 당신 나라 사람들은 대니얼 분을 당신 나라 최초의 민중 영웅으로 떠받들고 있기도 합니다.

아아! 한 사람의 개척정신이 전 미국의 개척정신을 만들어내었던 것입니다!

그렇다면 서부 개척의 시대는 어떻게 갑자기 이루어진 것일까요? 하나님은 이제 당신의 선조들이 서부를 개척하게 만들기 위해 캘리포니아에 금광이 발견되게 하였습니다.

이제 사람들은 일확천금을 꿈꾸며 캘리포니아로 향해야 했습니다.

하지만! 캘리포니아 앞에는 거대한 로키산맥이 턱 하니 가로막고 있었습니다.

과연 당신의 선조들은 어떻게 서부를 개척할 수 있었을까요?

놀랍게도 당신의 선조들은 서부로 가는 열차 산타페 트레일과 오

169) 미합중국에서 봉사 단체의 역할은 세계적으로 유명합니다. 미합중국의 봉사가 전 세계에 전파되어 불쌍한 이웃과 소년소녀 가장, 과부, 비천한 자, 소외된 자들에게 새 희망과 새 생활의 꿈을 심어주기를 기도합니다.

리건 트레일을 만들어내었습니다.

미주리주의 인디펜던스 시티에 출발 기점이 세워졌고 덕분에 미주리주의 세인트루이스는 거대도시로 성장하게 됩니다.

지금도 세인트루이스의 미시시피강 강가에는 유명한 '게이트웨이 아치'라는 것이 세워져 있는데 이곳이 바로 서쪽으로 가는 관문임을 나타내는 구조물로서 기념비로는 당신 나라 제일의 높이를 자랑합니다.

당신은 당신 선조들의 이 위대한 개척 역사를 보며 무엇을 느낍니까?

당신의 선조들은 어떻게 불가능을 가능으로 바꿔 놓았을까요?

그것은 지금은 비록 어렵지만, 미래에는 잘 살 수 있을 것이란 희망이 있었기 때문일 것입니다. 미래에는 번영하여 위대한 국가를 이룰 것이란 꿈이 있었기 때문일 것입니다.

대륙횡단 열차와 위대한 캘리포니아의 개척!

이후 당신의 선조들은 대륙횡단 열차 건설을 꿈꾸게 됩니다.

당신 나라 동부에서 서부로 관통하는 대륙횡단 열차! 말입니다.

그것은 당시의 기술로는 엄청난 도전이었습니다. 하지만 당신 선조들의 개척정신 앞에는 흥미로운 도전에 불과했습니다.

결국 남북전쟁 이후 1869년 드디어 대륙횡단철도가 완공되면서 동부에서 더 많은 사람이 서부로 이주해 올 수 있게 되었습니다.

　나는 당신에게 이때의 관문 중 하나였던 유타주와 와이오밍주에서 당신의 선조들이 어떤 개척정신을 발휘했는지 그 일화를 들려주려 합니다.

　먼저, 유타주의 일화입니다. 처음 정착한 이듬해, 혹독한 겨울이 지나고 초봄을 맞은 개척자들은 사막의 거친 황무지를 개간하고 그곳에 농작물을 심었습니다.

　그런데 5월 말이 되자 엄지손가락만 한 메뚜기가 무시무시한 수로 몰려와 들판을 습격했습니다. 단 2주 만에 메뚜기 떼는 모든 것을 갉아먹었고, 사람들은 아사 직전으로 몰렸습니다.

　이때 놀랍게도 갈매기 무리가 나타나 메뚜기 떼를 잡아먹기 시작했습니다. 덕분에 간신히 살아난 교인들은 이를 기적이라고 부르며 갈매기들을 기리기 위해 동상을 세우고 유타주를 상징하는 새로 삼았습니다.

　그래서 지금도 유타주에서는 갈매기들을 보호하기 위해 정기적으로 먹이를 뿌려주고 있다고 합니다.

　아아! 하나님의 은혜가 아닐 수 없었습니다.

　다음으로 서부 개척의 통로였던 와이오밍주의 일화입니다.

　두려울 만큼 신비스러운 와이오밍주의 대자연은 사람들이 정착해 살도록 허락하지 않았습니다.

　9월 말이면 눈이 내리기 시작하는 긴 겨울과 모든 것을 날려버릴 것 같은 바람, 봄에 내리는 우박 등 차갑고 변덕스러운 날씨는 이곳에서 사람이 살도록 허락하지 않은 듯합니다.

---

170) 미국의 전직 대통령께서 세계의 빈곤 국가에서 하우스를 건축하기 위하여 직접 목수처럼 일하는 모습을 보며 하늘의 천사를 떠올렸습니다. 나도 진정 당신의 실천을 닮고 싶어 기도하였습니다.

게다가 이곳은 마치 지상이 아니라 깊은 바닷속에라도 와 있는 듯 울퉁불퉁 거대한 로키산맥의 심장부입니다.

그런데 이런 척박한 곳에서 당신의 선조들은 야생 들소, 인디언과 대적하며 삶의 터전을 개척해내고야 말았습니다.

그 주인공은 바로 목축으로 생계를 꾸려가던 카우보이들이었습니다. 그래서 와이오밍주는 '카우보이의 주(Cowboy State)'로 불리고 있는 것입니다.

당신은 당신의 선조들의 놀라운 개척 이야기를 들으며 무슨 생각을 하십니까?

뭔가를 처음 개척하는 데에는 반드시 고통이 뒤따르게 됩니다.

대부분 사람은 이 고통 앞에 굴복하여 개척자가 되지 못합니다. 하지만 개척자들은 고통 앞에 굴복하지 않습니다. 고통을 뛰어넘고 희망으로 바꿔버립니다. 그래서 개척자가 될 수 있는 것입니다.

당신의 선조들은 바로 이 개척정신이 있었기에 이런 훌륭한 일을 해낼 수 있었던 것입니다.

혹 당신도 지금 고통 속에 삶을 살고 있다면 당신의 선조들처럼 다시 힘을 내어 뭔가 세상을 향한 뜻 있는 삶을 살아야 한다고 생각되지 않습니까?

이제 나는 마지막으로 당신에게 당신 나라 경제의 중심지요,

당신 나라 최고의 주로 우뚝 선 캘리포니아의 개척 이야기를 들려주려 합니다. 당신의 선조들은 어떻게 이 황금의 땅 캘리포니아를 개척하게 된 것일까요?

사실, 캘리포니아는 당신 나라가 차지하기 전 근 300년 동안 스페인의 식민지였습니다. 하지만 멕시코가 독립하면서 1822년에 멕시코의 땅이 되기에 이릅니다.

하지만 미국-멕시코 전쟁으로 1848년에 당신 나라 땅이 되었으며, 1850년에 비로소 당신 나라 31번째의 주가 되었습니다.

그 후 당신 나라는 캘리포니아의 나머지 부분을 멕시코로부터 사들여 비로소 캘리포니아 주가 완성되기에 이릅니다.

흥미로운 것은 당신 나라가 이때 멕시코에 지불한 돈이 1,500만 달러였다는 사실입니다. 훗날 이곳이 황금의 땅이 될 줄 당시 멕시코는 전혀 몰랐던 것입니다.

캘리포니아가 비약적으로 발전하게 된 계기는 19세기 말에 금광이 발견되면서부터입니다.

수많은 서부 개척자들이 이곳으로 몰려왔으니까요.

그래서 캘리포니아는 지금도 '황금의 주'라는 별칭을 가지고 있습니다. 하지만 캘리포니아가 황금으로만 당신 나라 최고의 부유한 주로 떠오른 것은 아닙니다.

진짜 캘리포니아의 황금은 좋은 기후와 드넓은 지형, 지하자원 등이었습니다.

캘리포니아는 농업, 공업, 정보산업, 지하자원 등 대부분의 분야에서 50개 주 중 1~2위를 자랑하며 당신 나라 내 최고의 경제 중심으로 떠오른 것입니다.

캘리포니아주의 하나의 총생산(GNP)만으로도 세계 7~8위 국가

---

171) 우리나라 속담에 바늘 도둑이 소 도둑 된다는 말이 있습니다. 당신의 미세한 작은 죄의 근원이 뽑히기를 위해 기도합니다.

의 경제 규모와 비슷할 정도이니 더 말할 나위 없을 것입니다.

캘리포니아 땅은 그야말로 하나님의 축복 땅으로 불립니다.

최고의 기후와 최고의 땅이 펼쳐져 있는 곳입니다. 누가 이런 축복을 주셨을까요?

당연히 하나님입니다.

그렇다면 당신은 이 축복의 땅에서 무엇을 어떻게 해야 할까요?

나는 당신이 이 축복의 땅에서 축복에 걸맞은 위대한 꿈을 꾸기를 기도합니다. 이곳은 희망이 빛나고 있는 곳입니다.

당신은 이 희망의 빛을 가득 품고 고통받고 있는 온 인류에게 발산해야 할 것입니다.

나는 이것이 당신을 향한 하나님의 위대한 꿈이라 생각합니다.

개척정신을 본받아!

당신은 당신 선조들의 개척정신과 그 놀라운 역사를 어떻게 생각하십니까?

이것은 마치 아브라함이 하나님의 은총을 받아 이스라엘을 세웠던 것처럼 당신의 선조들이 하나님의 은총을 받았기에 가능했던 일이라 생각하지 않습니까?

당신의 선조들이 이처럼 놀라운 개척정신을 발휘할 수 있었던 것은 이 미지의 땅에 하나님의 나라를 일구고야 말겠다는 불굴의 의지가 있었기에 가능했을 것입니다.

그런 의지가 있을 때, 하나님도 돕는 법이니까요.

그래서 필요할 때마다 운이 작용하여 위대한 당신 나라를 일굴 수도 있었던 것입니다.

나는 다시 한번 당신에게 말하고자 합니다.

당신 선조들의 위대한 개척정신이 있었기에 오늘날 세계 1등 국가인 당신 나라가 탄생할 수 있었다고요.

이제 나는 당신이 당신 선조들을 본받아 제2의 개척정신을 꽃피우는 데 나서야 할 때라고 생각합니다.

그것은 당신 나라뿐만 아니라 인류에 하나님 나라를 세우는 것입니다. 더는 빈곤이 없는 세계, 더는 인권이 파괴되고 정의를 무너뜨리는 죄가 없는 세계, 더는 분노와 미움이 없는 평화의 세계를 개척하는데, 당신이 앞장서야 한다는 이야기입니다. 물론 당신의 힘으로 부족하다면 나와 나의 나라도 도울 것입니다.

당신 나라와 나의 나라는 어차피 함께할 수밖에 없는 운명공동체이니까요!

당신이 이러한 제2의 개척정신을 발휘할 때 당신의 이름은 창대하게 될 것이요,

당신은 온 인류의 복의 근원이 될 것입니다.

마치 아브라함처럼 말입니다.

너는 너의 본토 아비 집을 떠나, 내가 네게 지시할 땅으로 가라!
내가 너로 큰 민족을 이루고 네게 복을 주어

172) 당신과 당신 나라의 사랑과 봉사정신의 밑바탕이 되는 청교도 정신의 깊은 뜻을 위하여 기도했습니다.

네 이름을 창대케 하리니 너는 복의 근원이 될찌라

-창세기 12:1,2-

전 세계 일등국가를 건설한 힘의 원천

나는 당신 나라가 세계 1등 국가가 된 첫 번째 비결이 바로 당신 나라 식 교육에 있다고 생각합니다.

그런 면에서 당신 나라 교육의 역사를 살펴보는 일은 당신 나라가 세계 1등 국가가 된 힘의 원천을 알아내는 일이므로 매우 중요하다 하지 않을 수 없습니다.

세계 최고의 대학 하버드, 스탠포드의 탄생 비밀

당신 나라 매사추세츠주의 케임브리지에는 세계 최고의 대학으로 평가받는 하버드대학교가 있습니다.

그런데 이 하버드대학이 당신 나라 최초의 대학임을 아는 사람은 많지 않을 것입니다.

놀랍게도 하버드대학은 이미 식민지 초기였던 1600년대 초에 세워졌던 학교입니다.

도대체 하버드대학은 어떻게 식민지 초기 시절부터 최초의 대학

---

173) 미합중국이여 하나님께서 당신을 선택하였습니다. 부디 미합중국이 복의 근원이 되기를 위해 기도합니다.

으로 세워질 수 있었던 것일까요?

당시 아메리카로 이주한 청교도들은 자신들이 희망하는 새로운 신적인 국가를 건설하기 위해서는 뛰어난 종교지도자 없이는 불가능하다고 생각했다고 합니다.

그래서 종교지도자 양성을 기치로 내걸고 1636년 공립학교를 탄생시키기에 이르는데 이때 하버드대학이 세워진 것입니다.

물론 이때의 이름이 하버드대학은 아닙니다.

이후 하버드대학은 지독한 운영난에 처하게 되는데, 당시 식민지 시대 개척자였던 존 하버드(John Harvard)라는 사람이 죽으면서 엄청난 유산을 이 학교에 기증하는 일이 발생했습니다.

덕분에 이 학교는 존 하버드의 기부금으로 계속 유지될 수 있었고 결국 1639년 매사추세츠 입법의회가 존 하버드에 대한 감사의 표시로 학교의 명칭을 하버드대학교로 바꾸면서 지금의 하버드대학교로까지 이어져 오고 있었던 것입니다.

정말이지 당신은 하버드대학의 그 역사가 놀랍다고 생각하지 않습니까?

한편, 초기 청교도 중 코네티컷에 살던 사람들은 교육을 매우 중시하여 이미 그때부터 의무교육을 해야 한다고 생각했다 합니다. 그래서 1650년에 이미 50가구가 사는 곳에는 반드시 1명의 교사가 배치되어야 하고 100가구가 사는 곳에는 1개의 학교가 세워져야 한다는 조항을 의무 규정으로 둘 만큼 앞서가는 교육을 했었습니다.

코네티컷주의 청교도들은 이처럼 앞서가는 교육관을 갖고 있었기에 19세기 후반에 이미 모든 공립학교의 무상교육을 할 만큼 뛰어난 교육제도를 갖추었다고 합니다.

물론 이들 청교도의 초기 초중등교육은 가정의 어머니들이나 교회 중심으로 신앙교육을 하는 데 초점이 맞춰져 있었습니다.

당연히 대학 역시 고전 연구 및 목사 양성에 초점이 맞춰져 있었고요.

이렇게 하버드를 시작으로 1701년 예일대학, 1753년 컬럼비아대학, 1764년 프린스턴대학, 1891년 스탠포드대학 등 지금까지 최고의 대학으로 불리는 대학들이 줄줄이 세워졌던 것입니다.

이들 중 스탠포드대학에는 다음과 같은 탄생 비화가 전해오고 있습니다. 캘리포니아 주지사를 지냈던 스탠포드가 노후에 가족과 함께 여행을 떠났다 합니다.

그런데 이탈리아 여행 중에 그만 그토록 사랑하던 아들이 장티푸스로 사망하는 끔찍한 일이 일어납니다.

그때 아들의 나이 불과 15살이었습니다. 비탄에 빠진 스탠포드는 이 모든 것이 자신의 잘못임을 깨닫고 아들의 영혼을 기리기 위해 자신의 전 재산을 하버드대학에 기부하기로 합니다.

스탠포드는 이 결심을 당장 실행에 옮기려 하버드대학으로 달려갔습니다.

문제는 스탠포드가 하버드대학 정문에서 수위에게 저지당해 들

---

174) 유능한 인재가 한 국가의 미래를 책임집니다. 미합중국이 유능한 인재를 양성하여 세계에 유익한 영향을 끼치기를. 또 그 인재는 은혜에 보답하기 위해 기도합니다.

어갈 수가 없었다는 데 있었습니다.

스탠포드는 평상시 워낙 검소한 성격이라 복장마저 허술하기 짝이 없었습니다. 그런 사람이 하버드대학 총장을 만나러 왔다니 도저히 들여보내 줄 수가 없었던 것입니다.

그때 스탠포드는 자신의 결심을 바꾸게 됩니다. 이럴 바엔 직접 대학을 설립하자고요.

그렇게 세워진 학교가 바로 스탠포드대학입니다.

당신은 이 이야기를 어떻게 받아들입니까?

훗날 이 이야기를 들은 하버드대학 총장은 땅을 치고 후회하였다고 합니다.

그래서인지 지금도 하버드대학 정문에는 '사람을 외모로 판단하지 마라'는 문구가 새겨져 있다고 합니다.

오늘날 당신 나라 최고 대학인 두 대학 사이에 이런 일이 있었다니, 이 또한 하나님의 깊은 뜻이 담겨 있다 하지 않을 수 없습니다. 이 사건을 통하여 하버드대학의 교만을 꼬집어 준 것입니다. 누구든 최고의 자리에 있으면 교만해질 수밖에 없습니다.

그때 이런 가르침을 통하여 교만의 죄를 깨닫고 다시 겸손의 자리로 내려올 수 있는 것입니다.

나는 이때의 교훈 덕분에 하버드대학이 오늘날까지 세계 최고 대학으로서 교육을 이어오고 있다고 생각합니다.

당신은 혹 교만한 자리에 있지 않습니까? 만약 교만의 자리에 있다면 지금 나와 함께 하버드대학 사건을 교훈 삼아 겸손의 자리로 내려오기를 간절히 바라고 기도합니다.

하나님은 교만한 자를 대적하시되 겸손한 자들에게는 은혜를 주시느니라

-베드로전서 5:5-

아아, 오늘날 하버드대학과 스탠포드대학과 같은 당신 나라의 대학은 곧 세계 최고의 대학입니다.

따라서 나는 당신 나라의 교육 역시 세계 최고의 교육이라 생각합니다.

내가 기도하는 것은 당신 나라 교육이 전 세계에 몸살을 앓고 있는 나라들의 교육에도 영향을 미쳐 교육을 바로 세우는 데 앞장서야 한다는 것입니다.

당신은 나의 이 기도에 대하여 어떻게 생각하십니까?

당신 나라의 페스탈로치, 호레이스만!

유럽 교육의 아버지로 페스탈로치가 있다면 당신 나라에도 페스탈로치 못지않은 교육자가 있었습니다.

당신 나라의 교육을 한 단계 올려놓았다고 평가받는 그는 바로 호레이스 만(Horace Mann)입니다!

그는 원래 법학에 관심이 있었으나 교육의 중요성을 깨달은 후

---

175) 한 나라에서 문화가 가지는 가치의 의미는 위대합니다. 미합중국에 인류를 살리는 새 문화의 발전이 있기를 위해 기도합니다.

"의뢰인의 이익보다 다음 세대의 이익이 더 중요하다"라는 생각으로 교육에 전념하게 됩니다.

매사추세츠 교육위원회 위원장이 된 호레이스 만은 당시 학교마다 널리 퍼져 있었던 체벌을 없애는 것이 첫 번째 목표였습니다. 당시 학교에서는 문제아들이 악마에 씌어 그렇다는 명목으로 가혹한 체벌을 가하고 있었습니다. 이에 호레이스 만은 그런 체벌이 인간의 인권을 말살시키는 것이라며 반대를 표했습니다.

즉, 인간은 누구나 인권이 있고 잠재력이 있기에 가혹한 체벌은 잠재력을 키우기보다 누르는 역할을 한다고 본 것입니다.

그렇게 호레이스 만의 노력으로 당신 나라에서 가혹한 체벌은 점점 사라져갔습니다.

호레이스 만은 무엇보다 공교육 제도 수립이 중요하다고 판단해 매사추세츠주에 무상 공립 소학교를 세운 것은 물론이고 중학교도 공립학교를 설립하여 1860년까지 많은 주에서 공교육 제도가 수립되도록 하는 데 커다란 역할을 했습니다.

이러한 호레이스 만의 노력 덕분에 19세기 후반에는 공립 고등학교까지 세워졌으며 무상교육이 고등학교까지로 점점 확대되기에 이릅니다.

현재 당신 나라에서는 대부분의 주에서 고등학교까지의 무상교육이 이루어지고 있는 상황입니다.

또 이런 공립학교 설립 운동은 대학으로까지 확대되어 20세기 초에는 대부분 주에서 주립대학이 설립되기에 이릅니다.

이러한 노력으로 인해 이제 당신 나라의 교육은 누구나 받을 수 있는 교육 대중화의 시대를 열게 된 것입니다.

당신은 이처럼 교육을 중요시했던 호레이스 만과 당신 선조들의 교육관에 대하여 어떻게 생각하십니까?

그런 교육에 대한 열정이 오늘날 당신 나라를 세우는 데 초석이 되었다고 생각하지 않습니까?

성경에서도 지혜로운 자가 집을 세우나 어리석은 자는 자기 손으로 그 집을 헌다고 하지 않았습니까!

그런 면에서 당신의 선조들은 개척 초기부터 교육의 중요성을 깨달아 이를 실천했고, 그것으로 커다란 나라의 집을 세웠으니 지혜로운 자라 하지 않을 수 없을 것입니다. 당신은 이를 인정하십니까?

당신 나라 교육이 가르쳤던 내용

그렇다면 당신 나라 학교에서는 도대체 어떤 내용을 가르치기에 세계 1등 국민을 키워낼 수 있었던 것일까요?

나는 이것이 무척 궁금하지 않을 수 없었습니다.

당신은 그 내용에 대하여 잘 알고 있습니까?

당신 나라의 주요 교육목적은 다음 4가지로 요약할 수 있습니다.

1. 개인의 자아실현 조성
2. 선량한 시민의 육성

---

176) 미합중국에서 먼저 정의와 인권이 세워지고 후에 온 세계로 전파되기를 위해 기도합니다.

3. 유동적 · 개방적 시민사회에서의 생산적 노동자의 육성

4. 가정 및 공동사회 내의 선량한 성원의 육성

나는 이것을 보며 가슴을 치지 않을 수 없었습니다.

나의 나라 교육과 너무도 대비되기 때문이었습니다.

지금 나의 나라 교육은 오로지 명문대 들어가기 위한 천편일률적 교육으로 치닫고 있습니다. ― 굳이 말하자면 당신 나라의 교육목적 중 거의 3번에만 집중하고 있는 듯합니다. ― 거기에 개인의 자아실현이나 가정이나 사회에서 선량한 시민으로 육성하기 위한 인성교육은 온데간데없어진 상황입니다.

그런 면에서 당신 나라 교육은 위대성이 있습니다.

당신은 이 사실을 알고 있으며 자부심을 느끼고 있습니까?

사람은 왜 살까요?

모두가 행복해지기 위해 산다고 대답할 것입니다.

이러한 행복을 위해 가장 중요한 것이 바로 개인의 자아실현일 것입니다.

그런 면에서 개인의 자아실현이 교육목적의 첫 항목에 들어가 있는 것은 매우 중요한 의미를 지닙니다.

그런데 개인의 자아실현은 혼자 이룰 수 없는 것입니다.

그것은 가정 단위에서도 이룰 수 없는 것이며 사회 속에서 비로소 이룰 수 있는 것입니다.

따라서 선량한 시민의 육성은 개인의 자아실현 못지않게 중요하

다 하지 않을 수 없습니다. 또 먹고살기 위한 경제가 가장 기본인 사회 구성원으로서 생산적 노동자의 육성 또한 매우 중요한 항목입니다. 또 이 모든 것이 가정 단위에서 시작되어야 함은 두말할 나위 없습니다.

그런 면에서 나는 당신 나라의 교육목적이야말로 인간을 가장 행복하게 해줄 최고의 가치를 담았다고 칭송하고 싶은 마음입니다. 또 나의 나라 교육목적도 한시 빨리 당신 나라의 그것을 참고하여 지금보다 발전시켜 나가기를 간절히 기대합니다.

당신은 나의 이 마음에 대하여 어떻게 생각하십니까?

최근에 당신 나라에서는 이러한 교육목적에 '사고력 양성'이 하나 더 추가되었다고 합니다.

이것은 당신 나라가 얼마나 열린 마음으로 변화에 민감하게 반응하는지 보여주는 대목입니다. - 앞에서 살펴본 역사 속에서도 언급했듯이 나는 이러한 당신 나라의 변화 대응 능력이 세계 최고이기에 세계 최고 국가가 될 수 있었다고 생각합니다.

지금의 세상은 모든 정보와 지식이 넘치는 지식 정보 포화의 시대를 살고 있습니다.

이러한 시대에는 이제 근면 성실만으로 통하지 않습니다.

뭔가 남과는 다른 자신만의 생각과 창의력이 필요합니다.

그런 면에서 사고력 양성을 교육목적에 넣었다는 것은 정말 발빠른 대처라 하지 않을 수 없습니다.

아마도 그래서 당신 나라에서 저크버그나 스티브 잡스 같은 창의

---

177) 당신의 조상께서는 하나님의 말씀대로 먼저 그의 나라와 의를 구했습니다. 마찬가지로 오늘의 당신도 먼저 그의 나라와 의를 구하여 복의 근원이 되기를 기도합니다.

력이 뛰어난 인재들이 많이 배출되는 것 같습니다.

또 이 부분에서 나의 나라가 배울 것은, 각 학생의 소질과 능력을 최대한 발휘시키기 위하여 각 개인의 흥미나 강점에 부합하는 교육을 하고 있다는 사실입니다.

사실 나의 나라는 이 부분에서도 매우 취약한 상태에 있는 것이 현실입니다.

개인의 적성이나 소질보다는 오로지 학업성적에 매달리고 있는 것이 나의 나라 현실이니까요.

나는 이 부분 역시 나의 나라가 당신 나라에 배워 하루속히 교육개혁을 했으면 하는 마음이 간절합니다.

이상에서 나는 당신 나라 국민들이 세계 초일류 국민이 될 수밖에 없었던 근본적인 이유가 바로 교육목적에 있었음을 확인할 수 있었습니다.

나는 당신 나라의 교육목적을 보며 간절한 꿈이 하나 생겼습니다.

그것은 바로 당신 나라의 그 바른 교육목적을 전 세계 나라들의 학교에 전파했으면 하는 것입니다. 당신은 나의 이 생각을 어떻게 판단하십니까? 나와 함께 이 꿈을 이뤄갈 생각이 없으십니까?

어릴 때부터 봉사 정신을 생활화했던 나라

당신은 미합중국 당신 나라의 봉사제도가 얼마나 위대한 것인지 알고 있습니까?

나는 단언컨대, 당신 나라가 세계 일류국가가 될 수 있었던 밑바탕에 바로 이 당신 나라만의 봉사제도가 있었기에 가능했다고 생각합니다.

도대체 당신 나라의 봉사제도는 어떻게 생겨났고 왜 탄생하게 되었을까요?

당신의 선조 청교도들이 목숨의 위험을 무릅쓰고 아메리카 신대륙에 발을 디딘 것은 원대한 꿈이 있었기 때문이었습니다.

그것은 고통받는 인간의 삶을 변화 시켜 신의 뜻에 합당한 위대한 미래의 도시를 세우려는 꿈을 실현하기 위해서였습니다.

이미 악이 들끓어 죄로 물들었던 유럽에서라면 이게 쉽지 않겠지만 이제 새로 도약할 수 있는 신대륙에서라면 이것이 가능할 수도 있다는 생각으로 당신의 선조 청교도들은 이 땅에 발을 디딘 것입니다.

당신은 그런 청교도들이 모범적 사회를 세우기 위해 가장 강조해야 할 것이 무엇이었다고 생각하십니까?

당연히 개인의 이익을 따지기 쉬운 인간이기에 사회의 공익을 위한 정신을 강조해야 했을 것입니다.

이렇게 탄생한 것이 바로 자원봉사제도입니다.

자원봉사제도란 '스스로 원해서 국가나 사회 또는 타인을 위해서 자신의 이익을 따지지 않고 몸과 마음을 다하여 헌신하는 행위'를 말합니다.

이 얼마나 아름다운 제도입니까?

나는 당신 나라가 위대한 나라가 될 수 있었던 원인에 바로 이 자

---

178) 미합중국이 먼저 십자가의 고통을 깨닫고 회개하여 새 생명을 얻으며 열국 중에서 축복받기를 위해 기도합니다.

74

원봉사제도에 의해 탄생한 봉사 정신이 크게 한몫했다고 생각하는데 당신은 이를 어떻게 생각하십니까?

당신 나라의 봉사 정신이란 근검절약하는 생활습관은 물론이요, 자선단체에 기부하거나 무료봉사하는 것을 미덕으로 삼는 정신을 말합니다.

이러한 봉사 정신이 바로 자원봉사제도 덕분에 지금까지도 사회 곳곳에서 이 정신이 이어져 내려오고 있는 것입니다.

이 때문에 사람들은 당신 나라를 일컬어 '자원봉사의 나라'라 부르기도 합니다. 당신은 이 아름다운 이야기를 알고 있습니까?

당신 나라는 이 아름다운 자원봉사정신이 있었기에 이제 당신 나라를 떠난 다른 나라까지도, 심지어 이적 국가나 원수처럼 여기는 나라까지도 가서 봉사는 놀라운 모습을 보여주었습니다.

나는 그것이 청교도 정신과 봉사 정신이 융합하였기에 가능했다고 생각합니다. 당신은 이 사실을 알고 있습니까?

그렇다면 과연 당신 나라의 자원봉사는 어떻게 이루어지고 있을까요? 그 내용을 들여다보면 나로서는 정말 부럽기 그지없습니다. 당신 나라에서는 이미 어릴 때부터 학교에서 자원봉사를 가르치고 있으며, 이것이 자연스럽게 생활 속으로 이어져 대부분의 사람이 자원봉사의 삶을 실천하며 살아가고 있기 때문입니다.

놀라운 것은, 자원봉사가 특별한 마음을 먹고 해야 할 일이 아니라 생활의 일부가 되어 있다는 사실입니다.

그러다 보니 돈이나 시간의 여유가 있는 사람만 자원봉사에 참여하는 것이 아니라 대부분의 사람이 자원봉사에 참여하고 있습니다.

어린아이부터 은퇴 노인까지, 그리고 현직에 몸담은 사람들로부터 풀타임 자원봉사자까지 자원봉사가 생활의 일부분이 되어 있는 것입니다.

어느 정도 자원봉사가 활성화되어 있는지는 지난 9·11사태 때의 상황을 살펴보면 짐작할 수 있습니다.

당시 뉴욕시장이 루돌프 줄리아니(Rudolph Giuliani)였는데 그는 언론을 통해 "참사 현장에서 활동할 자원봉사자의 지원을 사절합니다. 제발 인제 그만 오십시오"라는 방송을 내보냈다고 합니다. 아니, 한 명의 손길이라도 아쉬웠을 그때 도대체 줄리아니 시장은 왜 이런 방송을 내보냈던 것일까요?

당신도 전쟁터보다 더 아수라장이 되었던 그때의 혼란을 기억하실 것입니다.

알고 보니 물밀 듯이 몰려오는 자원봉사자들이 너무 많아 오히려 구호작업에 지장을 줄 정도가 되어 할 수 없이 줄리아니 시장이 이런 방송을 내보냈다는 것입니다.

당시 자원봉사를 신청했던 의사·간호사·약사 등 의료진은 7,000여 명에 달했다 하고, 헌혈자 등 민간 자원봉사자는 수만 명에 달했다고 합니다.

아아! 이 얼마나 대단한 봉사 정신입니까! 나는 이런 당신 나라를 칭송하지 않을 수 없습니다!

---

179) 미합중국 땅 위에 하나님이 허락한 세계 양심기념관을 세울 꿈을 놓고 기도하고 있습니다. 부디 미국인이 나의 마음을 볼 수 있도록 기도합니다.

이러다 보니 당신 나라에서는 누구든지 마음만 먹으면 언제든지 자원봉사를 할 수 있는 사회적인 시스템이 거의 완벽하게 갖춰져 있습니다.

누구든지 자원봉사를 하고 싶어 하는 사람이 있다면 원하는 지역의 우편번호만 누르면 됩니다.

그러면 자원봉사를 해야 하는 기관과 쉽게 연결되어 원하는 자원봉사를 할 수 있게 되어 있습니다.

또 자원봉사의 내용 역시 단지 독거노인, 소년소녀가장 등에 한정된 것이 아니라 '아이들에게 책 읽어주기', '노인 돌보기', '노숙자 간호' 등 매우 다양하게 펼쳐져 있습니다.

당신 나라의 대표적인 복지단체인 '인디펜던트 섹터'에서는 1987년부터 '5% 주자 운동'을 펼쳐왔다고 합니다.

'수입의 5%, 1주일에 5시간을 자원봉사를 위해 할애하자'는 운동입니다.

덕분에 '인디펜던트 섹터'의 2000년 조사에 의하면 당신 나라 12~15세 청소년의 50%가 자원봉사 활동에 참여한 경험이 있다고 합니다.

또 당신 나라 비영리단체인 '미국 원조 재단'(Giving USA Foundation)이 발간한 최근 연례보고서 내용에 의하면 2014년 미국인들의 자선 기부금은 3천584억 달러(약 401조1천억 원)로 밝혀졌습니다. 이는 나의 나라 한 해 예산에 육박하는 엄청난 금액으로 그저 존경스럽고 부러울 따름입니다.

아아! 당신은 아십니까? 내가 얼마나 당신 나라의 봉사 정신을 본받고 싶어 하는지?

나도 당장 당신 나라로 달려가 당신들이 하는 자원봉사에 참여하고 싶어 하는지?

당신은 나의 이런 마음을 아십니까?

나는 당신 나라에 이런 위대한 봉사 정신이 있었기에 오늘날 전 세계의 선구자가 되고 모범국가가 될 수 있었다고 확신합니다.

그런 면에서 당신 나라의 위대한 봉사 정신이 이제 전 세계로 전파되어 아름다운 세상을 만들어야 할 때라고 생각합니다.

나는 언제나 당신 나라의 위대한 봉사 정신을 위해 기도하고 있습니다.

당신은 이 일에 나와 함께 앞장설 생각은 없으십니까?

외롭게 사는 이 그 누군가 맘 아파 헤매는 그대로다
외로이 우는 이 그 누군가 친구를 잃은 이 그대로다

-새찬송가 291장 중에서-

당신 나라 봉사 정신의 파워!

당신은 내 가슴을 뭉클하게 했던 캘리포니아에 사는 한 노부부의 삶을 아십니까?

---

180) 미국인들이 먼저 하나님께 순종함으로써 열방의 모범적인 큰 나라가 되기를 위해 기도합니다.

그들은 매일 하루 5시간씩 인근 양로병원에 나가 노인들에게 책을 읽어주고 말벗이 되어 주는 자원봉사 활동을 5년째 하고 있다 합니다.

노부부에게 있어 매일 5시간이란 시간은 거의 하루를 투자하는 것이나 다름없을 것입니다.

아무리 봉사 정신이 투철하다 해도 쉽게 할 수 있는 행동이 아닙니다.

그런데 이런 자원봉사 활동이 이 노부부뿐만 아니라 대부분의 사람에게서 일어나고 있으니 도대체 당신 나라 봉사 정신의 근원을 어디에서 찾아야 할까요?

당신 나라의 자원봉사자들은 한결같이 이런 이야기들을 합니다.

"어렵고 힘든 여건에 있는 사람들을 돕다 보면 나의 문제는 아무 것도 아닌 것으로 느끼게 됩니다.

조금이라도 남보다 더 가졌다고 생각되면 이를 사회를 위해 베풀어야 하는 것 아니겠습니까?"

"더 많이 교육받고, 경제적으로 여유 있다는 것은 이 사회에서 특권을 받았다는 것이기 때문에 책임감을 느낍니다.

그러니 남을 돕는 것은 결국은 이를 통해 내가 행복을 느끼는 것이기 때문에 결코 희생으로만 볼 수 없습니다."

아아! 이 얼마나 아름다운 말입니까?

당신 나라의 봉사 정신의 근원에는 나의 것을 내어 남을 돕는다는 희생 개념을 넘어 가진 자의 '책임'이요 당연히 해야 할 '의무'라는 개념으로 발전해 있는 것입니다.

이는 어려서부터 가진 자들이 가지지 못한 자들을 위해 베풀 줄 알아야 한다는 의무감을 심어주었던 교육에서 비롯되었던 것입니다.

이러한 의무감이 당신 나라 사람들의 가슴속에 심어져 있기에 봉사 정신 또한 희생 개념에서 의무 개념으로 발전시킬 수 있었던 것 아니겠습니까?

나는 이것이야말로 나눔의 가장 발전된 개념이라고 생각합니다. 봉사란 단지 나를 희생하여 누군가를 돕는 좋은 행위를 넘어 사회 구성원으로서 당연히 지켜야 할 의무에 해당하는 아름다운 행위라고 말입니다.

사실 크게 보면 우리가 모여 사는 사회와 국가도 하나가 아니겠습니까?

겉으로는 서로 싸우고 하지만 결국 한배를 탄 운명공동체란 이야기입니다.

당신도 생각해보십시오. 만약 한 국가가 망한다고 했을 때 가난한 사람만 망하고 부자는 괜찮을 수는 없는 법이지요.

모두가 함께 망하는 것입니다.

그런 의미에서 한 사회나 국가를 구성하고 있는 구성원은 빈부의 격차를 떠나 잘나고 못남을 떠나 모두가 공동운명체인 것입니다.

따라서 국가의 구성원 중 위기에 처한 사람이 생겼을 때 당연히

---

181) 나는 어린 시절에 미국을 알고 매혹되어 애끓는 심정으로 매년 미합중국 독립기념일인 7월 4일만 되면 나 혼자 감격하여 미합중국 만세를 3번 외치고 기도합니다. 오죽하면 내 아들의 탄생일도 7월 4일입니다.

가진 자는 의무적으로 그를 도와야 합니다.

단지 돕고 싶을 때 돕고 안 돕고 싶을 때 안 돕고 하는 개념이 아닌 것입니다.

내가 당신 나라의 봉사 정신이 나눔의 가장 발전된 개념에 접근해 있다고 말하는 이유가 바로 여기에 있는 것입니다.

아아! 나는 이제 또 꿈을 꿉니다. 당신 나라의 의무적 나눔 봉사제도가 이제 당신 나라 내에서만 일어날 뿐 아니라 국가 대 국가로 일어날 그 날을 꿈꾼다는 것입니다.

조금 더 크게 보면 국가의 구성원이 운명 공동체인 것처럼 이제 전 지구촌의 나라들도 운명 공동체인 것입니다.

어떤 나라는 행복하고 어떤 나라는 불행하고 해서는 완전한 행복이 이루어질 수 없다는 이야기입니다.

이번에 그리스 사태가 그것을 증명해주고 있습니다. 그리스라는 한 나라에 디폴트(국가 부도) 사태가 일어났을 뿐인데 전 세계 나라의 경제가 휘청거렸지 않습니까!

그런 의미에서 이제 의무적 나눔 정신은 국가 대 국가의 개념으로도 발전해야 한다고 생각합니다. 물론 지금도 어느 정도 그런 시스템이 있긴 하지만 아직 많이 부족한 상태에 있다는 것은 당신도 잘 알고 있을 것입니다.

그러니 당신 나라가 조금만 더 힘을 발휘하여 당신 나라의 위대한 나눔의 봉사 정신을 전 지구촌으로 확대해주길 간절히 기대합니다.

물론 당신 나라가 나선다면 나와 나의 나라도 할 수 있는 한 힘을

다해 도울 것입니다. 그것이 온 인류가 함께 잘 살 수 있고 행복해
질 수 있는 최선의 길이기 때문입니다.

당신은 나의 나라에 인류공영(인류의 공동 번영)에 대한 꿈이 있
다는 사실을 잘 모를 것입니다.

안으로 자주독립을 확립하고 밖으로 인류공영에 이바지할 때다!

이것은 나의 나라가 한창 경제개발을 할 1960년대 당시 전 국민
을 교육하기 위해 만든 나의 나라 국민교육헌장의 내용입니다. 나의
나라 국민들의 마지막 꿈이 바로 인류공영에 이바지하는 것입니다.

아아! 나는 지금 인류공영에 이바지할 꿈에 훨훨 불타고 있습니
다. 하지만 나의 나라 힘만으로 쉬운 일이 아닙니다. 하지만 세계
최고국가인 당신 나라가 함께 한다면 인류공영의 꿈은 반드시 이루
어지고 말 것입니다!

행복을 두 손 안에 꽉 잡고 있을 때는 그 행복이 항상 작아 보이
지만, 그것을 풀어준 후에는 비로소 그 행복이 얼마나 크고 귀중했
는지 알 수 있다.

－막심 고리끼－

당신 나라 자유민주주의의 뿌리

나의 탐구는 당신 나라의 위대한 힘의 원천이 무엇인지 찾는 데

---

182) 나는 미국을 사모한 나머지 생활이 어려워도 절약하고 아끼고 안 먹고 안 입고 저축하
여 아들 하나를 14살 때 시카고로 유학 보냈습니다. 그 후 하루도 빠짐없이 더욱 미국
이 세계의 대국, 열방의 대국이 되기를 위해 기도했습니다.

서 출발했습니다.

그 힘의 뿌리는 당신 나라 식 청교도 정신과 개척정신이었고 그 힘의 줄기는 바로 위대한 봉사 정신이었습니다. 그렇다면 당신 나라의 힘을 비로소 활짝 펼치게 해주었던 힘의 가지는 무엇이었을까요?

당연히 그것은 당신 나라의 자유민주주의일 것입니다.

아마 당신도 이 사실에 대해서는 부인할 수 없을 것입니다.

당신 나라의 자유민주주의를 이해하기 위해 먼저 그 뿌리가 어디에서 나왔는지부터 살펴야 할 것입니다.

먼저, 민주주의는 물론 고대 그리스의 민주주의에 그 뿌리를 두고 있음이 당연합니다.

이후 그리스 민주주의는 노예와 여성의 참정권을 제한하는 등 문제가 많았기에 곧 멸망하고 맙니다.

다시 민주주의가 부활한 것은 18세기가 되어서였습니다. 이때 그리스의 민주주의를 계승한 곳은 유럽이었습니다.

민주주의의 대표적 사상가였던 영국의 로크(John Locke)는 행정부와 입법부의 2권 분립을 주장하는가 하면 프랑스의 몽테스키외(Montesquieu)는 행정·입법, 사법의 삼권분립 필요성을 강조하기도 했습니다.

또 루소(Rousseau)는 드디어 민주주의의 핵심이라 할 수 있는 국민주권론을 펴기도 했습니다. 즉, 나라의 주권은 왕이 아니라 국민에게 있다고 주장한 것입니다!

이는 이전까지 나라의 주인이 왕이라 생각했던 개념을 완전히 뒤집어엎은 것으로 정말이지 획기적인 국가관이 아닐 수 없었습니다!

유럽에서 열심히 민주주의의 기초를 다지고 있을 때 당신 나라에서는 독립전쟁이 한창 일어나고 있을 때였습니다.

이제 당신 나라도 독립을 하게 되면 헌법을 만들어야 했으므로 어떤 이념을 선택할 것인가의 갈림길에 있는 순간이었습니다.

이때 당신 나라는 로크, 몽테스키외, 루소가 이루어놓았던 민주주의 이념을 채택하게 됩니다.

이 민주주의 이념은 그냥 이루어진 게 아니라 수많은 인간의 목숨, 피와 맞바꾼 것입니다.

아아! 나는 이것이 단지 당신 나라만의 의지로 일어난 일이 아니라 하나님의 개입이 있었던 대목이라 생각합니다.

하나님은 당신 나라의 청교도 정신, 개척정신, 봉사 정신을 바탕으로 미래의 국가를 이뤄나갈 이념으로 민주주의라는 최고의 작품을 미리 만들어놓고 계셨던 것입니다.

결국 당신 나라는 1776년 7월 4일 독립선언문을 선포했을 때 민주주의를 바탕으로 한 다음과 같은 내용을 발표하기에 이릅니다.

"모든 인간은 평등하게 창조되었으며 조물주로부터 남에게 양도할 수 없는 일정한 권리가 부여되었고, 삶과 자유와 행복을 추구할 권리를 천부적으로 타고났다."

"모든 권력은 국민의 동의에서 나와야 하고, 정부가 정당성을 상실할 때는 새로 조직되어야 하며, 정부는 국민의 안전과 행복을 가

---

183) 당신의 마음속에 하나님의 십자가 사랑 있다면 십자가의 보혈이 나오고, 혈기와 오기와 질투가 가득 차 있다면 오기와 질투가 나옵니다. 이에 나는 당신의 마음속에 십자가의 사랑이 가득 차기를 지구 반대편에서 기도하였습니다.

장 효과적으로 도모하여야 한다."

이제 당신 나라는 이러한 독립선언서를 바탕으로 1787년 헌법을 제정하기에 이릅니다.

놀랍게도 이때 만들어진 당신 나라의 헌법에는 삼권분립을 바탕으로 한 자유민주 제도가 성문화되어 있었습니다.

드디어 자유민주주의 국가의 탄생이자 근대 민주주의 정치제도의 출발을 알리는 신호탄이 터진 것입니다. 당신은 이것이 인류가 세운 국가 가운데 최초로 일어난 사건이었음을 알고 있습니까?

비록 프랑스의 몽테스키외가 삼권분립의 중요성을 강조하기는 했으나 그때까지 유럽의 어느 나라도 아직 삼권분립을 실행에 옮기지는 못하고 있었기 때문입니다.

그런데! 그 위대하지만, 모험적인 일을 유럽의 발달한 국가도 아닌 이제 독립한 신생국가였던 당신 나라에서 이뤄냈으니 어찌 이것인 당신 나라의 힘만으로 이뤄진 것이었겠습니까?

하나님의 역사가 함께했으니 이런 일이 일어날 수 있지 않았겠습니까! 당신은 나의 이 생각에 대하여 어떻게 생각하십니까?

당신 나라의 자유민주주의가 휘몰아친 파도의 여파

신생 독립국이었던 당신 나라의 자유민주주의 선포는 당장 프랑스에 커다란 영향을 줬습니다.

당시 프랑스는 당신 나라의 독립전쟁을 지원해줬던 나라였습니다.

하지만 프랑스는 당신 나라의 독립전쟁 지원 등으로 막대한 재정 지출을 한 나머지 힘이 매우 약해져 있는 상황이었습니다. 이때 시민들이 들고일어나 왕조를 무너뜨리고 혁명을 일으켰으니 바로 프랑스 혁명입니다.

그때까지 프랑스는 왕이 다스리던 나라였는데 이 프랑스 혁명으로 당신 나라처럼 민주제 국가로 탈바꿈하는 순간이었습니다.

프랑스 혁명은 놀라운 결과를 이뤄냈습니다. 민주주의의 기본정신이라 할 수 있는 자유·평등·박애 정신을 선포하는가 하면 '인간 및 시민의 권리선언'을 하기에 이른 것입니다.

이것이야말로 인류 최초의 인권선언이라 할 수 있는 장면입니다. 아아! 이전까지 인류에게는 인권이란 게 없었는데 이때 비로소 인권이 선포된 것입니다. 당신은 이 감격스러운 장면을 어떻게 생각하십니까!

당신은 인권의 중요성과 가치에 대하여 어떻게 생각하십니까?

인간은 동물이나 짐승과 다른 존재입니다. 따라서 인간의 존엄성과 가치를 가집니다. 게다가 인간은 하나님의 생기로 지음 받은 존재입니다. 이렇게 볼 때 인간의 가치는 더욱 높아집니다.

그런 인간이 기본적으로 가져야 할 권리가 바로 인권입니다.

그런데 그 인권이 지난 수천 년간 무참히 짓밟혀 왔습니다. 그런데 프랑스혁명으로 그 인권이 되살아난 것입니다.

그러니 이 장면에서 어찌 감동하지 않을 수 있겠습니까?

그것은 인간은 날 때부터 자유와 평등의 권리를 지니고 있으며,

---

184) 하나님께서 미합중국에 구원의 면류관을 씌워 주셨습니다. 이에 당신이 인류의 구원을 꿈꾸고 실천하기를, 열방에 당신의 이름이 창대하기를 위해 기도했습니다.

주권은 국민에게 있고, 국민은 법률의 규정에 따르지 아니하고는 고소·체포 또는 구금되지 않는다고 당당히 인권을 밝힌 멋진 장면이었던 것입니다.

사실 그때까지 당신 나라에도 비록 자유민주주의를 선포하였지만, 여전히 노예제도가 번성하여 있었고 또 여성은 선거에 참여할 수가 없는 상태였습니다. 노예와 여성의 인권은 무시되고 있었던 것이지요. 하지만 당신 나라에서는 프랑스 혁명의 결과로 나온 '인권'을 그대로 지나칠 수가 없었습니다. 왜냐하면 당신 나라는 인권이 핵심이라 할 수 있는 자유민주주의를 채택한 나라였기 때문입니다.

결국 시간이 오래 걸리긴 했지만, 당신 나라에서는 1863년 링컨 대통령이 노예해방을 선포하여 노예제도가 폐지되었으며 또 비록 늦어지긴 했으나 여성의 선거 참여권도 완성을 보기에 이릅니다. 유럽의 어느 나라보다 앞서가는 자유민주주의 제도의 발전을 이뤄냈던 것입니다.

아아! 당신 나라는 비록 늦게 출발한 민주주의 국가였지만 어느 나라보다 융통성과 개척정신을 발휘하여 빠른 민주주의 발전을 이뤄낼 수 있었던 것입니다.

이것이 당신 나라 민주주의의 위대성으로 발전하게 된 것이기도 하고요.

유럽의 국가들과 비교했을 때 영국과 프랑스 등 유럽의 국가들은 비록 부분적 민주주의 제도를 채택하긴 했으나 여전히 군주제의 틀에서 벗어나지 못하고 있는 상태였습니다.

민주주의의 핵심제도 중 '의회제도'를 빼놓을 수 없는데 이러한 의회제도를 처음으로 꽃피운 국가는 영국이었습니다.

영국은 일찍부터 의회제도에 기초한 민주주의를 발전 시켜 나오고 있었던 국가였습니다. 하지만 영국의 완전한 민주주의 발전은 여전히 더딘 가운데 있었습니다.

그러다 당신 나라의 자유민주주의 채택과 발전에 커다란 충격을 받았습니다. 영국이 어떤 나라였습니까?

바로 당신 나라가 식민지였을 때 지배국가가 아니었습니까! 이후 영국의 민주주의도 당신 나라처럼 급속한 발전을 하기에 이릅니다.

프랑스 등 나머지 유럽의 국가들도 마찬가지였고요. 그런 면에서 당신 나라는 비록 후발주자였지만 서구의 자유민주주의 제도를 이끈 나라가 되고 말았던 것입니다.

지금 전 세계에 영향을 주고 있는 민주주의 제도는 당신 나라 식 대통령제 민주주의와 영국의 입헌군주제 민주주의로 양대 산맥을 이루고 있습니다.

그 태동이 바로 당신 나라가 초기부터 발전시킨 자유민주주의에 있었던 것입니다. 당신은 이 사실에 자부심을 느끼십니까?

전 세계에 영향을 준 당신 나라의 자유민주주의!

이제 당신 나라의 민주주의는 단지 유럽에 영향을 준 것으로 끝나지 않았습니다.

---

185) 인간은 물질적인 것을 주면 가지고 있는 것이 줄어들지만, 하나님의 사랑으로 복음을 주면 줄수록 나의 것이 많아지고 더 깊어지는 원리가 있습니다. 이에 당신이 복음을 전하는 자가 될 수 있기를 위해 기도합니다.

세계 2차대전의 영향으로 전 세계 나라들이 서구 열강으로부터 독립하게 되었는데 이때 어떤 이념의 제도를 선택할 것인가의 문제에 봉착했던 것입니다.

이때 당신 나라는 이미 막강한 힘을 발휘하고 있었으므로 당신 나라의 민주주의를 전하게 됩니다.

당신 나라의 민주주의가 전 세계 후진 지역의 민주주의 발전의 모델이 되었던 것입니다.

이때 나의 나라도 당신 나라의 민주주의를 채택하게 됩니다.

아아! 나는 이 사실이 얼마나 기쁘고 감사한지 모릅니다.

왜냐하면 그때서야 비로소 나의 나라는 비로소 오랜 압제에서 풀려나 자유, 평등, 인권을 외칠 수 있는 나라가 되었으니까요.

당신이 나의 이 마음을 십 분의 일이라도 알 수 있을까요?

그때 나의 나라는 당신 나라 외에도 소련이라는 강대국의 영향을 받고 있을 때였습니다.

만약 나의 나라가 당신 나라의 민주주의 대신 소련의 공산주의를 받아들였다면 어떻게 되었을까요?

만약 그랬다면 지금 경제 강국 대한민국의 모습은 시작도 할 수 없었을 것입니다. 그것은 나의 나라 북쪽 동토인 북한의 모습을 보면 어떻게 되었을지 충분히 짐작할 수가 있지 않습니까!

그런 면에서 나는 당신 나라의 민주주의가, 자유민주주의가 그렇게도 고맙고 감사할 수가 없습니다. 위대한 당신 나라의 민주주의가 있었기에 오늘날 나의 나라가 존재할 수 있었던 것입니다!

당신 나라의 민주주의는 이제 신생 독립국이었던 제3세계 국가들이 앞 다투어 도입하게 됩니다.

하지만 그때까지 대부분의 나라는 왕이 다스리던 습관에서 벗어나지 못한 상황에 있었기에 당신 나라의 민주주의를 당신 나라 그대로 적용하여 시행한 나라는 매우 드문 게 현실입니다.

당장 나의 나라만 하더라도 쿠데타, 군사정부… 등 수많은 시련의 과정을 거친 후 비로소 민주주의 제도를 어느 정도 시행할 수 있었으니까요.

안타까운 것은 아직도 제3세계의 민주주의는 그렇게 당신 나라나 나의 나라, 몇몇 경제발전을 이룬 나라들처럼 발전하지 못하고 있다는 사실입니다.

민주주의를 채택한 나라 대부분이 여전히 독재에 시달리거나 부정과 부패에서 벗어나지 못하고 있는 것입니다.

당신도 이 사실을 잘 알고 있을 것입니다. 사실 나의 나라에서도 민주주의가 몸살을 앓고 있는 부분이 있습니다.

국민 주권의 민주주의가 위대한 사상이긴 하지만 여전히 국민을 속이는 민주주의가 존재하고 있기 때문입니다.

하지만 나는 이 문제가 앞으로 반드시 해결될 것이란 희망을 품고 있습니다.

왜냐하면 앞에서도 이야기했듯이 당신 나라와 나의 나라가 앞장서 인류공영을 이뤄낼 수 있다면 모두가 함께 행복할 수 있는 나라가 될 것이므로 지금 머뭇거리고 있는 민주주의도 활짝 꽃을 피울

---

186) 하나님께서 나와 당신에게 단점과 부족한 것을 주었기에 조심조심 살아갑니다. 당신의 거룩함이 있기에 나는 더욱더 겸손하겠습니다. 당신의 겸손함을 위해 기도합니다.

것이기 때문입니다.

당신은 나의 이 희망을 어떻게 생각하십니까? 나의 희망이 이뤄지기 위해서는 반드시 당신의 도움이 필요함을 잊지 마십시오.

당신과 내가 함께 할 때, 당신 나라와 나의 나라가 함께 할 때 이 일이 이루어질 수 있음을 잊지 마십시오.

당신은 나의 이 주장에 동의하십니까!

오, 하나님 우리에게 희망을 줬던 민주주의가 몇몇 나라들에서는 독재와 부패와 부정과 거짓으로 인권이 말살되고 있습니다.

또 사람들이 좌우로 갈라지고 갈등이 빈번하며 극심한 혼란을 야기하고 있습니다.

이 모든 모순을 극복할 수 있는 지혜를 주시고 세계의 중심국가이자 민주주의의 모체인 미국이 앞장서서 이 문제를 해결할 수 있는 길을 열어주옵소서!

청교도 정신과 자유민주주의로 일궈낸 세계 최강국!

이제 당신 나라는 청교도 정신과 개척정신에 입각하여 일궈낸 자유민주주의를 바탕으로 놀라운 성장을 하기에 이릅니다.

드넓게 펼쳐진 땅, 신의 축복을 받은 지하자원을 바탕으로 엄청난 물질적 축복을 받기 시작한 것입니다.

무엇보다 당신 나라는 경제적으로 부유한 나라가 되는데, 이때

187) 작은 씨앗이 큰 열매를 맺듯 작은 사랑과 복음이 온 세상에 정의의 변화를 가져왔습니다. 당신의 사랑과 정의가 미합중국과 세계에 씨앗으로 뿌려지기를 위해 기도합니다.

자유시장 경제의 도입이 큰 몫을 하게 됩니다.

자유시장 경제란 자유민주주의 제도와 함께 하는 경제이념이라 할 수 있습니다.

자유시장경제의 핵심은 역시 사유재산제도의 인정과 자본시장입니다.

이 덕분에 당신 나라의 각 개인은 자유시장 경제 활동을 통하여 엄청난 자본을 축적하게 되고 당신 나라의 경제는 세계 최고의 위치에까지 오르게 됩니다.

당신 나라는 이러한 경제력을 바탕으로 군사력을 키웠고 드디어 세계대전에서 그 진가를 발휘하게 됩니다.

당신 나라는 1, 2차 세계대전이 터졌을 때 연합국의 일환으로 참여하여 커다란 공훈을 세우게 됩니다.

그리고 2차 세계대전이 끝났을 때는 소련과 더불어 세계 최강의 위치에 우뚝 서게 되는 것이지요.

이후 세계 최강국으로 향하는 당신 나라의 여정은 눈이 다 부실 지경입니다. 전신전화, 자동차, 영화, 우주선… 등 과학, 발명의 위대성과 산업개발의 우수성이 융합하여 놀라운 현대문명을 이루어 냈으니까요.

지금 전 세계를 지배하고 있는 문화 중 당신 나라에서 나오지 않은 것이 없을 정도입니다!

이후 소련까지 무너지면서 이제 당신 나라는 경제뿐만 아니라 군사적으로도 명실공히 세계 최강국의 위치에 우뚝 서게 됩니다.

이처럼 당신 나라가 세계 최강국이 될 수 있었던 힘의 원천에는 바로 청교도 정신, 개척정신, 봉사 정신, 교육 정신으로 무장된 자유민주주의의 정치제도가 있었던 것입니다. 여기에 하나 더 추가하고 싶은 것은, 이 모든 것이 어우러져 빚어낸 당신 나라의 오뚝이 정신입니다. 당신 나라는 위기가 닥칠 때마다 거기에 걸려 넘어지지 않고 최선을 선택함으로써 오히려 위기를 기회로 만들어버리는 위대한 오뚝이 정신이 있었기에 오늘날 위대한 세계 최강국 United States of America를 만들어낼 수 있었던 것입니다!

아아! 하나님 United States of America를 세계 최강국으로 세워주심을 감사합니다. 그들이 세운 세상의 모습이, 그들이 건설한 지구의 모습이 얼마나 아름다운지요.

그러나! 결국 이 모든 것 하나님이 만드신 것임을 고백합니다.

오직 하나님이 United States of America를 통하여 만드신 세계요, 아름다운 지구임을 고백합니다.

---

188) 당신은 혹시 부정한 욕심+탐욕+속임 등으로 양심을 속이면서 부귀 영화와 행복을 원하십니까? 정직한 행복이 진정한 행복을 가져다주는 법입니다. 당신의 정직한 행복을 위해 기도합니다.

시편 23편 1절~6절

1 여호와는 나의 목자시니 내게 부족함이 없으리로다

2 그가 나를 푸른 풀밭에 누이시며 쉴 만한 물 가로 인도하시는도다

3 내 영혼을 소생시키시고 자기 이름을 위하여 의의 길로 인도하시는도다

4 내가 사망의 음침한 골짜기로 다닐지라도 해를 두려워하지 않을 것은 주께서 나와 함께 하심이라 주의 지팡이와 막대기가 나를 안위하시나이다

5 주께서 내 원수의 목전에서 내게 상을 차려 주시고 기름을 내 머리에 부으셨으니 내 잔이 넘치나이다

6 내 평생에 선하심과 인자하심이 반드시 나를 따르리니 내가 여호와의 집에 영원히 살리로다

미합중국 3억 3천만 명의 마음이 시편 말씀처럼 되기를 기도합니다.

제2기도

하나님의 의와
복음의 한줄기 빛

당신을 향한 하나님의 의

당신 나라는 복음 위에 세워진 나라임을 잊지 말아야 한다!

지난 장에서 나는 당신 나라가 세계 최강국이 될 수 있었던 힘의 원천에 대해 알아보았습니다.

그 힘의 원천을 가지고 당신 나라가 세계 최강국으로 우뚝 서는 과정은 마치 한 편의 드라마와 같습니다.

그리고 세계 최강국으로서 전 세계의 질서를 확립해 나가는 모습은 감동 그 자체입니다.

그런데 당신은 아십니까?

역사상 그 어떤 최강국도 결국 멸망하고 말았다는 사실, 말입니다.

알렉산더의 등장으로 순식간에 세계 최강국이 되었던 알렉산더 제국도, 전 세계를 호령하며 역사상 가장 넓은 영토를 차지했던 칭기즈칸 제국도 불과 몇백 년의 기간을 넘기지 못한 채 역사 속에서 쓸쓸히 사라져가야 했습니다.

역사상 가장 오래 지속하였던 최강국으로 로마제국을 들 수 있을 것이나(서로마제국 986년, 동로마제국 1123년, 도합 2109년) 결국 그 로마제국마저 지금 역사 속에서 사라지고 없습니다.

당신은 이런 강대국의 역사를 보며 어떤 생각이 드십니까?

저 강대국들은 왜 갑자기 역사 속에서 사라져야 했을까요?

그것은 힘만 가지고는 나라의 역사를 오래갈 수 없음을 뜻합니다.

나는 대부분의 강대국이 나라의 역사를 이어갈 만한 지식과 문화와 발명이 부족했기 때문에 단명하고 말았을 것으로 생각합니다. 반면, 로마제국은 찬란한 문화와 지식이 있었기에 그나마 천 년이 넘는 역사를 지속할 수 있었다고 생각합니다. - 사실 로마제국은 동로마제국의 역사까지 합한다면 무려 2000년 이상 지속하였던 어마어마한 강대국이었습니다. - 오늘날까지 이어져 오고 있는 도로, 상하수도 시설, 목욕탕, 경기장 시설… 등 대부분의 문화가 바로 로마 시대 때 탄생했던 것입니다.

게다가 초기부터 이미 공화정을 실시하여 역사상 다른 강대국들과 다른 민주 정치를 한 나라가 바로 로마제국이었습니다.

이런 지식과 문화가 있었기에 로마제국이 2000년 이상 유지될 수 있었다고 생각합니다.

사실 많은 역사가는 만약 동로마제국(비잔티움 제국이라고도 함)이 없었다면 오늘날 유럽은 기독교 국가가 아니라 이슬람 국가가 되었을 것이라고 합니다.

왜냐하면, 동로마제국 당시 동쪽 아라비아반도에 막강한 힘과 문화를 가진 이슬람 세력이 위세를 떨치고 있었기 때문입니다.

이슬람 세력은 마치 모든 것을 다 빨아들이는 블랙홀처럼 주변

---

189) 미국의 청춘 남녀가 낙심+절망을 떨쳐버리고 새로운 결심과 희망과 비전으로 새 출발을 할 수 있기를 위해 기도합니다.

국가들을 이슬람 국가로 만들고 있었습니다. 하지만 동로마제국에 만큼은 막히고 말았습니다.

덕분에 동로마제국은 유럽의 방파제 역할을 하여 유럽을 지킬 수 있었던 것입니다. 이것은 대단한 의미를 지닙니다. 동로마제국 덕분에 유럽의 기독교도 지속할 수 있었기 때문입니다.

그리고 그 기독교가 당신 나라까지 이어질 수 있었기 때문입니다.

하지만 당신은 알아야 합니다. 그 동로마제국마저 역사 속 뒤안길로 사라져야 했다는 사실을! 이것은 우리로 하여금 많은 것을 생각하게 합니다. 역사 속 강대국들처럼 오늘날 강대국도 역사 속으로 사라져야 할까요?

나는 이에 대하여 조금 다른 생각을 하고 있습니다.

당신 나라의 역사는 불과 300년이 채 되지 않습니다. 그리고 세계 최강국의 지위에 오른 지는 불과 100년도 되지 않습니다.

그렇다면 당신 나라의 번영도 역사상 다른 최강국들처럼 언젠가는 역사 속으로 사라져야 할까요?

나는 절대 그렇게 생각하지 않습니다. 아니, 그렇게 되지 않아야 한다고 생각합니다. 왜냐하면, 당신 나라야말로 하나님이 자기 뜻에 따라 세운 나라요, 진정한 복음 위에 세워진 나라이기 때문입니다. 이것이 무엇을 뜻하는지 당신은 알고 있습니까?

복음은 곧 인류의 구원을 뜻합니다.

즉, 하나님은 당신 나라를 인류 구원의 도구로 쓰기 위해 세우셨다는 이야기입니다. 따라서 인류의 구원이 이루어지는 그 날까지 당신 나라는 절대 쓰러지지 않을 것입니다.

그 이유는 이것이 곧 하나님의 뜻이기 때문입니다.

오, 하나님이여, 당신이 미국을 세우신 뜻을 미국인들이 정확히 알기를 원합니다.

미국은 복음 위에 세워진 나라라는 사실을, 당신과 미국인들이 정확히 깨닫기를 원합니다. 그래서 전 세계의 어두운 곳에 복음의 빛을 비추어 세계를 밝히는 국가가 되기를 간절히 소원합니다.

복음 위에 세워진 당신 나라의 위대성!

분명히 말하건대, 나는 당신 나라가 인류의 마지막 최강국이 되길 기대하고 기원하며 기도합니다.

내가 이렇게 말하는 것은 그저 내가 당신 나라를 사랑하기 때문만은 아닙니다.

그것은 성서에서 예시한 복음이 증명하고 있기 때문입니다.

나는 당신 나라야말로 진정한 복음 위에 세워진 나라라고 생각합니다. 마지막 복음 위에 세워진 나라라고 생각합니다.

당신은 나의 이 생각에 동의하십니까?

당신은 로마제국이 왜 역사상 가장 오래 지속한 나라가 되었다고 생각하십니까? 단지 힘과 지식과 문화가 있었기에 가능했을까요? 앞에서 나는 지식과 문화, 정치 이야기만을 했었는데 사실 한 가지 빠트린 것이 있습니다.

---

190) 미국 대통령이 전 세계에 미치는 파장의 힘이 카리스마가 있게 해주시고, 이로 인해 전 세계에 평화와 정의와 진실이 세워지길 위해 기도합니다.

바로 로마제국이 기독교를 받아들였다는 사실입니다.

오늘날 유럽이 기독교 국가로 출발하고 당신 나라마저 기독교 국가로 세워질 수 있었던 발원지가 바로 로마제국이었다는 사실에 대해 당신은 알고 있었습니까? 나는 로마제국이 기독교를 받아들인 사실과 역사상 가장 오래 지속한 최강국이었다는 사실이 분명 무관하지 않다고 생각합니다.

기독교는 무엇을 뜻합니까?

바로 복음을 뜻합니다. 로마제국은 유럽에서 처음으로 복음을 받아들인 최초의 국가가 되었던 것입니다.

당신은 이 세상의 주관자가 누구라 생각하십니까?

바로 하나님이심을 절대 부인하지 못할 것입니다.

그 하나님을 그 당시 세계 최강국이었던 로마가 받아들였으니 하나님 또한 그 나라에 축복을 내리지 않을 수 없었을 것입니다.

덕분에 로마제국은 여러 위기가 있었음에도 불구하고 그처럼(장장 2천여 년) 오래 지속할 수 있었던 것입니다. 그리고 그것은 하나님의 절대적 보호하심이 있었기에 가능했을 것이고요.

그렇다면 당신 나라는 어떨까요?

나는 당신 나라야말로 이 시대 복음 위에 세워진 위대한 나라라고 생각합니다. 당신은 당신 나라가 복음 위에 세워진 나라였다는 사실을 알고 있지 않습니까?

당신의 선조 청교도들이 이미 복음이 타락해버린 유럽을 떠나 그

곳 아메리카에 복음의 나라를 건설하고자 세운 나라가 바로 당신 나라였다는 사실 말입니다.

그랬기에 당신 나라는 유럽의 기독교 국가들이 범했던 타락과 부패의 과오에서 벗어나 복음이 바탕이 된 위대한 민주주의 국가를 건설할 수 있었던 것입니다. 그리고 이 시대 복음 위에 세워진 최강국이 될 수 있었던 것입니다.

그렇다면 당신은 이런 의문이 들지도 모르겠습니다. 도대체 당신이 말하는 복음이 뭔가?

그게 무엇이기에 그토록 복음을 강조하는가? 하면서 말입니다.

나는 이제부터 당신에게 내가 주장하는 복음이 무엇인가에 대하여 이야기하려 합니다. 그러니 당신의 눈과 귀를 집중하여 주십시오.

삶의 이유와 이 세상의 존재이유에 대해 이야기한 복음!

당신은 복음이 무엇이라 생각하십니까?

나는 다른 권에서도 복음에 대해 무수히 이야기했지만, 여기에서는 당신에게 좀 더 심오한 질문을 던지려 합니다. 당신은 인간이 왜 살아간다고 생각하십니까? 당신은 왜 살아가고 있나요?

왜 인간의 삶에 고통과 질병이 있으며 인간들은 그 고난 가운데 살아가야 할까요?

당신은 이 질문에 대해 한 번이라도 생각해 본 적이 있나요?

도대체 인간의 삶을 보면 왜 살아가야 하는지 이유도 모른 채 흘

---

191) 봉사를 하면 할수록 정의와 진실이 마음속에서 샘솟아 나오는 봉사의 신비가 있습니다. 전 세계 민족들이 미국의 봉사정신을 배울 수 있도록 기도합니다.

러가고 있다는 생각을 지울 수 없습니다.

문제는 역사상 어떤 철학자도 이 문제에 대한 답을 제대로 내지 못하고 있다는 사실입니다.

그 유명하다는 소크라테스도, 아리스토텔레스도, 칸트, 베이컨도 이 질문에 대한 명확한 답을 내놓지 못했다는 것은 안타까울 따름입니다.

"신은 죽었다!"라고 외친 니체도 안타깝게 그 답을 내놓지 못했습니다. 단지, 왜 사는지는 모르나 어떻게 살아야 한다는 정도의 답을 내고 있을 따름입니다.

하지만 당신도 생각해 보십시오. 사람이 왜 사는지도 모르면서 어떻게 잘사는 방법을 알아낼 수 있겠습니까?

예를 들어서 나는 열심히 길을 간다고 달려갔는데 그 길 끝에 낭떠러지가 있다면 그건 열심히 산 것이 아니라 잘못 산 결과가 되고 마는 것과 같은 이치입니다.

그러기에 사람이 왜 사는지? 도대체 이 세상의 존재 이유는 무엇인지에 대해 먼저 아는 것은 무엇보다 중요한 일이라 하지 않을 수 없습니다. 당신은 나의 이 생각에 동의하십니까?

만약 당신이 동의한다면 나는 인간이 사는 이유와 이 세상의 존재 이유가 바로 복음에 담겨 있음을 이야기하려 합니다.

나는 다시 한번 당신에게 질문합니다.

당신은 복음이 무엇이라 생각하십니까?

오늘날 수많은 교회가 있고 신학자들이 있지만, 복음의 진정한 의미에 대해 제대로 가르치는 곳은 부족하다고 생각합니다.

　하지만 나는 성경을 연구하면서 복음에 놀라운 하나님의 비밀이 담겨 있음을 깨닫게 되었습니다.

　나는 그 복음의 비밀을 당신에게 알려주고자 이 글을 쓰고 있습니다. 복음은 단지 도탄에 빠진 인간의 구원 이야기만 담겨 있는 것이 아니라 더 크고 더 넓은 엄청난 이야기가 담겨 있습니다.

　그것은 세상의 처음과 끝 이야기를 담고 있을 뿐만 아니라 인간의 존재 이유는 물론 이 세상의 존재 이유까지 담은 엄청난 보물입니다. 만약 이것을 당신과 내가 깨달을 수 있다면 이제 당신과 나의 삶은 죄에서 벗어나 완전히 달라지지 않을 수 없을 것입니다. 그만큼 대단한 이야기가 복음에 담겨 있기 때문입니다.

　당신도 생각해보세요. 세상에 존재하는 모든 것들은 다 이유가 있어 존재합니다. 컵은 물을 담기 위함이요, 의자는 앉기 위함입니다.

　이처럼 세상에 존재하는 것들의 존재 이유는 바로 그것을 만든 사람이 결정하게 됩니다.

　그렇다면 인간의 존재 이유는 어떨까요?

　당연히 인간을 만든 하나님이 결정하게 되는 것입니다. 따라서 하나님이 인간을 만든 이유를 알면 인간의 존재 이유는 밝혀지게 될 것입니다. 또한 이 세상의 존재 이유도 마찬가집니다.

　이 세상의 존재 이유도 누가 알고 있을까요?

　당연히 그것을 만든 하나님이 알고 있을 것입니다. 따라서 하나

192) 미합중국에서 세계적인 교육자+과학자+발명가+각 분야의 학자+사상가+예술가+스포츠 선수+국제기구 관리자+4차 산업(미래의 5차 산업) 리더자가 많이 탄생하기를 기도합니다.

님을 알면 이 세상의 존재 이유까지 알 수 있게 됩니다.

그런데 복음이 바로 그 하나님에 관해 이야기하고 있으니 복음을 알면 인간의 존재 이유는 물론이고 이 세상의 존재 이유까지 모두 알게 된다는 결론에 이르게 됩니다. 어떻습니까? 복음의 위력이 이 정도라면 이제 복음이 무엇인지 알아야 한다고 생각하지 않습니까!

복음의 내용은 단지 여기에 그치지 않습니다.

이제 그 존재 이유를 알게 된 인간이 어떻게 살아가야 하는지에 관해서도 이야기하고 있습니다.

그리고 그렇게 산 인간의 마지막이 어떻게 되는지에 관해서도 이야기하고 있습니다. 그래서 복음은 세상의 처음과 끝 이야기까지 담고 있다고 말하는 것입니다.

이제부터 나는 복음에 관하여 이야기하려 하는데 물론 이 모든 것은 나의 주장이 아니라 철저히 복음, 즉 성경의 내용에 근거하여 말하겠다는 점을 미리 밝혀둡니다.

복음을 이야기한다!

대부분의 기독교인은 복음 하면 그저 예수 그리스도와 천국 이야기가 다인 줄 알지만, 사실 성경 전체가 복음의 내용을 담고 있다고 하는 것이 더 맞는 이야기일 것입니다. 그런 면에서 복음의 내용은 이제 창세기부터 시작하는 것이 맞습니다.

성경 창세기에는 하나님이 이 세상을 창조하고 인간을 창조하는 장면이 나옵니다.

그런데 하나님은 왜 이 세상을 창조하고 인간을 창조했을까요?

하나님이 이 세상을 창조하고 인간을 창조했다면 반드시 그 이유가 있었을 것입니다. 그런데 사람들은 이 중요한 질문을 놓쳤기에 답을 구할 수 없었습니다.

당신도 생각해 보십시오. 이 세상에서 자신의 존재 이유를 아는 것만큼 중요한 것이 또 어디 있겠습니까? 이 세상에서 이 세상의 존재 이유를 아는 것만큼 더 중요한 것이 또 어디 있겠습니까?

지금 인류가 방황하며 지내고 있는 것도 사실 따지고 보면 이 이유를 몰라서가 아니겠습니까?

그런 면에서 창세기의 하나님이 이 세상을 창조한 목적과 인간을 지은 목적을 아는 것은 무엇보다 중요하지 않을 수 없으며 또 그것은 복음의 핵심내용이기도 합니다.

먼저, 하나님이 인간을 창조한 이유는 무엇일까요? 그것은 너무도 명징합니다.

자신을 닮은 존재를 탄생시키기 위해서입니다.

다음 성경 구절을 보시기 바랍니다.

하나님이 가라사대 우리의 형상을 따라 우리의 모양대로 우리가 사람을 만들고 그로 바다의 고기와 공중의 새와 육축과 온 땅과 땅에 기는 모든 것을 다스리게 하자 하시고

-창세기 1:26-

---

193) 하나님께서 인류에게 쾌락이란 감정을 주시어 수많은 부정적 독소가 생겨났습니다. 미합중국 국민의 몸속에 부정적 독소의 염색체가 변화되어 우수한 염색체가 되기 위해 기도합니다.

　여기에서, 하나님이 자신의 형상대로 인간을 만들었던 것은 자신을 닮은 존재를 탄생시키기 위함임을 암시합니다.

　이것은 마치 부모가 자신을 닮은 자식을 낳는 것과 비슷하다고 할 수 있습니다.

　그렇다면 하나님은 자신의 무엇을 닮은 존재로 인간을 만든 것일까요?

　바로 '사랑'입니다.

　사람들은 하나님이 눈에 보이지 않기 때문에 하나님이 어떤 분인지 잘 모르는 경우가 많은데, 성경에서는 "하나님은 사랑이시라"라며 명확히 하나님의 근본 속성에 대해 말해주고 있습니다.

　문제는 하나님의 '사랑'을 이어받은 인간이 '죄'로 인하여 타락하고 말았다는 사실입니다.

　하나님의 근본 속성인 사랑에는 '깨끗함', '거룩함'의 성질까지 담고 있습니다.

　그런데 그 사랑이 죄로 인하여 얼룩졌으니 하나님은 이 문제를 해결할 방도를 모색할 수밖에 없는 상황에 몰렸습니다.

　이렇게 새롭게 세우신 하나님의 해결방안 속에 바로 이 세상의 존재 이유와 인간의 존재 이유가 담기게 됩니다.

　즉, 새롭게 세운 이 세상은 인간이 자신의 죄를 씻는 장소로 둔 것입니다.

   그리고 그 세상에서 인간이 해야 할 일은 자신의 죄를 씻고 다시 처음의 그 깨끗하고 거룩한 사랑을 회복하는 일인 것입니다.

   이런 의미에서 볼 때 이 세상은 이제 교화소와 비슷한 곳이라 생각할 수 있습니다.

   죄를 씻는 장소가 곧 이 세상이니까요!

   이 때문에 하나님은 이 세상에 사탄을 두고 인간의 죄를 시험하는 도구로 이용하고 있습니다.

   덕분에 이 세상을 사는 인간들은 행복보다는 불행이 더 많고, 기쁨보다는 슬픔이 더 많으며, 평화보다는 전쟁과 고난과 고통이 더 많은 삶을 살아가고 있습니다.

   하지만 이러한 고난은 하나님이 인간의 죄를 바로 잡기 위한 수단들임을 기억해야 할 것입니다.

   그동안 우리는 이유도 모른 채 왜 우리의 삶이 이토록 힘들고 어려운가 하며 한탄했지만 다 이런 이유가 있었기 때문입니다.

   그렇다면 당신은 하나님이 너무 가혹하다고 생각할지도 모르겠습니다. 하지만 하나님의 계획은 단지 여기에 그치지 않습니다.

   다음 성경 구절을 보십시오!

   여자의 후손은 네 머리를 상하게 할 것이요 너는 그의 발꿈치를 상하게 할 것이니라

                                                    -창세기 3:15-

---

194) 미국에 다시 청교도 정신의 뿌리가 부활하여 새 부흥의 불길이 솟아나기를. 이로 인해 전 세계에 양심과 진실의 각성 축제 운동이 일어나기를 위해 기도합니다.

이것은 하나님이 이 세상의 교화소에서 고통받는 인간들을 그대로 내버려 두지 않고 구세주(메시아)를 보내주겠다고 약속한 구절입니다.

그 구세주가 바로 예수 그리스도입니다.

이 구절에서 여자의 후손은 예수 그리스도를 가리키고 너는 바로 뱀(사탄을 상징)을 가리킵니다.

즉, 이 세상을 교화소로 둘 동안 통치자로 사탄을 둘 것이지만, 예수 그리스도가 올 때 그 사탄을 이길 방도를 주겠다고 약속한 것입니다. 인간은 결국 사탄의 유혹을 이겨내야 비로소 죄에서 벗어날 수 있기 때문입니다.

복음은 인간이 구원받을 방법을 이야기한다!

그렇다면 예수 그리스도는 어떻게 고통받는 사람들에게 사탄을 이길 방도를 준 것일까요?

예수님은 인류 역사상 처음으로 인간들에게 하늘나라의 비밀에 관해 이야기해준 분이십니다.

즉, 예수님은 하나님 나라의 이야기를 통하여 우리 인간들이 원래 하나님의 자녀였다는 사실을 알려준 것입니다.

따라서 예수님을 통하여 하나님 나라의 비밀을 깨닫게 되면 하나님 자녀의 권세로서 능히 사탄을 이길 수 있고 비로소 죄를 벗고 처음의 그 거룩하고 깨끗한 사랑의 삶, 즉 하나님 나라를 회복할 수 있다고 가르쳐준 것입니다.

예수님은 그것을 '구원'이라고 불렀습니다.

사람 중에는 구원의 개념을 그저 예수 믿으면 천국 간다 정도로 축소하여 생각하는 경우가 많은데, 이는 구원의 능력을 아주 작게 만든 개념입니다. 여기서 말하는 구원이란 현재 이 땅에서 시작하여 영원의 천국까지 이어지는 구원입니다.

그런데 '예수 믿으면 천국 간다'의 구원은 현세의 구원은 빼놓고 내세의 구원만 이야기하고 있는 것입니다.

이는 마치 천국 열차를 타는 것에 비유할 수 있는데 여기에 천국 열차가 있습니다. 이 열차에 타기만 하면 천국을 경험할 수 있습니다. 그리고 천국 열차의 최종 종착지는 내세의 천국입니다.

이때 진짜 구원의 개념은 내가 지금, 이 순간부터 천국 열차에 타 천국을 경험하면서 마지막 천국까지 가는 것입니다.

그런데 '예수 믿으면 천국 간다'의 구원은 지금은 천국 열차의 티켓만 가지고 그 열차에는 타지 않으면서 마지막 종착지인 천국에는 가겠다는 뜻으로 해석됩니다.

당신은 두 개의 구원 중 어느 것을 선택하고 싶습니까?

당연히 전자일 것입니다. 그런데 지금 많은 사람은 후자의 구원을 선택하고 있습니다. 그래서 신앙은 가지고 있으나 이 땅에서 천국의 삶을 거의 누리지 못하고 있습니다.

---

195) 전 세계에서 알코올, 마약, 게임의 중독자들이 중독에서 벗어나 새 희망의 힘을 갖게 되기를 위해 기도합니다.

이런 기준으로 볼 때 이제 희망이 생기지 않습니까?

지금부터 시작되는 천국! 당신도 생각해 보십시오!

만약 우리가 이 땅의 삶에서 고통과 어려움과 슬픔과 불평, 불만, 분노와 미움과 불안과 염려와 두려움과 공포와 절망을 모두 이길 힘을 가질 수 있다면 어떻게 될 것인지!

예수 그리스도는 바로 그 힘을 가질 방법을 알려주려고 이 땅에 구세주의 역할을 하기 위해 오신 분이었던 것입니다.

그렇다면 예수님은 성경 어디에 그런 힘을 가지는 방법에 대하여 이야기하고 있을까요?

그것은 성경의 4복음서(마태복음, 마가복음, 누가복음, 요한복음)에서 자세히 밝혀주고 있습니다. 만약 지금 당신에게 성경이 있다면 마태복음을 펼쳐보십시오! 그리고 5장에서 7장까지의 내용을 읽어보십시오. 이 부분은 그 유명한 예수님의 산상수훈이 담긴 곳입니다. 그리고 성경은 이 부분이야말로 예수님이 전했던 천국 복음이라고 분명히 암시하고 있습니다.

예수께서 온 갈릴리에 두루 다니사 그들의 회당에서 가르치시며 천국 복음을 전파하시며…

-마태복음 4:23-

이 부분의 내용을 읽어보면 대부분 이 땅에서 어떻게 천국을 이룰 수 있을지에 대한 인간의 도리에 대해 설파하고 있는 것을 볼 수 있습니다. 예수님은 이것을 명심하고 지키려 노력하면 천국에 이를 수 있다고 이야기합니다.

나는 당신에게 이 부분을 꼭 읽어보라고 권하고 싶습니다. 이것 이야말로 현재 어려움에 빠진 당신의 삶을 구원해줄 최고의 말씀들 이니까요. 물론 읽는 것만으로 내용을 이해하기는 쉽지 않습니다. 관련 자료도 찾아봐야 하며 이해가 되지 않는 부분은 인터넷을 검 색하여 반드시 자기 것으로 만들어야 합니다.

그 속에 구원에 관한 놀라운 비밀들이 숨어 있으니까요.

이곳에서 예수님은 내세의 천국보다 현세의 천국을 이루기 위해 해야 할 것들에 대한 가르침을 펼치고 있습니다.

이것은 예수님 또한 현세의 천국에 지대한 관심이 있었음을 증명 하는 부분이기도 합니다.

또 바리새인들이 천국(하나님 나라)이 어디 있는지에 관해 물었 을 때 예수님은 바로 지금 우리 가운데 천국이 있다고 대답함으로 써 현세의 천국을 더욱 강조했습니다.

바리새인들이 하나님의 나라가 어느 때에 임하나이까 묻거늘 예 수께서 대답하여 이르시되 하나님의 나라는 볼 수 있게 임하는 것 이 아니요 또 여기 있다 저기 있다고도 못하리니 하나님의 나라는 너희 가운데 있느니라

-누가복음 17:20~21-

---

196) 당신의 선조님께서 나의 나라 대한민국에 학교를 세워서 초등학교, 중학교, 고등학교, 대학교에서 수많은 배움이 일어나게 해준 은혜에 감사의 기도를 드립니다.

그렇다면 우리는 천국(하나님 나라)이 너희 가운데 있다고 한 예수님의 말씀을 어떻게 받아들여야 할까요?

결국 이 땅의 천국(곧 구원)은 예수 그리스도가 전해준 하나님 나라의 비밀을 깨닫고 나의 것으로 받아들이고 따를 때 비로소 나에게도 임하게 되는 것이라 해석할 수 있습니다. 당신도 생각해 보십시오!

만약 우리가 하나님 나라를 깨달아 이 땅에서 그토록 우리를 괴롭히며 모든 죄의 원인이 되는 고통과 어려움과 슬픔과 불평, 불만, 분노와 미움과 불안과 염려와 두려움과 공포와 절망을 모두 이길 힘을 가질 수 있게 된다면 그때 정말 우리에게 천국이 임하지 않겠습니까!

예수님은 바로 이런 하나님 나라를 깨닫기 위한 지침으로 마태복음 5장에서 7장까지의 말씀을 하셨습니다.

만약 당신이 이 말을 깨닫고 실천할 수 있다면 당신에게도 분명히 예수님이 말한 천국이 임하게 될 것입니다.

하지만 한 번 더 강조하지만 아마 처음에는 아무리 읽어도 잘 이해가 되지 않을 것입니다. 무슨 마음이 가난한 자가 복이 있다느니, 오른뺨을 맞으면 왼뺨을 내주라느니, 원수를 사랑하라느니, 하는 말들이 통 이해가 되지 않기 때문일 것입니다.

그러니 우선 그 내용을 이해하도록 노력하고 깨달으려고 노력해야 할 것입니다. 그리하여 정말 그 내용이 내 것이 되었다면 이제 실제 생활 속에서도 나는 그렇게 행동하게 될 것입니다. 그때 이미 당신에게 천국이 임하기 시작할 것입니다.

이것이 바로 예수님이 이야기한 하나님 나라요 구원이기도 한 것입니다.

어쨌든 당신이 예수님의 천국 복음에 대한 내용을 이해하고 깨닫는다면 이제 능히 사탄을 이길 힘을 갖게 될 것입니다. 이제 비로소 나의 죄를 이기고 죄를 씻을 능력도 갖추게 될 것입니다.

반드시 기억해야 할 것은 이러한 일이 예수님을 믿음과 더불어 그의 계명을 깨닫고 그것을 지키려고 노력할 때 비로소 그런 능력을 갖추게 된다는 사실입니다.

당신은 이 사실을 꼭 명심하시기 바랍니다.

오, 하나님 전 세계 수많은 기독교인이, 나아가 모든 인류가 예수님이 전한 진정한 복음의 의미를 깨닫고 비로소 죄로부터 자유로우며 구원의 기쁨을 누리는 천국을 맛보기를 간절히 원합니다.

이 일이 당신과 나로부터 시작하여 미국, 전 세계로 퍼져나가기를 간절히 기도합니다.

복음은 또한 이 세상의 마지막 모습에 대해 이야기한다!

이제 나는 당신에게 복음의 하이라이트에 관해 이야기하려 합니다.

하나님은 왜 예수 그리스도를 통하여 인간을 구원하려 하는 것일까요?

그것은 처음 하나님이 만들었던 완벽한 세상을 다시 회복하기 위함입니다. 지금은 세상이 인간의 죄와 타락으로 더럽혀져 있지만, 인간이 예수 그리스도를 통하여 죄를 다 씻는 날에는 다시 처음의

197) 미합중국이 세계에 보낸 복음과 물질에 온 세상이 변화를 받아 축복의 근원이 된 것에 늘 감사 기도를 드리고 있습니다.

그 깨끗하고 거룩한 세상을 회복하는 날이 오고야 말 것입니다. 그래서 하나님은 예수 그리스도를 통한 구원계획을 세우신 것입니다.

또 이렇게 말하니, 마치 개인 구원의 영역에 제한된 것처럼 보이지만 하나님의 구원 계획은 단지 개인의 구원에 국한되어 있지 않습니다. 하나님의 구원 계획은 전 인류적이며 전 세계적이며 전 우주적 구원 계획입니다. 생각해 보십시오.

아직 한 사람이라도 죄로 더럽혀져 있다면 처음의 그 깨끗하고 완벽한 세상을 회복하는 것은 불가능할 것 아닙니까.

모든 인류가 함께 죄를 다 씻어내야 비로소 처음의 그 깨끗하고 거룩한 세상을 회복할 수 있는 것입니다. 그래서 하나님은 이 세상 모든 인류의 구원 계획을 세워놓고 계신 것입니다.

주의 약속은 어떤 이의 더디다고 생각하는 것같이 더딘 것이 아니라 오직 너희를 대하여 오래 참으사 아무도 멸망치 않고 다 회개하기에 이르기를 원하시느니라

-베드로후서 3:9-

성경에서는 하나님이 이 구원계획을 완료하는 시점을 마지막 때라 표현하고 있습니다. 또 상징적으로 그때 예수 그리스도의 재림이 일어난다고 이야기하고, 또 성경의 마지막 책인 요한계시록에서는 이 마지막 때 새 하늘과 새 땅이 열린다고 표현하고 있기도 합니다.

물론 이 모든 것은 상징적 표현이지만 어쨌든 우리는 짐작으로도 마지막 때에 하나님 구원의 완성이 이루어지리라는 것을 예감할 수 있습니다.

당신은 이런 하나님의 구원계획과 구원의 완성계획을 보면서 어떤 생각이 드십니까?

만약 온 인류가 함께 천국의 삶을 누리고 함께 천국으로 가는 길이 열린다면, 이런 일이 이루어진다면 한 번 해볼 만한 일이라 생각되지 않습니까? 나는 만약 이런 일이 이루어진다면 반드시 내 몸을 바쳐, 내 혼을 바쳐 동참하고 싶습니다.

만약 당신도 이 일에 동참하려는 생각이 있다면 나에게는 더없는 기쁨이 될 것입니다.

당신은 나와 함께 이 일에 동참할 생각이 있으십니까? 고난은 가고 찬란한 새벽 영광의 날이 밝아질 즐거운 그 날 영원한 그 날 해지는 저편 기쁨 넘치는 그곳을 위해, 말입니다!

복음은 곧 하나님의 뜻이 담긴 것!

앞장에서 당신과 나는 신비한 복음의 내용에 대해 살펴봤습니다. 당신은 복음의 내용을 들으며 무슨 생각을 했습니까?

이것은 그저 내가 만들어낸, 내가 주장하는 복음이 아니라 성경 전체가 이야기하고 있는 복음입니다. 사실 그동안 나는 복음이 무엇일까에 대해 많이 고민했었습니다.

---

198) 전 세계의 낮고 천한 만민에게 하나님의 성결과 새 소망의 꿈이 심어지기를 위해 기도합니다.

그저 교회의 가르침만으로는 만족할 수가 없었습니다. 왜냐하면 성경을 읽어보면 또 다른 이야기가 나오기 때문이었습니다.

그리고 나는 성경을 처음부터 다시 읽기로 한 것입니다. 정말 이 세상을 향한 하나님의 뜻은 무엇일까? 인류를 향한 하나님의 뜻은 무엇일까?

또 한 개인을 향한 하나님의 뜻은 무엇일까를 생각하며, 말입니다.

앞에서 제시한 복음의 내용은 오랫동안 성경을 연구하고 또 연구한 결과물입니다.

특히 예수님이 했던 말을 중심으로 연구한 결과 위에서 던진 질문에 대한 답을 어느 정도 얻을 수 있어 이 복음의 내용을 완성할 수 있었습니다. 또 기존의 복음에 부족한 부분도 채울 수 있어 기뻤습니다.

이렇게 복음이 완성되자 드디어 하나님의 뜻이 보이기 시작했습니다.

그것은 우리로 하여금 온 인류가 죄를 씻고 구원에 이를 수 있도록 최선의 노력을 다하라는 것이었습니다. 물론 그 구체적인 방법은 예수님의 계명에 다 담겨 있습니다. 나부터 그 계명을 깨닫고 지켜나갈 뿐 아니라 그것을 많은 사람에게 가르쳐 지키게 해주어야 한다는 것입니다.

그렇다면 누가 먼저 이 일을 해야 할까요? 당연히 먼저 복음을 이해하고 깨달은 사람들이 해야 할 것입니다.

또 이런 일을 하는 데는 무엇보다 리더 역할을 해줄 사람 또한 필요한 법입니다. 성경에서는 이런 리더 역할을 할 사람들을 '제자'라 부르고 있습니다.

다음 성경 구절을 보시기 바랍니다.

그러므로 너희는 가서 모든 민족을 제자로 삼아 아버지와 아들과 성령의 이름으로 세례를 베풀고 내가 너희에게 분부한 모든 것을 가르쳐 지키게 하라 볼지어다

내가 세상 끝 날까지 너희와 항상 함께 있으리라 하시니라

-마태복음 28:19~20-

이것은 예수님이 마지막 승천할 때에 제자들에게 당부한 말씀입니다. 그러므로 예수님의 유언과도 같다 하여 교회에서는 '지상 사명'이라 가르치고 있습니다.

아아! 나는 이 말씀을 보며 가슴이 뛰지 않을 수 없습니다.

나 스스로 제자가 되고 싶은 마음이 있기 때문일 것입니다.

당신이 나의 책 〈황무지에 장미꽃같이〉 시리즈를 읽었다면 내가 어떤 생각을 하고 있는지 대충 알 것입니다.

만약 읽지 않은 사람을 위하여 나는 이 세상에 범람하고 있는 죄에 대하여 무척이나 민감한 사람임을 밝혀둡니다.

왜 세상에는 악한 사람이 이렇게 많은가?

왜 사람들은 죄를 지을 수밖에 없는가?

왜 강자들은 약자들의 인권을 마구 휘두르며 사는가?

199) 위대한 미국의 언론과 방송이 민주주의 정신을 일깨워주고 정의와 진실의 사명자의 역할을 감당할 수 있기를 위해 기도합니다.

왜 정의가 무너지고 절대적인 인권이 파괴되는가? 등의 주제에 대하여 매우 민감한 사람임을 미리 밝혀둡니다.

그래서 나는 이 세상의 죄가 없어지기를, 그래서 약자들의 인권이 세워지기를, 이 땅에 정의가 세워지기를 위해 어릴 때부터 간절히 기도해온 사람입니다. 그런데 내가 그토록 갈구하는 죄의 문제 해결 방법이 바로 복음 - 단지 회개하고 예수를 믿기만 하면 죄가 없어진다는 관념적 수준이 아니라 실제로 죄를 짓지 않고 죄 문제를 해결할 수 있는 복음 - 에 담겨 있다는 사실을 알았을 때 내 기쁨이 어땠을지 당신은 상상도 하기 힘들 것입니다.

그것은 나에게 정말로 구세주와 같은 진짜 복음이었습니다. 입에서 할렐루야! 하는 기쁨의 탄성이 절로 나오는 진정 복된 소식이 아닐 수 없었습니다.

그런데 그 복음을 주신 하나님의 뜻이 모든 민족을 제자로 삼아 죄를 이길 수 있는 복음을 지킬 수 있도록 가르치라는 것이 아닙니까!

그렇다면 이것은 진정으로 하나님이 나에게 준 지상 사명이라 하지 않을 수 없습니다.

그렇게 된다면 이 땅에서 죄를 씻어나가는 사람이 점점 많아질 것이요, 결국 하나님이 그토록 바라고 계시는 천국의 완성이 이루어질 것입니다.

만약 복음이 이런 것이라면, 복음에 담긴 하나님의 뜻이 이런 것이라면 나는 이 복음에 온몸을 바치지 않을 수 없습니다.

그래서 나는 이 복음에 내 몸과 내 혼을 바치기로 한 것입니다.

당신은 나의 이 결심을 어떻게 생각하십니까? 당신도 나와 함께 복음에 생각과 마음과 몸을 바칠 결심을 하고 싶지 않습니까?

오! 하나님 당신의 복음에 몸을 바칠 사람들이 많이 나올 수 있게 하여 주시옵소서!

특히 온 인류의 최강국에서 그런 사람들이 더욱 많이 나올 수 있도록 인도하여 주시옵소서!

당신 나라가 바로 하나님의 제자 나라!

당신은 당신 나라에 부어준 하나님의 은혜에 대하여 어떻게 생각하십니까?

당신 나라는 그 역사가 불과 300년도 채 되지 않았는데, 하나님은 당신 나라를 인류 최강국의 지위에 올려놓아 주었습니다.

당신은 왜 하나님이 유독 당신 나라를 인류 최강국의 지위에 올려놓아 주었다고 생각하십니까? 이 부분에 대하여 뭔가 이유가 있다고 생각한 적은 없습니까?

물론 당신 나라가 인류 최강국이 되었던 데 당신 나라 자체의 능력이 있었기 때문임을 부인할 수 없습니다. 하지만 거기에 더하여 하나님의 도움이 없었다면 당신 나라가 인류 최강국이 되는 것은 불가능했을 것입니다.

결국 이 세상의 주관자는 하나님이시기 때문입니다.

그런 면에서 나는 당신 나라를 향한 하나님의 뜻이 무엇인지에

---

200) 전 세계 각국의 검사, 판사, 경찰, 의회 의원, 선생님, 정치가, 종교지도자 의인의 사명감과 양심의 진실을 위하여 기도합니다.

대해 깊이 생각하지 않을 수 없었습니다.

왜 하나님은 당신 나라를 세워주었으며 당신 나라를 향한 하나님의 뜻은 무엇인지?

나는 이 문제에 대하여 여러 날을 고민하다가 문득 알렉산더와 칭기즈칸의 이름을 떠올리게 되었습니다.

알렉산더와 칭기즈칸!

이 두 사람은 인류 역사상 가장 위대한 영웅으로 기록되고 있는 인물임을 부인할 수 없을 것입니다.

알렉산더는 불과 서른을 넘긴 나이에 유럽은 물론이고 서아시아, 인도에 이르는 지역까지 정복했던 위대한 왕이었습니다. 하지만 그는 불과 서른셋의 나이에 병에 걸려 죽고 맙니다.

그리고 그가 이룬 대제국은 그의 부하들에 의해 나누어지게 됩니다.

정말이지 짧고 강한 인생을 살았던 그였습니다. 여기서 의문은 그가 왜 그리고 일찍 죽어버리고 그의 제국 역시 일찍 멸망하고 말았느냐 하는 것입니다.

칭기즈칸은 역사상 가장 넓은 영토를 정복한 정복왕으로 유명합니다. 유목민의 아들로 태어난 칭기즈칸은 중앙아시아에서 출발하여 거의 아시아 전역을 정복하여 역사상 가장 커다란 지역을 정복한 왕으로 이름을 등극시키는 데 성공하게 됩니다. 이후 몽골제국은 칭기즈칸 사후에 아들들에 의해 비록 분열하긴 했지만, 몽골제국의 정복 전쟁은 계속되어 중국, 나의 나라는 물론이고 동유럽까지 차지하여 그야말로 세계 제국을 건설하는 데 성공합니다.

하지만 이런 위대한 몽골제국의 역사에도 의문이 그치지를 않습니다.

몽골제국의 탄생부터 멸망까지 기간이 150여 년에 불과하기 때문입니다. 도대체 그 강했던 몽골제국은 왜 그렇게 일찍 멸망의 길로 가야 했을까요?

나는 알렉산더와 칭기즈칸의 경우를 보며 깊은 묵상을 해보았습니다. 그들이 역사상 초강대국이 될 수 있었던 것은 분명 하나님의 허락하심이 있었기에 가능했을 것입니다.

이 우주에서 일어나는 일에는 하나님의 허락하심 없이는 한 치의 오차도 일어날 수 없기 때문입니다. 그렇다면 그들이 그렇게 일찍 멸망하고 말았던 것도 하나님의 뜻이었을까요?

당연히 하나님의 뜻이었습니다. 그렇다면 하나님은 도대체 왜 그들을 그렇게 높은 자리에 올려주기도 하고 일찍 내치기도 한 것일까요? 대부분의 역사학자는 단지 알렉산더와 칭기즈칸이 문화를 일으키지 못해 일찍 멸망한 것으로 분석하지만 그것은 근시안적인 해석에 불과합니다.

하나님이 알렉산더와 칭기즈칸을 높은 자리에 올려주었을 때는 그 까닭이 있었기 때문입니다.

즉, 그들의 힘이 강했기 때문이기도 했지만, 그들로 하여금 그 높은 자리에서 할 일이 있었기에 그 자리에 올려주었던 것입니다.

하나님이 그들로 하여금 하고자 했던 일은 무엇이었을까요?

내가 생각하기에 이들이 사람들을 모으고 통합하였으므로 이제

---

201) 성탄절은 하나님께서 이 땅을 죄의 사슬에서 구원하기 위해 예수님을 보내주신 날입니다. 나는 어린 시절 성탄절에 여전도사님을 통해서 미국의 이야기를 듣고 당신 나라의 가정을 위해 또 온 세상의 평화를 위해 기도했습니다.

그들에게 빛나는 일을 하여 모두가 행복할 수 있는 길을 닦으라는! 뜻이 아니었을까요? 하지만 두 사람 모두 그 일에는 관심이 없었습니다. 오로지 땅을 정복하는 일에만 관심이 있었지!

그래서 하나님은 두 사람이 그럴 기미를 보이지 않자 단숨에 내친 것입니다.

이것이 하나님 일하심의 원리입니다.

다시, 당신 나라 미국의 이야기로 돌아와 보겠습니다. 하나님은 왜 당신 나라를 세계 최강국의 지위에 올려놓아 주셨을까요?

나는 앞의 알렉산더나 칭기즈칸과 똑같은 이유라 생각합니다.

당신 나라를 통하여 이 세상에 거룩하고 복된 일을 하기 위해서입니다.

그런데 만약 당신 나라마저 알렉산더나 칭기즈칸처럼 이 일을 하지 않으려 든다면 그때 하나님이 하실 일은 명약관화합니다.

이것은 내가 당신과 당신 나라를 겁주고자 하는 말이 아닙니다.

하나님이 세상에 어떻게 역사하시는지 그 원리를 말하는 것입니다!

당신 나라를 향한 하나님의 뜻!

이제 나는 당신 나라 미합중국을 향한 하나님의 뜻이 무엇인지에 대해 생각해보려 합니다. 지금까지의 이야기에 동의하신다면 이제 당신은 당신 나라를 향한 하나님의 뜻이 무엇이라 생각하십니까? 그것은 너무도 명약관화할 것입니다.

바로 앞에서 이야기했던 복음과 깊은 관계가 있기 때문입니다.

성경에서 하나님의 의는 바로 사랑이라 이야기합니다.

여기서 사랑이란 세상에서 말하는 그런 부류의 저속한 사랑이 아니라 정의와 질서 속에 세워지는 흠 없이 깨끗한 사랑, 완전한 사랑입니다.

이러한 사랑이 있는 곳에 더는 죄가 발붙일 수 없습니다.

그래서 사랑이 세워지면 죄는 자연히 소멸하게 됩니다.

당신 나라를 향한 하나님의 첫 번째 뜻은 바로 당신 나라 스스로가 그런 사랑을 회복하라는 것입니다.

그래서 당신 나라에서 더는 죄가 만연하지 않도록 하라는 것입니다.

물론 그 사랑을 회복하는 방법은 성경과 복음을 통해서입니다. 이때 가장 필요한 것이 올바른 지식과 지혜일 것입니다.

더 이상 잘못된 방법으로 성경을 해석하고 복음을 가르쳐서는 안 될 것입니다. 오직 모든 초점이 하나님의 사랑(성경에서는 이것이 곧 이웃 사랑이라고 가르침)에 맞춰져 있다면 하나님이 올바른 지식과 지혜를 행사할 수 있도록 도울 것입니다.

다음으로 당신 나라를 향한 하나님의 뜻은 바로 마태복음 28장 19~20절의 지상 사명입니다.

예수님은 당신 나라(당신)가 바로 나의 제자 나라(제자)이니, 당신 나라(당신)가 나가서 모든 민족으로 제자로 삼아 당신이 깨친 그 사랑을 가르쳐 지키도록 하라는 것입니다.

그래서 이 땅에 더 는 죄짓는 사람이 없도록 하여 사랑으로 충만

---

202) 콜럼버스가 현재 미국이라는 대륙을 처음 발견한 이래, 미국이라는 새 하늘과 새 땅에 하나님께서 계획하신 인류의 축복을 깨닫게 하는 청교도 정신을 일깨워 주신 것에 감사 기도를 드립니다.

한 사랑 세계, 모든 나라와 모든 사람이 함께 행복할 수 있는 행복 세계를 건설하라는 것입니다.

이것이 바로 당신 나라를 세계 최강국으로 세우신 하나님의 이유요 하나님의 뜻이기도 한 것입니다.

물론 당신 나라에만 이런 뜻이 부과된 것은 아닙니다. 나는 나의 나라 역시 제자 나라로 부름을 받았다고 생각합니다.

전 세계에 나의 나라처럼 단기간에 교회가 커진 나라가 없습니다.

전 세계 대형교회 10곳 중 7곳이 나의 나라에 있다고 할 정도이니 말입니다.

따라서 나의 나라도 당신 나라와 함께 이 일에 동참할 것입니다.

당연히 나도 당신과 함께 이 일에 동참할 것이고요. - 나는 나의 나라와 당신 나라를 영원한 형제 나라로 묶어주셨다고 생각합니다!

아아! 어쩌면 당신은 이 일이 불가능한 일, 너무 이상적인 일이라고 생각할지도 모르겠습니다.

하지만 하나님은 우리에게만 이 일을 맡기지 않았습니다.

마태복음 28장 20절의 말미를 보십시오!

내가 세상 끝 날까지 너희와 항상 함께 있으리라!

그렇습니다. 우리가 이 길을 걷는다면 그때 예수 그리스도가, 하나님이 함께해주신다고 약속하신 것입니다. 언제까지요?

세상 끝 날까지입니다.

　세상 끝 날! 당신은 복음에서 세상 끝 날 이야기 했던 것 기억나십니까?

　세상 끝 날이 바로 천국이 완성되는 날, 더는 이 땅에 죄가 없어지고 사랑으로 회복되는 날이라 했던 것 말입니다.

　그날까지 하나님이 함께해주신다고 약속하신 것입니다.

　그러니 우리는 두려워할 게 없습니다.

　그저 당신과 나에게 주어진 지상 사명을 향해 뚜벅뚜벅 열심히 나아가기만 하면 되는 것입니다!

　오직 성령이 너희에게 임하시면 너희가 권능을 받고 예루살렘과 온 유대와 사마리아와 땅끝까지 이르러 내 증인이 되리라

-사도행전 1:8-

---

203) 미국이라는 대륙의 사명감, 인권, 박애 정신, 봉사정신, 전쟁, 평화, 패권주의 등 이 모든 것에 대한 양심과 책임과 주인의식을 가질 수 있기를 위해 기도합니다.

전 세계를 변화시킨 복음의 한줄기 빛

사랑이란 남을 내 몸처럼 대하는 것!

당신은 앞에서, 하나님의 근본 속성이 사랑이라 했고 또 복음의 핵심 계명이 사랑이라고 했던 말을 기억할 것입니다.

그런데! 도대체 사랑이 무엇이기에 죄까지 말끔히 없애버릴 수 있다는 이야기일까요?

이를 이해하기 위해 나와 당신은 성경에서 말하는 사랑에 대한 좀 더 깊은 고찰이 필요합니다.

성경에서는 과연 사랑을 어떻게 표현하고 있을까요?

다음 성경 구절을 보시기 바랍니다.

예수께서 가라사대 네 마음을 다하고 목숨을 다하고 뜻을 다하여 주 너의 하나님을 사랑하라 하셨으니

이것이 크고 첫째 되는 계명이요

둘째도 그와 같으니 네 이웃을 네 몸 같이 사랑하라 하셨으니

-마태복음 22:37~39-

여기에서, 예수님은 사랑을 마음을 다하고 목숨을 다하고 뜻을 다하는 것으로, 또 이웃을 나의 몸 같이 대해주는 것으로 표현하고 있습니다.

그런데 좀 더 자세히 보면 마음을 다하고 목숨을 다하고 뜻을 다하는 것은 하나님에 대한 사랑이요, 나의 몸 같이 대해주는 것은 이웃에 대한 사랑으로 표현하고 있음을 알 수 있습니다.

문제는 하나님에 대한 사랑과 이웃에 대한 사랑을 연결해주는 다음 부분입니다.

'둘째도 그와 같으니'

이것은 무엇을 뜻할까요? 하나님을 사랑하는 것과 이웃을 사랑하는 것은 같다는 뜻입니다.

즉, 이것은 눈에 보이지 않는 하나님에 대한 사랑은 이웃에 대한 사랑으로 표현된다는 점을 고려할 때 성경에서 말하는 사랑이란 다음과 같이 정의할 수 있습니다.

"사랑은 마음을 다하고 목숨을 다하고 뜻을 다하여 이웃을 나의 몸 같이 대해주는 것"

아마도 당신은 이 사랑의 정의를 보고 어떻게 이것이 가능할 수 있냐며 반감을 품을지도 모르겠습니다.

하지만 이것은 내가 내린 사랑의 정의가 아니라 성경에서, 그것도 예수님이 내린 사랑의 정의입니다. 그러므로 누구도 이의를 제

---

204) 온 인류의 젊은이들이 새로운 마음으로 인류의 기본적이고 보편적인 정신을 깊이 새겨 세상을 변화시키기를 기도합니다.

기할 수 없는 상황입니다.

만약 사랑의 정의가 이런 것이라고 인정한다면 이제 앞의 복음에서, 사랑이 세워지면 죄가 소멸하고 만다는 내용이 이해될 것입니다. 세상에 남을 이처럼 사랑하는데 누가 남에게 해를 끼칠 것이며 누가 남에게 상처를 주겠습니까! 이런 사랑이 존재할 수 있다면 어떻게 정의가 무너지고 인권이 파괴되겠습니까!

도저히 있을 수 없는 일이 되니 죄는 소멸하고 마는 것입니다.

성경적 사랑의 파워가 이런 것입니다.

더 놀라운 것은, 이런 사랑의 정의에 대하여 비단 성경에서만 이야기하고 있지 않다는 사실입니다.

노자의 도덕경에서도 성경과 똑같이 "네 이웃을 네 몸처럼 사랑하라"는 말이 나오며 불교에서도 자타불이(自他不二, 나와 남은 둘이 아니다)라는 말이 나옵니다. 하나님은 이처럼 성경뿐만 아니라 세상의 경전에 하나님 기준의 사랑 정의에 대해 심어놓으신 것입니다.

당신은 왜 하나님이 성경뿐 아니라 세상의 경전에 사랑의 정의에 대해 심어놓았다고 생각하십니까?

나는 그것이 당연히 타락한 인간에게 죄에서 빠져나올 수 있는 힌트를 주기 위함이라고 생각합니다. - 사랑만이 인류의 죄를 해결할 수 있는 유일한 길이니까요! - 자칫 인간의 기준으로는 절대 하나님 기준 사랑의 경지에 도달할 수 없기 때문이겠지요. 아마 하나님 기준 사랑의 정의를 각각의 경전에 심어놓지 않았다면 지금 우리가 생각하는 정도 이상의 사랑에 대해 생각해보지도 못하고 넘어갔을 가능성이 농후합니다.

남녀 간의 사랑이나 형제간의 우애 정도로 말입니다.

아아, 하나님 이 죄인을 용서하여 주십시오.

지금까지 하나님 기준의 사랑에 대하여 제대로 이해하지 못하고 살아왔음을 고백합니다. 예수님은 자기 목숨을 대가로 사랑을 보여 주셨는데, 나는 지금 무엇을 하고 있습니까?

오 하나님, 이제부터라도 제가 사랑의 의미를 제대로 깨닫고 서로 사랑하라는 하나님의 계명을 제대로 지키며 살아갈 수 있도록 인도하여주옵소서!

하나님 기준의 사랑을 이루는 것은 가능할까?

내가 감히 성경적 사랑의 정의를 이야기했지만, 당신은 아직도 고개를 갸웃거릴 것입니다. 과연 저게 성경에서야 가능하겠지만 현실에서도 가능한 것이냐고, 말입니다.

사실, 하나님 기준 사랑의 정의를 다시 한번 살펴보면 "마음을 다하고 목숨을 다하고 뜻을 다하여 이웃을 내 몸 같이 대해주는 것"이니 정말 쉽지 않은 일임이 분명합니다.

당장 주위를 살펴보거나 역사상 위인들을 살펴봐도 이렇게 살았던 사람을 찾아보기 힘들 정도이니 말입니다.

마음을 다하고 뜻을 다하는 것까지는 어떻게 할 수 있을 것 같은

---

205) 온 세상에서 벌어지는 중독성이 강한 오락, 미디어, 도박, 음란물, 그리고 부정적인 채팅, 섹스, 광란의 음악 등 독버섯처럼 해로운 이들에게 유혹되지 않기를 마음에 손을 얹고 기도합니다. 한 사람의 중독자를 100~1000명이 감당 못합니다.

데 남을 내 몸과 같이 대하여 목숨까지 다하라는 대목에서는 정말 아연실색하지 않을 수 없습니다.

남을 내 몸과 같이 대하라는 것은 정말이지 불가능한 일이라 생각되기 때문입니다.

어떻게 나와 남이 같지 않은데 남을 나처럼 생각하란 말입니까!

만약 남을 내 몸과 같이 생각할 수만 있다면 그를 위하여 마음을 다하고 뜻을 다하고 목숨까지 다하는 것이 그리 어렵지 않을 것입니다. 하지만 어떻게 사람이 남을 내 몸처럼 생각할 수 있냐 하는 것입니다.

남과 나는 분명 서로 다른 사람인데요.

그런데 신기한 일이 있습니다. 우리는 가끔 누가 지하철에서 뛰어내렸는데 자신의 몸을 던져 그를 구하고 자신은 지하철에 치여 죽었다는 뉴스를 접하곤 합니다.

그는 왜 자신의 몸을 던져 위험한 곳에서 그 사람을 구한 것일까요?

그 사람은 자신과 아무런 관계도 없는 사람인데 말입니다.

이것은 누구나 사람에게는 사랑(하나님 기준의 사랑)이 잠재해 있다는 증거가 됩니다.

즉, 사람의 무의식 속에 잠재해 있던 사랑(하나님 기준의 사랑)이 위기의 순간에 갑자기 발동하여 자기 목숨을 던지는 극적인 상황이 연출되어 나타난 것입니다.

우리는 이 예를 통하여 사람에게는 누구나 잠재의식 속에 하나님 기준의 사랑이 잠재해 있음을 알 수 있습니다.

그래서 길을 가다 불쌍한 사람을 보거나 TV 같은 데서 어려운 사람을 보면 자기도 모르게 측은한 마음이 들어 눈시울을 붉히곤 하는 것입니다.

그 사람이 나와 아무런 관계도 없는데 말입니다.

여하튼 우리는 우리의 잠재의식 속에 하나님 사랑이 잠재해 있다는 사실을 통하여 우리도 하나님 기준의 사랑을 이루는 것이 전혀 불가능한 것은 아니라는 사실을 엿볼 수 있습니다.

사실 하나님이 인간의 잠재의식 속에 하나님 기준의 사랑을 심어준 것은, 이미 복음에도 잘 나타나 있음을 이야기한 바 있습니다.

즉, 하나님이 인간을 만들 때 자기의 형상, 곧 사랑을 심어주었다는 사실 말입니다.

문제는 이런 하나님 기준의 사랑은 그저 잠재의식 속에 숨어 있을 뿐이라는 데 있습니다. 실제 우리의 의식 밖으로 나와 줘야 그 사랑을 활용할 수 있을 터인데, 무의식 속에 꼭꼭 숨어 있으니 절대 위기의 순간이 아니라면 잘 활용할 수가 없는 것입니다. 인간의 의식에는 사랑보다 욕심이 더 큰 세력으로 지배하고 있습니다.

여기서 욕심이란 나의 이익을 극대화하기 위한 마음을 말합니다.

그러다 보니 의식의 지배를 받으며 살아가는 인간은 대부분 이기적입니다. 모든 것을 자기 기준으로 생각하지 남의 입장을 잘 이해하지 못합니다. 그래서 자기의 이익에 조금이라도 손해를 끼친다 싶으면 타인을 공격하기 시작합니다. 그래서 갈등이 생기고, 미움이 생기고, 다툼이 생기며, 상처가 생기는 것입니다.

---

206) 하늘과 땅에서 아름다운 것으로 충만케 하시고 이 세상 사람들 모두에게 산업현장에서 신지식, 신기술과 지혜의 은총으로 풍성한 결실의 열매를 맺기를 온 땅에 외쳐 기도합니다.

이것이 바로 죄인 것입니다. 결국 세상은 인간의 욕심으로 인한 죄로 물든 타락한 세상이 될 수밖에 없고요.

오 하나님 사랑과 욕심 사이에서 오가는 저희의 모순을 만져주십시오. 사랑하고 싶지만, 욕심이 앞설 때가 더 많습니다. 도대체 어떻게 해야 인간의 욕심을 절제할 수 있는지요?

오 하나님 저희가 솔로몬의 지혜와 하나님의 공의로 이 문제를 해결할 수 있는 능력을 갖추게 되기를 원합니다. 하지만 저희의 노력으로는 부족하오니 하나님께서 도와주시고 인도하여주옵소서.

하나님 기준의 사랑을 이루는 방법 – 스승 따라하기

그렇다면 정말 현실에서 하나님 기준의 사랑을 이루는 것은 불가능한 일일까요?

우리는 이 문제를 해결하기 위해 다시 성경으로 돌아가야 합니다.

성경에 이 하나님 기준의 사랑을 완벽하게 이뤄낸 스승이 있기 때문입니다.

그 스승은 다름 아닌 예수님입니다.

성경에서 예수님은 "마음을 다하고 목숨을 다하고 뜻을 다하여 이웃을 내 몸 같이 대해주는 사랑"을 완벽하게 구현해내었습니다.

십자가에서 자기 목숨까지 바치면서 말입니다.

따라서 우리는 현실에서도 하나님 기준의 사랑을 이루는 방법을 배울 수 있게 됩니다.

바로 예수님 따라하기를 하면 된다는 것이지요. 예수님이 이렇게 하면 된다, 저렇게 하면 된다는 것을 이미 복음서에서 다 밝혀 놓았으니 우리는 그것을 읽고 깨닫고 그대로 실천하기 위해 노력하다 보면 어느새 하나님 기준의 사랑을 몸에 익힐 수 있다는 것이지요.

기독교에서는 이처럼 예수님을 닮아가는 것을 '성화'라 부릅니다.

기독교인들은 처음 자신의 죄인 됨을 회개하고 예수 그리스도를 구주로 받아들였을 때 구원받았다고 하는데 이것은 하나님을 떠나 있던 죄인이 이제 다시 하나님 품으로(하나님 자녀로) 돌아오게 됨을 뜻하는 의미로서의 구원입니다. 하지만 성화는 이제 비 오는 날 신발 밑에 덕지덕지 붙어 잘 떨어지지 않는 진흙처럼 자신으로부터 좀처럼 떨쳐내기 힘들었던 죄악들을 자신의 몸으로부터 하나하나 떨쳐내어 깨끗해지는 과정에서의 구원이니 이것이야말로 참된 의미의 구원이라 할 수 있습니다.

물론 하나님 기준의 사랑을 회복하고 성화를 이루는 과정은 쉽지 않습니다.

신약성서의 주 저자이자 복음을 유럽으로 전파하여 큰 공로를 세웠던 사도 바울조차 "두렵고 떨리는 마음으로 너희 구원(성화)을 이루어가라"고 했을 정도이니 말입니다.

하지만 나는 예수님을 스승으로 모시고 예수님 대로 따라 하는 공부를 계속할 수 있다면 얼마든지 가능하다고 생각합니다. 더욱이 앞에서도 말했듯이 당신과 나의 DNA 속에는 이미 하나님 기준 사

---

207) 대한민국과 세계를 위하여 목숨을 바치신 수많은 미군과 유엔 연합군, 매년 행사에 펄럭이는 성조기와 유엔기에 경의를 표하며 영혼의 선조님들에게 묵념하며 하나님께 기도합니다.

랑의 인자가 들어있으니 더욱더 그 가능성은 커집니다.

　이 부분에서 나는 다시 당신에게 마태복음 5장~7장까지의 산상수훈에 관해 이야기하려 합니다. 왜냐하면, 이 부분에 하나님 기준의 사랑을 이루기 위한 모든 지침이 다 들어 있기 때문입니다. － 예수님 계명이 이리저리 흩어져 있는 다른 복음서와 달리 마태복음에서는 예수님의 핵심 계명을 5장~7장에 알기 쉽도록 묶어 놓았습니다. － 당신이 정말로 하나님 기준의 사랑을 깨닫고 싶다면 5장의 3절부터 나오는 팔복에 대하여 연구하십시오.

　이 팔복 계명은 그저 복 받으라고 준 계명이 아닙니다.

　이것은 성화를 이루어가는 과정을 단계별로 기록해 놓은 주옥같은 계명입니다. 이것만 잘 연구하면 나머지 7장까지의 어려운 구절들이 저절로 이해될 수도 있습니다. 여기에서는 일단 팔복에 대하여 간단히 정리하는 시간을 갖도록 하겠습니다.

팔복의 복음적 해석

　1단계. 심령이 가난한 자는 복이 있나니 천국이 저희 것임이요

　이 구절에서 심령이 가난한 자란 자신의 심령을 하나님께 온전히 의지하는 자입니다. 왜냐하면 심령이 가난(헬라어 원어로 가진 게 아무것도 없는 것을 뜻함)하기 때문에 그 심령을 하나님께 100% 의지할 수밖에 없기 때문입니다.

이 첫 번째 구절이 중요한 이유는 내가 하나님께 100% 의지할 수 있다면 이제부터 나의 능력에 하나님의 능력이 더해져 큰 힘을 발휘할 수 있기 때문입니다.

그 능력은 욕심의 능력이 아니라 사랑의 능력입니다.

2단계. 애통해하는 자는 복이 있나니 하나님의 위로를 받을 것임이요

쉽게 이해하기 힘든 구절입니다. 하지만 시각을 반대로 보면 쉽게 이해할 수 있습니다.

하나님 기준의 사랑 공부를 해나가는 사람은 여러 가지 어려움 앞에 직면할 것입니다.

그때 애통한 마음이 들겠지만, 그 어려움은 결국 나를 성장시키기 위한 사랑의 매임을 깨닫게 될 것이니 복이 있습니다.

그 깨달음 자체가 바로 하나님의 위로입니다.

3단계. 온유한 자는 복이 있나니 땅을 기업으로 받을 것임이요

여기서 온유란 '길들여진 가축'이란 의미로, 야생에서 길들여진 가축처럼 모난 돌이 깎이고 깎인 상태를 말합니다.

즉, 이렇게 하나님 기준 사랑 공부를 통하여 깎이고 깎인 사람이 비로소 온유한 자가 되는 것입니다.

이렇게 온유한 자가 되면 이제 비로소 다른 사람들로부터 인정받아 이 땅에서 빛나는 사람(땅을 기업으로 받음)이 될 수 있습니다.

---

208) 위대한 태양계의 참으로 멋진 공간에서 죄를 범하는 것이 인간으로서 얼마나 어리석은지를 깨닫고, 짐승도 식물도 곤충도 아닌 인류로서 오직 감정의 욕심 때문에 거짓말로 상대를 속이며 이익을 갈취하지 않기를 위해 기도합니다.

4단계. 의에 주리고 목마른 자는 복이 있나니 저희가 배부를 것임이요

온유한 단계에 이른 사람은 이제 의에 주리고 목마르게 되어 있습니다.

여기서 의란 하나님의 뜻을 말하고 하나님의 뜻은 당연히 모든 인류의 구원입니다.

이처럼 하나님의 의에 관해 공부하다보면 의가 채워져 그 뜻을 깨닫게 되므로 복이 있습니다.

5단계. 긍휼히 여기는 자는 복이 있나니 긍휼히 여김을 받을 것임이요.

여기서 긍휼이란 드디어 다른 사람을 조금이나마 나처럼 여기게 된 사람을 말합니다.

그래서 그에게 사랑을 베풀어줄 수 있는 상태에 이른 사람이 바로 긍휼히 여기는 자입니다.

이런 사람은 이제 다른 사람(또는 하나님)으로부터도 사랑을 받게 되어 복이 있습니다.

6단계. 마음이 청결한 자는 복이 있나니 저희가 하나님을 볼 것임이요.

여기서 청결이란 겉이 깨끗한 상태를 말하는 것이 아니라 겉과 속이 모두 순수한 상태를 말합니다.

즉, 마음에 흠이 없어진 상태, 즉 죄가 없어진 상태를 말하니 드디어 하나님 기준의 사랑을 거의 이룬 사람이라 할 수 있습니다.

이런 사람은 이제 직접 하나님을 볼 수 있을 것이니 복이 있습니다.

7단계. 화평케 하는 자는 복이 있나니 하나님의 자녀라 일컬음을 받을 것임이요

이 단계의 수준까지 이른 사람은 이제 어떤 고난이나 어려움이 닥쳐도 화평을 이루어내게 되어 있습니다.

오직 사랑으로 남을 대하기 때문입니다. 이제 이 정도의 수준에 이를 때 그가 하나님의 아들(예수님이 스스로를 그렇게 불렀음)이라 불릴 것이니 복이 있습니다.

8단계. 의를 위하여 핍박받는 자는 복이 있나니 천국이 저희 것임이요.

이제 하나님 기준의 사랑이 완성된 사람은 제자이자 지도자로서 이 땅의 천국을 위해 많은 사람을 위해 힘쓰게 될 것입니다.

마치 예수님처럼 말입니다. 이때 반대자들로부터 핍박이 따르는 것은 당연할 것입니다.

하지만 그들의 끝은 결국 천국이니 복이 있습니다.

하나님, 이 시간에는 미국인을 위해 기도합니다.

미국인 3억 3천만이 앞에서 이야기한 팔복의 의미를 온전히 깨닫

---

209) 당신은 대한민국을 알고 있나요? 우리나라에서는 하루도 빠짐없이 미합중국의 새로운 소식이 전달됩니다. 그 이유는 그만큼 두 나라의 관계가 깊다는 것이고 뉴스가 나오면 나는 미국의 꿈과 희망을 위해 기도합니다.

기를 원합니다.

　지금 길을 잃고 방황하는 미국인이 있다면 팔복에서 이야기하는 가난과 애통과 온유와 의와 긍휼과 청결과 평화의 진리를 깨닫고 진리의 사람으로 거듭나는 방향으로 나아가기를 간절히 기도합니다.

　그래서 이 놀라운 진리를 온 인류에게도 전할 수 있는 그런 미국인들의 모습이 되기를 간절히 소원합니다. 아멘.

이 땅의 천국은 가능할까!

　당신은 앞에서, 하나님의 근본 속성이 사랑이라 했고 또 복음의 핵심 계명이 하나님 사랑과 이웃 사랑이라 했음을 기억하실 것입니다.

　여기서 강조되는 사랑은 물론 죽고 난 후 천국에 가서 이루어져야 할 죽은 사랑이 아니라 우리가 살고 있는 이 땅, 바로 이곳에서 이루어져야 할 살아 있는 사랑입니다.

　만약 이 땅에서 모든 사람이 하나님 기준의 사랑을 베푸는 일이 일어난다면 그것은 곧 이 땅의 천국이 될 것입니다.

　그렇다면 과연 이런 일이 가능할까요?

　대부분의 사람은 이에 대해 부정적인 시각입니다. 그것은 저세상에서나 가능한 것이지 온갖 이기적 욕심과 죄악들이 들끓는 이곳에서는 불가능한 이야기라는 것입니다. 사실 공산주의라는 이념이 모두가 평등하게 잘살아 보자는 취지에서 만들어진 이념인데 결국 실패한 것으로 증명되지 않았냐는 것입니다.

혹 당신도 그런 사람들의 의견에 동의하십니까?

하지만 나의 생각은 좀 다릅니다. 아니, 나의 생각이 아니라 성경의 생각이 좀 다릅니다. 성경에서는 그런 세상이 가능하다고 이야기합니다. 성경의 예수님이 그런 세상이 가능하다고 이야기합니다. 바로 이 땅에서 이루어질 하나님 나라입니다.

예수님 스스로는 이 땅에서 이루어질 하나님 나라를 가르치려고 왔다고 하기 때문입니다.

나의 이 말이 잘 이해되지 않는다면 성경에서 예수님이 등장하는 마태복음, 마가복음, 누가복음, 요한복음에서 예수님이 하는 말만 집중하여 읽어보십시오. 그러면 내가 하는 말이 조금 이해가 될 것입니다. 예수님은 오로지 이 땅의 무지한 사람들에게 하나님 나라가 있다는 사실을 전해주러 온 사람처럼 보입니다.

그래서 사람들이 잘 이해하지 못하자 온갖 비유까지 들어가며 하나님 나라를 설파하십니다.

그리고 그 하나님 나라는 바로 이 땅에서 이루어지는 실제적 나라이며 그 하나님 나라에 어떤 사람들이 들어갈 수 있는지에 대해서도 아주 자세히 가르쳐주고 있습니다.

당신은 예수님의 이 행적에 대해 어떻게 생각하십니까?

이 정도라면 당신도 예수님이 그렇게 강조하시는 이 땅에서 이루어질 하나님 나라에 대해 관심을 두고 싶지 않으십니까?

아아! 하나님 그동안 저희의 믿음이 너무 약했음을 고백하지 않을 수 없습니다.

---

210) 미합중국의 50개 주를 각각 하나님의 뜻으로 채우고 말씀과 권능과 새 소망으로 하나님께서 허락하신 이 땅 위에 오곡백과가 자라고 모든 만물이 태양빛으로 미국의 연방정부를 덮기를 기도합니다.

　예수님 스스로도 이 땅에서 하나님 나라가 이루어질 것이라 말씀
하셨는데, 우리는 그것도 모른 채 그저 이 땅의 죄악만을 한탄하고
살아왔으니 이보다 더 어리석은 경우가 어디 있겠습니까?

　이제부터라도 예수님의 뜻을 다시 새겨서 이 땅의 하나님 나라를
위해 모든 것을 다 바칠 수 있는 저희가 될 수 있도록 인도하여 주
시옵소서!

이 땅의 하나님 나라를 이루는 방법 – 하나님 나라의 법!

　먼저, 예수님이 이 땅에서 첫 사역을 시작하면서 터트린 일성도
하나님나라입니다.

　회개하라 천국(하나님 나라)이 가까이 왔느니라

　　　　　　　　　　　　　　　　　　　　　　　–마태복음 4:17–

　그리고 예수님은 앞에서도 이야기했듯이 하나님 나라가 우리의
마음속에서부터 시작하여 이 땅에서 펼쳐져 영원까지 이어질 나라
임을 선포하십니다.

　그렇다면 예수님이 선포하신 하나님 나라는 어떻게 이루어지는
것일까요?

　먼저, 예수님은 하나님 나라에서 지켜야 할 율법, 즉 죄의 기준부
터가 달라짐을 선포하십니다. 이 모든 것이 앞에서도 이야기했던

마태복음 5장에서부터 7장까지 나열되어 있습니다. 여기에 그것을 다 설명할 수 없으니 핵심적인 것 몇 가지만 예를 들어 보이도록 하겠습니다.

먼저, 예수님이 하나님 나라의 율법으로 선포하신 충격적인 몇 가지가 있습니다. 이전까지는 진짜 사람을 죽이는 게 살인죄였다면 하나님 나라에서는 다른 사람을 미워하기만 해도 살인죄라 선포하십니다.

또 이전까지는 실제 간음한 것만 간음죄라 하였으나 하나님 나라에서는 여자를 보고 음욕을 품기만 해도 간음죄라 선포하십니다.

아마 이 정도라면 이제 이 땅에서 죄를 안 지을 사람은 없을 정도가 될 것입니다. 하나님 나라 법의 기준이 이렇게 높다면 도대체 누가 하나님 나라에 들어갈 수 있을까요?

이어지는 하나님 나라의 법은 더욱 더 충격적입니다. 다음 성경 구절들을 보십시오!

오른뺨을 치거든 왼뺨을 돌려대며....
원수를 사랑하며 너희를 박해하는 자를 위하여 기도하라
—마태복음 5장 39, 44—

아마도 대부분의 사람은 물론 기독교 신자까지도 이 구절을 보며 고개를 갸우뚱할 수밖에 없습니다.

이건… 도저히 불가능하다는 생각이 들기 때문일 것입니다. 그런

211) 참 진리의 축복에 대한 복음이 당신의 선조들로 인하여 온 세상에 있는 영혼을 위하여 산과 강, 그리고 사막, 광야의 황무지 위에 심어졌습니다. 오직 나의 나라 대한민국의 황무지에 장미꽃을 심은 당신의 선조님께 감사 기도를 드립니다.

데 당신은 이상하다는 생각이 들지 않습니까?

이 모든 게 불가능하다면 왜 예수님께서 이런 불가능한 법을 선포하면서까지 하나님 나라가 이 땅에서도 가능하다고 하셨을까요?

분명 무슨 비밀이나 우리가 깨닫지 못하는 방법이 있기에 이런 법을 선포하신 것이 아닐까요?

당신은 이 문제에 대하여 어떻게 생각하십니까?

원수 사랑이야말로 하나님 나라를 이루는 최고의 법!

아아! 하나님 감사합니다. 나는 어느 날 예수님 말씀의 비밀을 깨닫고 이 감사 기도를 드리지 않을 수 없었습니다.

우리가 모두 불가능하게 생각했던 그 말씀들이 사실은 주옥같은 말씀, 이 땅의 하나님 나라를 이루기 위한 최선의 방법이었다는 사실을 깨달은 것입니다! 나는 제일 먼저 당신에게 이 사실을 전해주고 싶습니다!

먼저, 나는 예수님의 첫 일성, '회개하라'에 모든 비밀이 다 숨어 있었음을 깨달을 수 있었습니다. 회개하라의 의미는 단지 뉘우치는 것을 의미하는 것이 아니라 마치 도로에서 180도 유턴하는 것처럼 세상으로 향하던 내 삶의 방향을 돌이켜 하나님께로 180도 바꿈을 뜻합니다.

내 삶의 방향을 180도 바꿨다면 이제 내 생각과 행동의 방향도 180도 바꿈이 당연합니다. 그런데 우리가 착각하는 것은 내 생각은 여전히 세상의 것에 두고 단 1도도 바꾸지 않은 채 예수님의 말씀을 봤다는 것입니다.

이제 내 생각의 방향까지 180도 바꿔서 예수님의 말씀을 보면 모든 게 달라 보이기 시작합니다.

먼저, 다른 사람을 미워하기만 해도 살인했다는 말과 여자를 보고 음욕을 품기만 해도 간음했다는 말은 겉만 보는 우리의 시각을 180도 바꿔 속을 보라는 이야기입니다.

즉, 죄의 근원이 겉이 아니라 속에 있음으로 속을 깨끗이 하라는 의미입니다. 이것이 세상 법과 하나님 나라 법의 차이입니다.

또 '오른뺨을 치거든 왼뺨을 돌려대며…', '원수를 사랑하라'는 말도 우리의 생각을 180도 바꿔 생각해보면 완전히 다른 말씀이 되어버립니다. 원래 우리의 생각대로 하면 오른뺨을 치면 오른뺨을 두들겨주어야 분이 풀릴 것입니다.

그런데 이는 악을 악으로 갚는 방법입니다. 악을 악으로 갚으니 악순환이 계속될 수밖에 없습니다. 하지만 예수님 말씀처럼 오른뺨을 치거든 왼뺨을 돌려대는 방법은 악을 선으로 갚는 방법입니다. 즉, 악순환의 고리를 끊는 최고의 방법입니다. 무슨 말이냐 하면, 내가 오른뺨을 맞았을 때 먼저 분을 품기보다 내가 왜 뺨을 맞았는지를 생각해보라는 것입니다. 분명 맞을 이유가 있었기에 상대가 나를 때렸을 것입니다.

그리고 내 잘못이 생각나거든 다시는 그런 잘못을 하지 않겠다는 결심과 죄의 대가를 받겠다는 마음으로 왼뺨을 돌려대라는 것입니다.

---

212) 비바람과 눈보라가 갈 길을 막아 모진 아픔을 당해도 당신이 가는 길에 언제나 하나님의 영광이 있기를, 산을 넘고 강을 건널 때에도 위로와 사랑의 향기가 나는 천사가 함께 하기를 위해 기도드립니다.

예수님의 의도에는 이처럼 놀라운 비밀이 숨어 있었던 것입니다.

그런데 말입니다. '오른뺨을 치거든 왼뺨을 돌려대며…'는 곧 다음에 나오는 '원수사랑'의 방법이기도 하며 악순환의 고리를 끊을 뿐만 아니라 선순환까지 가져올 수 있는 최고의 방법입니다.

이게 무슨 말인가, 하고 잘 이해가 되지 않을 테지만 내 말을 귀기울여 들어보십시오.

사실 상대가 내 뺨을 후려갈겼다면 그는 이미 나의 원수가 됩니다. 세상 법에서는 이를 모두 원수라 하지 않습니까!

그런데 이런 생각을 180도 바꿔 생각해볼 때 그는 내 뺨을 후려갈김으로 내 잘못을 깨닫게 해준 고마운 사람이기도 합니다.

원수이면서 은인이기도 한 것입니다. 그래서 내가 다시는 그런 잘못을 하지 않겠다는 결심으로 왼뺨을 돌려댈 때 과연 어떤 일이 일어날까요? 원수였던 상대는 '이게 뭔가?' 하고 멈칫할 것입니다. 그런데 왼뺨을 돌려대는 모습에 원수였던 상대는 분을 품기보다 미안한 마음이 생길 가능성이 더 클 것입니다. ― 물론 그 반대의 가능성도 없지는 않습니다. ― 만약 미안한 마음이 들었다면 자신도 잘못했다는 생각까지 할 가능성까지도 생각할 수 있을 것입니다.

이렇게 되면 이제 서로 간의 분노는 사라지고 서로 화해할 가능성이 더욱 커질 것입니다.

당신은 생각해보십시오. 만약 우리 사회에서 악을 악으로 갚고, 분을 분으로 갚는 것이 아니라 악을 선으로, 분을 사랑으로 갚아

서로 화해하는 일이 곳곳에서 일어난다면 어떻게 하면 될지, 말입니다. 갈등이 사라지고 다툼이 사라지고, 더 크게는 전쟁까지 사라져 그야말로 우리가 꿈꾸는 평화로운 세상, 하나님 나라가 이루어지지 않을까요.

당신은 이제 예수님이 왜 원수를 사랑하라는 말을 하셨는지 이해가 되시나요?

원수 사랑이야말로 경쟁과 대립으로 얼룩져 있는 인간 사회를 구원해줄 최고의 방법이었기 때문입니다.

그래서 예수님은 이 땅에서 하나님 나라가 이루어지기 위한 조건으로 원수 사랑을 이야기하셨던 것입니다.

너희가 이에는 이 눈에는 눈으로 갚으라 한 것을 들었으나 원수를 사랑하며 너희를 박해하는 자를 위하여 기도하라

-마태복음 5장 44-

하나님 기준 사랑을 이루는 최고의 방법, 황금률!

당신은 이제 예수님의 원수사랑 선포가 왜 인류에게 유익이 되는지 논리적으로 이해되긴 하였을 것입니다. 하지만 그런데도 어떻게 이런 일이 현실에서 가능할까, 하고 여전히 의구심을 떨칠 수 없을 것입니다.

지금 단계에서 그런 생각을 품는 것은 당연한 일이니 너무 걱정

213) 당신의 나라에 고통과 설움 속에서도 매를 맞아가면서 배고파하는 어린 생명이 있다면 당신들은 어떻게 하겠습니까? 당신이 앞장서 구원하기를 위해 기도합니다. 나는 참으로 타인에게 매를 많이 맞고 자랐습니다.

하지 마십시오. 이 원수 사랑이란 것이 어느 날 내가 지키겠다, 마음먹는다고 척하니 이루어지는 일이 아니니 말입니다.

이것은 내가 예수님의 제자가 되어 앞에서 이야기한 팔복 공부의 과정을 거쳐 깊은 공부가 이루어졌을 때 자연스럽게 이루어지는 일이니 말입니다.

그러니 지금은 그저 이런 게 있구나, 하는 정도로 알고 넘어가면 좋을 것입니다.

놀라운 것은, 예수님이 바로 마태복음 5장에서 7장까지의 산상수훈에 앞에서 이야기한 원수사랑 뿐만 아니라 우리의 수준으로는 정말 지키기 어려운 수많은 법을 선포하시는데 - 예를 들면 판단하지 마라, 맹세하지 마라… 등 - 그것을 단 한 방에 해결할 수 있는 법을 선포하셨다는 사실입니다.

그것을 기독교에서는 만능해결사 법이라 하여 황금률이라 합니다. 다음 성경 구절을 보시기 바랍니다.

너희가 대접받고자 하는 대로 남을 대접하라
　　　　　　　　　　　　　　　　　　　　　　　－마태복음 7;12 －

어떻습니까? 사실 따져보면 아주 간단한 내용을 담고 있는 말씀입니다. 하지만 그 속에 담긴 깊이는 대단한 힘을 가지고 있습니다. 당신은 남을 대할 때 어떤 마음으로 대합니까?

나의 경우 남에게 잘해주겠다는 마음으로 대하긴 하는데 결국 따지고 보면 내 이익을 위해 그렇게 한다는 사실을 발견하고는 무척 놀란 적이 있습니다.

겉으로는 남을 위하는 척했지만 결국에는 내 이익을 위해 그런 행동을 했다는 말입니다. 아마 이런 현상은 나뿐 아니라 이 세상을 살아가는 대부분의 사람이 비슷하리라 생각됩니다. 왜 이런 현상이 생길까요?

인간은 기본적으로 자기중심적 속성을 지니고 있기 때문입니다.

인간의 자기중심적 속성이 가장 잘 드러나는 순간은 사진을 찍을 때 적나라하게 드러납니다. 당신은 당신이 찍힌 단체 사진을 볼 때 누구의 모습을 가장 먼저 봅니까? 아마 당신 자신일 것입니다.

그렇다면 당신이 찍힌 가족사진을 볼 때는 누구를 가장 먼저 봅니까? 그래도 역시 당신 자신일 것입니다. 이런 현상은 사진이 찍힐 때도 마찬가집니다. 다른 사람과 함께 사진이 찍힐 때 당신은 자신이 어떻게 나올까만 생각하지 다른 사람이 어떻게 찍힐지에 대해서는 관심도 없습니다.

이것이 이 세상을 살아가는 인간의 속성입니다.

이처럼 자기중심적인 인간이 다른 사람의 입장에서 생각하는 것은 얼마나 쉬운 일일까요?

아마도 당신은 이것이 절대 쉬운 일이 아님을 누구보다 잘 알고 있을 것입니다. 아마 다른 사람의 입장에서 생각할 힘이 있다면 절대 다툴 일이 없어질 것입니다. 상대를 충분히 이해할 수 있게 되니까요?

---

214) 온 인류와 미합중국 국민의 손끝의 감각과 눈동자의 거룩한 시선, 공동체 마음의 정의를 위해 기도합니다.

하지만 안타깝게도 인간은 누구보다 자기중심적이기 때문에 우리가 다른 사람과 관계를 맺게 될 때 자기중심과 자기중심이 맞부딪치게 되어 이 세상의 모든 문제가 발생하게 되는 것입니다.

이제 이런 시각으로 다시 예수님의 황금률을 살펴보면 정말이지 감탄을 금할 수가 없습니다. 생각해보십시오.

만약 우리가 다른 사람을 대할 때 내가 대우받고자 하는 대로 대할 수만 있다면 절대 함부로 대할 수가 없을 것이기 때문입니다. 당신은 누군가와의 관계에서 어떤 대우를 받기 원하십니까?

당연히 인격적인 대우, 존중받는 대우를 받고 싶을 것입니다. 그것은 나 역시 마찬가집니다. 아니 이 세상의 사람 중 그렇게 대우받고 싶지 않을 사람은 없을 것입니다. 이처럼 내가 인격적으로 존중받고 싶어 하는 그대로 상대를 대해주라는 것입니다.

즉, 상대를 인격적이며 존중하는 태도로 대해주라는 것입니다. 이런 일이 일어난다면 아마도 원수 자체가 만들어지지 않을 것 같습니다. 그러니 다툼이나 싸움이 일어날 일도 없습니다.

따라서 이 땅에서 죄가 사라질 터이니 이것이야말로 이 땅에 하나님 나라가 이루어지는 최고의 법이 되는 것입니다.

그래서 이것을 황금률이라고 하는 것입니다.

이제 정리하겠습니다. 예수님은 이 땅에서는 물론 마지막 완성된 천국(하나님 나라)에 들어가는 방법에 대해 산상수훈의 마지막 부분에 분명히 못 박고 있습니다.

나더러 주여, 주여 하는 자마다 다 천국에 들어가는 것이 아니요
하나님의 뜻대로 행하는 자라야 천국에 들어갈 수 있나니

—마태복음 7:21—

여기서 하나님의 뜻이 바로 하나님 사랑을 실천하는 것입니다.
그리고 그 실천을 이뤄내는 구체적 공부 방법들이 산상수훈에 잘
나타나 있으며 그 모든 것을 이룰 수 있는 핵심 법이 바로 황금률
입니다. 그러니 당신은 이제부터라도 나와 함께 산상수훈에 대하
여, 황금률에 관하여 공부해보지 않으시렵니까!

오! 하나님, 이 땅에 예수님의 계명을 공부하고 따르는 제자들이
바닷가 모래알처럼 쏟아져 나오게 하여주시옵소서!
예수님이 가르쳐준 원수 사랑과 황금률의 비밀을 깨닫고 지키며
행하는 제자들이 물밀듯 쏟아져 나오게 하여 주시옵소서!
그리하여 이 땅에 모든 죄악이 없어지고 하나님이 그토록 원하시
는 하나님 나라가 이루어지는 날이 속이 오게 하여주시옵소서!

어둠의 동토에 빛으로 다가온 당신 나라의 복음!

나는 지금까지 당신에게 하나님의 복음이 얼마나 위대한 힘을 가
졌는지에 대한 이야기를 펼쳤습니다.
아마 당신도 복음의 위대성에 대해서는 이제 공감하셨으리라 생

---

215) 각 나라의 국민이 지켜야 할 의무와 책임의 법이 있는데 이보다 더 위대한 것이 각자의
사상과 종교입니다. 미국 국민들의 사상과 종교, 자유롭고 정직한 양심을 위해 기도합
니다.

각합니다.

이제 이 위대한 복음이 실재적으로 어떻게 전해져 한 나라를 일으키고 세워서 위대한 힘을 발휘했는지 선교의 찬란한 빛의 역사에 대해 간단히 이야기하려 합니다.

나는 지금도 나의 나라가 동토의 땅에서 아름다운 황금의 땅으로 변모할 수 있었던 이유가 바로 당신 나라가 전해준 복음 때문이라 굳게 믿고 있습니다.

당신 나라의 복음이 전해지기 전 나의 나라는 그야말로 동토의 황무지나 다름없었기 때문입니다.

반상 제도로 얼룩져 상놈들은 사람 취급도 못 받는 인권 황무지의 땅이었으며, 부정부패로 얼룩진 몇몇 양반 정치배들이 나라 실림을 다 말아먹어 그야말로 바람만 불어도 쓰러질 수밖에 없는 나약한 땅이기도 했습니다. 이처럼 그 당시 나의 나라는 어둠이 짙게 깔린 동토의 나라였습니다.

그런데 그런 나의 나라에 한 줄기 빛이 비춰었으니 바로 '복음'이 전해진 것이었습니다.

당신 나라의 복음이 전해지기 전, 여러 나라의 사람들에 의해 복음이 들어오기도 했으나 결국 나의 나라에 본격적으로 복음이 들어온 것은 역시 당신 나라와 나의 나라가 수호조약을 맺은 1882년부터였습니다. 그때 나의 나라에 당신 나라 복음이 전해진 경위는 대략 다음과 같습니다.

당신 나라와 나의 나라는 정식 수교 후 나의 나라 대표로 민영익을 외교사절로 당신 나라에 파견하게 되었습니다.

이때 민영익은 워싱턴으로 가는 기차에서 우연히도 가우처((John Franklin Goucher)라는 당신 나라 목사를 만나게 됩니다.

아아! 겉으로 보기에 우연인 것처럼 보이지만 나는 절대 이 만남이 우연이 아니라 생각합니다. 왜냐하면 이 만난이 시발점이 되어 당신 나라 선교사들이 나의 나라에 들어오게 되니까요!

그래서 이 만남은 우연이 아니라 하나님이 만들어준 필연적 만남이었다는 이야기입니다.

그때 나의 나라 외교사절로 간 민영익은 이미 복음에 우호적인 사람이었습니다. 그는 기쁘게 가우처 목사에게 나의 나라를 소개하면서 자신이 하는 일에 대해 말해주었습니다.

그때 민영익은 만주에서 한국어 성경 번역에 힘쓰고 있던 로스 목사와 협조하여 나의 나라에 한국어 성경을 들여올 계획을 추진하고 있었습니다.

이 일을 가우처 목사에게 이야기해줬을 때 가우처 목사는 너무도 놀라고 말았습니다. 동방의 조그마한 나라에서 이런 일이 일어나고 있다는 사실에 큰 감명을 받은 것입니다.

가우처 목사는 도저히 그대로 있을 수가 없었습니다. 그래서 자신과 교류하고 있던 맥레이(Macrae, L.) 선교사(당시 일본에서 사역하고 있었음)에게 당장 나의 나라 답사를 부탁하였습니다.

그렇게 3개월간 나의 나라 답사를 마친 맥레이 선교사는 당신 나

216) 나의 나라 대한민국의 역사 속에서 일제 36년간은 지옥 같은 식민지 통치의 설움 속에서 인간의 기본권이 박탈당하고 양반, 지식층들은 일제에 굴복하고 백성은 언제 죽을지 모르는 운명 속에 처했습니다. 이때 우리 백성들 중 기독교인은 오직 하나님의 복음을 위하여 기도하였습니다.

라의 선교본부에 나의 나라 실정을 있는 그대로 소개하였습니다.

그렇게 당신 나라 선교본부는 드디어 나의 나라에 당신 나라 선교사를 파송하기로 결정하게 된 것입니다.

그렇게 나의 나라에 수많은 선교사가 파송되었고 황무지가 장미꽃이 될 수 있었던 것입니다.

아아! 그때 이런 결정을 내려준 당신 나라 선교본부에 감사하지 않을 수 없습니다.

아아! 하나님이여, 그때 나의 나라에 그 수많은 선교사이 목숨을 걸고 오게 하심도 하나님의 뜻임을 고백합니다.

그들의 숭고한 뜻을 높여주시고 그들의 희생 덕분에 나의 나라가 이만큼 잘살게 된 것이 하나님의 영광이 되었음을 고백하고 감사드리지 않을 수 없습니다!

당신 나라 선교사들의 피눈물 나는 희생과 헌신!

그때 당시 나의 나라에 대한 당신 나라의 선교가 얼마나 효과적으로 이루어졌는지 당신은 아십니까?

나의 나라 왕이었던 고종은 당신 나라의 복음을 받아들이는 대신 '학교'와 '병원'으로만 제한한다는 뜻을 정했습니다.

그런데 이것이 오히려 나의 나라 기독교 발전에 더 큰 도움을 주는 계기가 되었습니다.

　나의 나라에도 전통적으로 전해오던 종교가 있고 법도가 있는데 갑자기 기독교식 복음을 전한다면 이를 제대로 받아들이기 쉽지 않았을 것입니다.

　하지만 복음 이전에 먼저 몸과 정신을 깨우는 일을 할 수 있도록 나의 나라에서 먼저 '학교'와 '병원'을 세울 수 있도록 손을 내민 것입니다. 덕분에 당신 나라 선교사들은 오히려 더 자유롭게 복음을 전할 수 있었습니다.

　더불어 학교와 병원을 통하여 문맹도 깨치고 질병의 고통에서도 벗어날 수 있게 해주었으니 이때부터 나의 나라는 급속한 지식의 깨침과 발전을 이루게 됩니다.

　아아! 나는 이 모든 것이 당신 나라 선교사들이 전해준 복음 덕분이었다고 생각합니다.

　첫 번째, 병원의 설립은 의외로 순조롭게 이루어졌습니다.

　앞에서 의료 선교로 왔던 알렌이 이미 고종 황제의 주치의였기 때문이었습니다.

　고종 황제는 즉시로 나의 나라 최초의 근대식 병원인 광혜원을 설립하게 허락해 주었습니다.

　당신은 이 병원이 오늘날 나의 나라 최고 병원 중 하나인 세브란스 병원이라는 사실을 알고 있습니까?

　광혜원은 후에 제중원으로 이름이 바뀌었고 1894년에 미국 오하이오주의 실업가인 세브란스가 거금을 희사함으로 오늘날 세브란

217) 당신 선조님의 선교사가 우리 민족에게 희망과 용기, 지혜를 주어 3.1운동으로 나타났고 소중한 인권과 주권을 찾기 위하여 목숨을 바쳤습니다. 이에 복음의 정신에 감사의 기도를 드립니다.

스 병원이 된 것입니다.

학교의 설립은 더욱 드라마틱하게 이루어집니다.

학교의 설립은 정식 선교사로 왔던 언더우드와 아펜젤러 선교사에 의해 집중적으로 이루어졌습니다.

먼저 언더우드 선교사는 나의 나라에 오자마자 길가에 버려진 아이들을 모아 고아원을 운영했습니다.

그리고 그 고아원의 아이들에게 영어를 가르쳤던 것입니다. 이 고아원이 오늘날 나의 나라 경신 중·고등학교가 되었습니다.

그리고 언더우드 선교사가 조선기독교대학을 세우는데 이것이 훗날 연세대학교가 됩니다.

한편, 아펜젤러 선교사도 1886년 6월 8일 정식으로 학교를 세우는데, 이것이 나의 나라 근대 교육의 시작으로 불리고 있는 배재학당입니다. 재미있는 것은 처음 이 학교가 문을 열자 30여 명이 넘는 학생들이 몰려왔는데, 처음에 이들은 복음보다 영어를 배워 출세하려는 목적이 더 컸다는 사실입니다. 물론 나중에는 배재학당이 복음을 효과적으로 가르쳐 나의 나라 기독교인들을 키우는 데 큰 역할을 하게 됩니다.

이 외에도 당시로써는 상상하기 힘들었던 여학생들을 위한 학교도 세워졌는데 이화학당, 정동어학당 등이 그것입니다. 이 중 이화학당은 오늘날 나의 나라 최고 명문여대로 불리는 이화여자대학교로 발전하게 됩니다.

이처럼 당신 나라 선교사들에 의해 세워진 병원, 학교 등이 이제 전국적으로 퍼져나가면서 나의 나라에서 기독교에 대한 인식은 완전히 바뀌게 됩니다.

더욱이 복음 외에 당신 나라 선교사들이 전해준 선진 문명은 당시 나의 나라의 후진성을 깨우는 데에도 큰 역할을 하여 좋은 이미지를 심어준 것도 사실입니다. 이렇게 하여 나의 나라에서 이제 교회에 나가는 것은 곧 앞서가는 사람이라는 인식이 온 나라에 자리 잡기 시작하면서 기독교인 수는 급격히 늘어나게 되었습니다. 당신 나라 선교사들이 빛의 사자들이 되어 어둠으로 가득했던 나의 나라를 밝게 비추기 시작한 것입니다!

하나님, 아직 복음의 빛이 들어가지 못해 어둠의 세력 가운데 있는 나라들이 아직 많이 있습니다. 우리나라가 미국이 전해 준 복음의 빛에 의해 변화되었던 것처럼 그 나라들도 우리가 전해줄 복음의 빛을 통해 변화될 수 있도록 기회를 주시고 인도하여 주십시오.

복음이 나의 나라 발전의 원동력이 되었다!

당신 나라가 전해준 복음의 능력은 대단한 것이었습니다.

나의 나라는 비로소 어두웠던 눈을 뜰 수 있었습니다.

캄캄해서 아무것도 보이지 않았던 눈이 뜨이자 비로소 어떻게 살아야 할지가 보이기 시작했습니다.

---

218) 당신들의 선교사님께서 과거에 경찰서 10개보다 교회 1개의 설립이 이 땅에 희망을 가져다 준다 하여 교회를 세웠고 우리나라 교회의 부흥을 가져왔습니다. 이에 감사의 기도를 드립니다.

모두가 한마음이 되어 우리도 한번 잘 살아 보세를 외치며 열심히 일했습니다.

그리고 주일이면 교회에 나가 하나님께 예배를 드렸습니다.

이렇게 사는 사람들이 점점 많아지며 나의 나라 교회는 단기간에 급속한 성장을 하게 됩니다. 놀랍게도 교회의 성장과 함께 나의 나라 경제도 점점 발전하기 시작했습니다.

1970년대가 지나고 1980년대가 되었을 때 나의 나라 교회의 위세는 정말 대단했습니다.

기독교인 수가 천만이 넘는다고도 했고 나의 나라 중심 종교로 떠올랐습니다. 그와 함께 나의 나라 경제도 급속한 성장을 이뤘습니다.

지금 나의 나라는 세계 10대 경제 강국에 이름을 올릴 정도가 되었으니, 말입니다.

아아! 나는 이 모든 것의 원동력이 바로 당신 나라가 140여 년 전 나의 나라에 전해준 복음 때문이라고 확신합니다.

복음의 위력이 이런 것이기 때문입니다.

그래서 지금 나의 나라는 당신 나라에 이어 전 세계에 선교사를 가장 많이 배출하는 나라로 이름을 올리고 있습니다.

당신 나라가 나의 나라에 복음을 전해준 지 불과 100여 년이 지나면서부터 말입니다!

당신은 나의 나라 선교사가 지금 세계 몇 개국에 나가 있는지 아십니까?

아마 당신의 입이 쩍하고 벌어질지도 모릅니다. 2019년 말을 기준(출처; KWMA 연구개발실)으로 했을 때 나의 나라 선교사가 나가 있는 나라 수는 자그마치 192개국에 달합니다.

이는 전 세계 나라 중 몇몇 나라를 제외하고는 대부분의 나라에 선교사로 나가 있던 셈입니다. 어떻습니까? 정말 놀랍지 않은가요?

게다가 192개국에 나가 있는 선교사 수는 29,500여 명(이중 소속 포함)이 넘으니 이 또한 대단하다 하지 않을 수 없습니다.

140여 년 전 당신 나라에 받았던 은혜를 고스란히 제3세계에 베풀고 있던 셈입니다.

이것이 바로 복음의 능력이요 하나님의 은총이라고 생각하는데, 당신도 나의 이 생각에 동의하시는지요?

219) 미합중국에서 25%만 양심의 변화를 주면 바다의 염분같이 온 미국의 양심이 변화할 것입니다. 25% 양심의 변화를 위하여 기도합니다.

제3기도

미국의
권리와 책임!

전 세계 0.01% 당신과 미국의 권리

21세기 하나님의 선택을 받은 당신 나라!

당신은 선민이란 말의 뜻을 아십니까?

그것은 '하나님의 선택을 받은 민족'이란 뜻으로 구약시대 이스라엘이 스스로를 칭하여 붙였던 용어입니다.

성경의 역사를 보면 분명 그 시대 이스라엘 민족은 하나님의 선택을 받은 민족임이 분명할 것입니다.

하지만 하나님의 선민이었다는 이스라엘 민족이 그들의 성경 역사 속에서 했던 행동을 보면 안타까움을 넘어 분노마저 느끼게 합니다.

왜냐하면 그들의 역사가 담긴 성경에서 그들은 끊임없이 타락하며 하나님을 배신하기 때문입니다.

그때마다 하나님은 이스라엘 민족에게 징계를 내리고 그 징계가 무서워 다시 돌아오는 듯하다가 다시 죄를 짓고 하는 것이 이스라엘 역사의 전부이니 그들의 모습을 보며 실망하지 않을 수 없는 것입니다.

이후 하나님의 선민이었다는 이스라엘 민족의 말로를 보면 정말이지 안타깝다 못해 가슴이 미어질 정도입니다.

이스라엘의 마지막 왕국이었던 유다가 신바빌로니아의 침략을 받아 멸망한 것이 기원전 586년으로 이때 유럽에서는 국가의 성립조차 미진했을 아주 오래전입니다.

이미 그때 이스라엘은 망하여 전 세계를 떠돌게 되었던 것입니다.

그리고 다시 독립하여 이스라엘이라는 나라를 세운 것이 1948년이니 무려 2,500여 년간 나라 없이 떠돌이 생활을 한 셈이 됩니다.

무엇보다 이스라엘에 대하여 안타까운 것은, 그들이 성경 시대에는 선민이라 했지만, 오늘날로 볼 때 과연 선민일 수 있을까, 하는 의문이 든다는 점입니다. 물론 유태인의 영향력이 막강한 것을 들 수 있을 것이나 이는 단지 세상의 과학 기술 발전에 기여한 것이지 인류의 궁극적 행복(하나님 나라 건설)에 기여한 것은 아니란 사실에 주목해야 할 것입니다.

그런 면에서 나는 하나님 입장에서 이 새로운 시대에 세상을 이끌어 갈 새로운 선택이 필요했다고 생각합니다.

그리고 그 새로운 선택이 바로 당신 나라였다고 생각합니다.

이것은 오로지 나의 주장이니 이해해 주시기 바랍니다. 하지만 내가 이런 주장을 하는 데에는 나름대로 이유가 있습니다.

그것은 당신 나라가 아메리카 신대륙에 세워질 때부터 이미 복음으로 세워졌다는 사실 때문입니다.

---

220) 세계 1등 국가에서 매주 정직한 양심을 지키자는 피켓을 들고 외친다면 전 미국, 전 세계에 커다란 영향을 주게 될 것입니다. 새 양심 피켓 축제 운동이 들불처럼 일어나기를 위해 기도합니다.

그것도 유럽의 타락한 복음이 아니라 하나님의 의로운 복음 위에 세워졌다는 사실은 예사롭게 넘길 부분이 아닙니다.

그리고 그런 의로운 복음 위에 세워진 당신 나라가 결국 인류 최강국의 지위에 올랐다는 것 또한 예사로운 일이 아닙니다.

이것은 하나님의 개입 없이는, 하나님의 강력한 역사 하심 없이는 절대 일어날 수 없는 일입니다.

당신은 나의 이 주장을 어떻게 받아들이십니까?

만약 당신이 나의 이 주장에 동의한다면 이제 당신과 당신 나라는 과거 이스라엘이 하나님의 선택을 받았던 것처럼 이 시대에 하나님의 선택을 받은 나라라고 할 수 있습니다. 이것은 현재 일어나고 있는 모든 상황 즉 유럽의 복음은 거의 쓰러져가고 있는 대신, 당신 나라를 통하여 새 복음이 전해지고 있고 또 당신 나라에 의해 모든 힘과 문화의 지배가 이루어지고 있는 것을 통하여 증명할 수 있습니다.

이제 당신이 나의 이 주장에 동의하신다면, 당신과 당신 나라는 하나님의 선택에 의해 하나님 나라의 장자라는 권리를 가지게 됨을 알아야 할 것입니다.

사실 모든 인간은 하나님의 자녀로 이 세상에 태어났습니다.

결국 인간을 지으신 이는 하나님이기 때문입니다.

비록 지금은 온갖 나라와 민족으로 나뉘어 있지만 모든 민족의 뿌리를 찾아 올라가다 보면 결국 하나에서 만나게 되며 그 하나를 지으신 이가 바로 하나님이기에 인류의 부모는 하나님이라는 것입니다.

그런 의미에서 이 세상의 부모는 그저 이 세상의 기간 잠시 맡아 기르는 역할을 맡은 일시적 부모일 뿐입니다.

인류의 영원한 부모는 오직 하나님입니다.

당신과 당신 나라는 바로 그 하나님의 장자로서 선택을 받은 나라와 민족이 되었다는 이야기입니다.

하나님 아버지의 장자권을 갖게 되었다는 것은 놀라운 권리입니다.

사실 과거에 장자라 하면 아버지의 모든 유산을 상속받을 권한을 가진 존재를 뜻합니다.

그리고 아버지의 뜻을 이어 집안을 이끌어갈 수 있는 권한을 가진 존재를 뜻합니다.

옛날에는 왕들도 모두 장자에게 자신의 왕위를 물려주었지 않습니까?

당신과 당신 나라에 하나님께서 이런 장자권을 주셨다는 이야기입니다. 이 자격은 그냥 주어진 게 아니라 당신 선조들의 피땀 어린 노력과 마음과 육신의 깨끗함, 거룩함이 일궈낸 결과입니다.

그 대가로 하나님이 당신 나라에 장자권을 준 것입니다.

물론 장자의 권리를 받은 자가 집안의 모든 권한을 받는 대가로 집안의 일과 아래 동생들을 잘 보살피고 가르치고 도와주는 지휘자의 책임을 지게 되는 것은 당연합니다.

---

221) 미합중국 국민들이 마음속에 종교적 신앙을 넘어 진심을 담아 모국을 위한 기도의 불이 일어나길 위해 기도합니다. 최고의 중심국가로서 기도하면 자연스럽게 51% 이상은 죄의 사슬에서의 해방될 것입니다.

즉, 부모의 뜻을 잘 이어받아 아래 동생들을 잘 연결해주는 축복의 통로가 되어야 합니다.

당신 나라는 바로 이런 권리와 책임을 물려받은 선택받은 나라라는 것입니다.

따라서 당신과 당신 나라는 이런 막중하고 위대한 책임과 사명이 있다는 사실을 알고 장자 나라로서, 모든 나라의 축복 통로로서 그 역할을 다해야 한다는 것입니다.

아아! 하나님 미국이라는 나라를 새롭게 선택하여 전 세계를 움직이게 하시니 감사합니다.

부디 미국이 장자 나라로서의 권리를 잘 행사하도록 인도하여 주시고 그에 따른 책임도 잘 완수할 수 있도록 인도하여 주십시오.

하나님이 온 인류의 축복 통로가 되었던 것처럼 이제 미국이 온 세계 열방의 축복 통로가 되기를 기도합니다.

당신은 하나님의 언약 아래 있는 축복의 통로
당신을 통하여서 열방이 주께 돌아오게 되리
(찬양 ; 축복의 통로, 이민섭 작사 작곡)

이스라엘이 못다 이룬 꿈, 이제 당신 나라가 이룰 차례!
아아! 나는 하나님의 새로운 선택을 받은 당신 나라에 대한 꿈이

있습니다. 구약시대 하나님의 선민이었던 이스라엘이 못다 이룬 꿈
이 있기 때문입니다.

그때 하나님은 이스라엘 민족을 통하여 온 인류를 구원하고자 하
는 계획을 세웠었습니다. 하지만 그들의 타락으로 인해 하나님의
계획은 유보되고 말았습니다. 그렇다고 하나님의 계획이 완전히 없
어진 것은 아닙니다. 유보된 것입니다.

하나님은 언제든지 자신에게 충성할 새로운 나라를 찾고 있었던
것입니다.

그리고! 이제 당신 나라가 그 새로운 민족으로 선택되었습니다.

이제 그때 이스라엘을 통하여 이루고자 했던 하나님의 계획이 당
신 나라를 통하여 이루어져야 하는 때를 맞이한 것입니다.

그렇다면 그때 이스라엘 민족은 왜 하나님의 뜻을 구현하는 데
실패했던 것일까요?

두 번 실패하지 않기 위해 당신 나라는 이 원인을 제대로 파악해
야 할 것입니다. 하나님의 선민으로 선택받았던 그들이었는데….

왜 그들은 왜 하나님의 뜻을 실현하는 데 실패했던 것일까요?

나는 그 이유로 이스라엘 민족이 진짜 하나님의 뜻을 제대로 구
별하지 못했기 때문이라 생각합니다.

그들은 그저 자신들의 기복을 구하는 데 급급했습니다.

즉, 자기 민족이 이 땅에서 잘 먹고 잘살아야겠다는 생각에서 벗
어나지 못했다는 이야기입니다. 하지만 온 우주 만물의 주재이신
하나님의 뜻이 그 정도 짧은 생각에 한정되어 있을 분이 아닙니다.

222) 미합중국 국민의 피 한 방울 속에도 순고한 정신과 거룩함이 깃들기를 기도합니다.

이 세상에는 이스라엘 민족만 있는 것이 아니라 수많은 나라가 있습니다. 그리고 하나님은 그 모든 나라를 위해 존재하는 분이십니다. 그런데 이스라엘 민족은 근시안적인 시각에서 벗어나지 못했던 것입니다.

하나님은 이스라엘 민족을 통하여 원대한 계획을 세우셨습니다. 그 증거가 바로 예수 그리스도의 탄생입니다.

예수님은 이스라엘 민족에게 나타나 이 땅에 하나님 나라가 이루어져야 한다고 설파하셨습니다.

그리고 이스라엘 민족이 하나님나라를 땅끝까지 전파해야 한다고 강력히 말씀하셨던 것입니다.

그런데 이스라엘 민족은 그 예수님을 통한 하나님의 뜻마저 알아차리지 못했습니다. 그 최후는 비참했습니다.

사실 이스라엘 민족이 기원전 586년 신바빌로니아에 멸망하긴 했지만 이후 이스라엘을 통치했던 제국들(헬라 제국, 로마제국 등)의 배려로 여전히 그 땅에서 자신들의 신앙을 지키며 살아갈 수가 있었습니다.

하지만 이때 하나님의 마지막 경고까지 무시하였을 때 하나님은 이스라엘 민족을 더는 그 땅에 둘 수가 없었습니다.

로마제국은 더는 반란을 일으키는 이스라엘을 그대로 둘 수 없었고 서기 70년 대소탕 작전을 펼쳤습니다.

그래서! 이스라엘 신앙의 상징이라 할 수 있는 성전을 완전히 파괴해버렸으며, 그것으로도 모자라 이스라엘 땅에서 이스라엘 민족들을 모두 몰아내버린 것입니다.

아아! 이때부터 이스라엘 민족은 세계 곳곳을 방랑하며 떠돌이 민족으로 지내야 했던 것입니다.

선민으로서 자신들의 소임을 다 하지 못한 대가는 실로 엄청난 것이었습니다.

이제 당신 나라가 이 모든 비극의 결말을 해결해야 할 시점이 왔습니다. 그것은 세계 일등시민으로서 하나님의 진짜 뜻을 이해하고 그것을 이루는 일입니다. 과거 이스라엘 민족에게 부과되었던 그 일을 당신 나라가 해야 할 때가 온 것입니다.

그렇다면 하나님이 당신 나라를 통하여 진짜로 하고자 하는 그 일은 무엇일까요?

그것은 바로 죄로 인한 타락과 잘못된 행동의 반복으로 인하여 어려움의 나락에서 헤어나지 못하는 인류를 이끌어 온 인류가 함께 행복하게 되는, 그런 평화로운 세상, 거룩한 세상을 이루라는 것입니다.

그렇게 될 때 하나님도 비로소 기쁨이 충만하게 되며 온 인류도 함께 기쁨이 충만하게 될 것이기 때문입니다.

생각해 보십시오! 만약 장남이 밑에 동생들을 잘 이끌어 정말로 어려움에서 벗어나 자기가 하고 싶은 일을 즐겁게 하며 잘 살 수 있게 된다면 누가 가장 기뻐하게 될 것인지?

223) 하나님이여 미국을 축복하옵소서! 주의 강한 오른손으로 죄로부터 회개하게 하옵소서! 강하게 붙들어 창대한 열방의 광야에 사랑과 복음을 전파하는 미국이 되기를 위해 기도합니다.

바로 부모가 아니겠습니다. 부모의 기쁨은 결국 자식들이 모두 행복하게 될 때 찾아오는 것입니다.

아무리 아홉 자식이 다 행복하다 해도 나머지 한 자식이 불행다면 부모는 결코 기쁠 수 없는 것입니다. 하나님 아버지를 기쁘게 하는 것도 마찬가집니다.

온 인류가 한 나라도 어려움 없이 행복하게 될 때 비로소 하나님 아버지도 기쁘게 되는 것입니다.

누가 이 역할을 해야 하겠습니까? 바로 장자 나라로 선택받은 당신 나라가 해야 하지 않겠습니까?

아아! 하나님이여,

미국을 장자나라로 선택해 주신 것을 감사합니다.

이제 미국이 전 세계의 장자 국가로서 모든 나라들이 죄를 벗어버리고 어려움에서 빠져나오게 하는데, 그래서 모든 나라들이 죄에서 떠나 잘 살 수 있게 하는데 온 힘을 쏟을 수 있는 나라가 되게 하여 주시옵소서!

모든 민족이 몰려든 당신 나라의 비밀! – 연합의 원리

당신은 누구보다 당신 나라가 전 세계 사람들의 이민으로 이루어진 나라임을 잘 알고 있을 것입니다.

당신 나라 이민의 역사를 보면 놀랍기 그지없을 정도입니다. 당신 나라가 영국과의 전쟁에서 승리하고 아메리카에 평화가 되돌아 왔을 때 이미 당신 나라는 꿈의 나라가 되어 있었습니다. 더욱이 당신 나라에서 금광이 발견되었다는 소문은 유럽인들의 귀를 솔깃 하게 하기에 충분했습니다.

이렇게 유럽에서 당신 나라로의 이민 열풍이 불기 시작한 것입니다.

거기에는 영국, 아일랜드, 독일, 이탈리아, 러시아, 폴란드… 등 거의 대부분의 나라가 해당되었습니다.

이때 당신 나라로 몰려온 이민자의 수를 보면

1820년대에 약 15만 명,

1830년대에 약 60만 명,

1840년대에 약 170만 명,

1850년대에는 약 260만 명… 등에 이르다가

1900년대에는 약 880만 명을 넘어서게 됩니다. 아마 당신도 이 숫자를 보며 놀라지 않을 수가 없을 것입니다.

그만큼 당신 나라에 아메리칸드림을 꿈꾸며 이주한 사람들이 많기 때문일 것입니다.

이제 당신 나라의 이민은 비단 유럽인들에 국한하지 않습니다. 나의 나라를 비롯한 중국, 일본, 동남아, 인도, 심지어 아랍인들까지 전 세계인들이 아메리칸드림을 꿈꾸며 이민 러시를 이룹니다. 이렇게 당신 나라에는 전 세계인들이 모여들게 된 것입니다.

당신은 이 현상이 이상하다고 생각하지 않습니까?

---

224) 인류가 눈으로 볼 수 없는 작은 양심의 죄까지도 두려워하고 청강수 같은 마음으로 세상의 밀알이 되기를 기도합니다.

이 세상에 일어나는 일은 우연히 일어나는 것은 하나도 없습니다. 모든 것이 하나님의 주재 아래 일어난다는 이야기입니다.

하나님이 하시는 일은 단 0.01%의 오차도 없이 일어난다는 이야기입니다.

그래서 지금도 대자연과 우주가 잘 돌아가고 있는 것입니다. 당신은 이 하나님의 운행에 있어 인간 세상도 예외가 아님을 알아야 합니다.

아니, 인간 세상은 이 대자연과 우주의 운행에 있어 핵심과도 같은 존재입니다. 그런데 이 인간 세상에 일어나는 일을 하나님이 우연히 일어나게 하실 수가 없습니다.

그것은 곧 우주의 질서를 깨뜨리는 것과 같은 결과를 초래하기 때문입니다.

그래서 나는, 당신 나라에 전 세계인들이 모여든 현상에 대하여 깊이 기도하지 않을 수 없었습니다. 거기에는 분명 하나님의 깊은 뜻이 있을 거라 생각했기 때문입니다. 과연 여기에 담긴 하나님의 뜻은 무엇일까요?

나는 그것이 당신 나라를 하나님의 장자 나라로 만들기 위한 사전 계획이었다고 생각합니다. 최고의 작품을 만들기 위한 사전 계획! 세계 모든 민족을 모아 그 합의 힘을 곱으로 만들어 세계 최고의 국가를 만들려는 사전 계획! 이게 무슨 말일까요?

나의 나라에 비빔밥이라는 요리가 있습니다.

이 비빔밥에는 온갖 재료들이 다 들어갈 수 있습니다. 온갖 나물과 채소에 계란 프라이, 고기까지! 거기에 양념장을 비벼 버무리면 이제 비빔밥 요리가 완성되는데, 이 맛이 일품입니다.

아마 당신도 이 비빔밥 맛을 봤을지도 모르겠습니다.

그만큼 지금 비빔밥이 세계적 요리가 되어 있기 때문입니다.

그런데 비빔밥의 맛은 애초의 재료들 맛이 어우러져 최고의 맛을 내는 데 그 비밀이 있습니다.

어떻게 비빔밥은 이런 맛을 낼 수 있는 것일까요?

그것은 각각의 재료들이 모두 합해졌을 뿐만 아니라 합한 것 이상의 놀라운 효과가 나타나기 때문에 가능한 일입니다.

각각의 재료들만 각각 있었다면 절대 이 맛에 도달할 수 없습니다. 각각의 재료들이 섞여서 어우러져야만 이 맛에 이를 수 있습니다. 각각의 재료들이 합해졌을 때 합한 것 이상의 시너지 효과가 발생하기 때문입니다.

이때 좋은 재료가 많이 들어갈수록 비빔밥의 맛은 더욱 깊어집니다. 많은 재료가 어우러져 시너지 효과를 내는 것! 이것이 비빔밥 맛의 비결이라는 이야기입니다.

이것은 마치 더하기와 곱하기의 차이로 비유할 수 있습니다. $10+10=20$에 불과하지만 $10 \times 10=100$이 됩니다.

더해지기만 하면 더해진 것 이상의 효과가 나기 힘들지만, 둘이 곱해지면 합한 것 이상의 효과를 만들어내는 것입니다. 바로 융합의 힘입니다.

---

225) 미합중국이 세계 속으로 달려 나가는 중에 지식층, 권력자, 악인들, 특권층 등 죄가 있는 자들이 마음을 돌이켜 스스로 회개하기를 기도합니다.

나는 당신 나라가 바로 이 비빔밥처럼 융합의 원리로 만들어진 나라라 생각합니다.

전 세계 민족이 한데 어우러진 후 융합이 일어나 놀라운 시너지 효과를 낼 수 있었다는 이야기입니다.

시너지 효과 이후 당신 나라의 발전은 실로 놀라울 정도였습니다. 역사상 최 단기간에 당신 나라는 놀라운 성과를 내었기 때문입니다.

지금 전 세계인들이 편리하게 사용하고 있는 대부분의 제품들이 당신 나라의 발명이나 발견을 통하여 이루어졌습니다.

결국 당신 나라는 이 놀라운 능력을 바탕으로 전 세계 최강국의 지위에 오르는 기적을 일궈냅니다.

이것이 바로 당신 나라의 비밀인 것입니다. 당신은 나의 이 주장에 대하여 어떻게 생각하십니까?

아아! 하나님 미국이라는 나라에 왜 전 세계 민족들이 모여들게 하였는지 그 비밀을 깨닫게 해주시니 감사합니다.

이제 미국인 스스로가 이 하나님의 비밀을 깨닫고 세계의 장자 국가로서 그 역할을 다하는 나라가 되기를 간절히 기도합니다.

그래서 하나님이 그토록 갈망하고 계시는 이 땅의 하나님 나라가 미국을 통하여 꼭 이루어질 수 있도록 인도하여 주시옵소서!

당신은 0.01% 우수 유전자를 가질 권리를 선택받은 사람!

사람들은 대개 1+1=2일 것이라 생각합니다.

---

226) 깊은 밤, 미합중국의 온 국민이 깊은 단잠 이루고 마음에 평화와 사랑이 깃들기를 기도합니다.

하지만 그것은 수학적 사고에 불과합니다.

실제 인간의 삶에 있어 1+1은 2 이상의 효과를 내게 되어 있습니다. 그 이유는 인간에게 있어 한 사람의 힘이 다른 사람과 합해졌을 때 단지 두 사람의 합만으로 그치는 것이 아니라 시너지 효과라는 것이 나타나기 때문입니다.

당신은 그 옛날 로마가 한참 세력을 떨칠 때의 이야기를 알고 있습니까?

그때 로마는 이탈리아반도의 조그마한 부족국가로 시작하여 점점 세력을 떨치더니 이제 지중해로 그 눈을 확장하던 때였습니다.

당시 지중해의 패권을 쥐고 있던 나라는 카르타고였는데, 이제 감히 로마가 카르타고의 아성에 도전장을 내민 것이었습니다. 그런데 승승장구하던 로마는 이때 뜻하지 않은 패배를 당하게 됩니다.

바로 아르키메데스의 거울 때문이었습니다. 아르키메데스의 거울이 무엇이냐고요?

사실 아르키메데스는 사라 쿠사 섬에 살던 사람이었는데 카르타고의 지배를 받고 있었기에 로마와 대항하여 싸워야 하는 처지에 놓여 있었습니다.

아르키메데스는 로마군이 육지에서 시작한 군대이기에 아직 해전에는 익숙하지 않을 것이란 생각에 묘한 꾀를 하나 생각해내었습니다.

바로 시라쿠사 군인 한 사람 한 사람에게 거울을 나눠준 것입니다.

그리고 로마군 함대가 시라쿠사로 몰려오면 그때 다 같이 비추라

174

고 명령했습니다. 드디어 로마군 함대가 시라쿠사에 다다랐을 때 시
라쿠사 군인들은 일제히 로마군 함대를 향하여 거울을 비췄습니다.

그러자 놀랍게도 펑 소리를 내며 로마군 함대에 불이 확 붙어버
리는 것 아니겠습니다. 그것으로 놀란 로마군 함대는 제대로 싸워
보지도 못한 채 모두 도망가 버렸다, 합니다. 이것이 바로 시너지
효과의 힘입니다.

나는 이 시너지 효과의 힘이 바로 당신 나라를 통하여 증명되고
있다 생각합니다.

당신 나라 역시 여러 민족들의 합이 시너지 효과로 나타난 대표
적인 나라이기 때문입니다. 그런데 여기에서 우리가 간과하지 말아
야 할 것이 하나 있습니다.

시너지 효과란 1+1이 2가 되는 것이 아니라 그 이상의 효과를
내는 것이 분명하지만 모든 경우에 적용되는 것은 아니란 이야기입
니다. 예를 들어 혼자 했으면 그나마 유지했을 사업을 동업을 하는
바람에 망하는 경우가 부지기수입니다. 이 경우 어떻게 설명해야
하는 것일까요?

나는 그것을 이렇게 분석합니다. 즉, 1+1이 시너지 효과를 내기
위해서는 각각의 1에 새겨진 유전인자가 시너지 효과를 낼 수 있는
우수 유전인자를 가진 존재여야 한다는 사실입니다. 만약 각각의 1
에 새겨진 유전인자가 시너지 효과를 낼 수 없는 유전인자라면 이
제 상황이 달라집니다. 이 경우 오히려 합하지 않는 게 더 큰 힘을

227) 미국의 강한 태풍이 순풍이 되고, 따스한 태양빛과 알맞은 비바람 속에 오곡백과가 무
르익기를 위해 기도드립니다.

발휘할 수 있을 것입니다.

앞의 동업 실패 사례가 바로 이 경우에 해당한다고 볼 수 있습니다.

이렇게 볼 때, 나는 당신 나라에서 태어난 당신들이야말로 지구상에서 가장 우수한 시너지 효과를 낼 수 있는 융합 유전자를 갖고 태어난다고 생각합니다.

그래서 그 시너지와 시너지가 합해져서 오늘날 세계 최강국을 만들 수 있었다고 생각하는 것입니다.

당신은 나의 이 생각에 동의하십니까? 아니면 반대하십니까?

그런 의미로 나는 감히 당신 나라에서 태어난 당신이야말로 전세계 0.01% 가치의 우수한 유전인자를 갖고 태어났다고 생각합니다. 당신에게 그런 우수한 유전인자가 생긴 까닭은 앞에서 이야기한 시너지 효과의 원리 때문입니다.

그동안 각 민족들의 합과 합의 시너지가 극대화되어 오늘날 0.01% 우수한 유전인자가 만들어졌다는 것입니다.

즉 'A 민족 유전자 + B 민족 유전자 + C 민족 유전자 + … = 0.01% 유전자'인 것입니다.

나의 말이 무리하게 들릴지 모르나 이것은 나의 간절한 바람이 담긴 수치이기도 하니 이해해 주시기 바랍니다.

그만큼 당신 나라 사람 한 사람, 한 사람의 가치가 중요하고 연합의 비밀이 위대하다는 이야기입니다.

1%도 아니고 0.01%라고 했으니 말입니다.

나는 이 수치에 하나님의 섭리가 담겨 있다고 생각합니다.

또 그 정도의 능력이 있었기에 오늘날 이런 최강국을 이룰 수 있었다고 생각하는 것입니다.

그렇다고 절대 오해 없으시기 바랍니다. 이것은 절대 후진국 사람들을 비하하기 위해 하는 말이 아니기 때문입니다. 인정하기 어렵겠지만, 결국 세상은 상중하의 능력을 가진 사람들로 구분되어 있게 마련입니다. 그리고 상중하 각각의 위치에서 인간은 그 나름의 주어진 삶을 공평하게 사는 것입니다.

이것은 하나님이 이 세상을 만든 법칙입니다. 그 이유는 앞에서도 이야기했듯 이 세상은 완전한 세상으로 만들어놓은 것이 아니라 죄인들이 죄를 씻을 수 있도록 죄를 씻는 장소 기능으로 만들어졌기 때문입니다.

우리는 그 죄를 씻는 장소에서 우리의 죄를 벗을 때에 비로소 어려움과 부조리, 불공평 등에서 완전히 벗어날 수 있는 것입니다. 마치 죄인이 교도소에서 죄를 씻어야 교도소를 나올 수 있는 것처럼, 말입니다.

그렇다면 하나님은 왜 당신에게 0.01%의 우수한 유전인자를 주신 것일까요?

그것은 바로 당신 나라를 하나님의 장자 나라로 삼으셨기 때문입니다. 그리고 당신 나라를 통하여 이 세상 나라들을 구원하고자 하는 원대한 계획을 세우셨기 때문입니다. 당신은 이런 하나님의 깊은 뜻을 이해하십니까?

---

228) 미합중국 3억 3천만 명의 가치와 위대한 정의감, 진실성, 발명성 등의 영향이 전 세계로 전파되기를 위해 기도합니다.

그러므로 당신은 0.01% 유전자를 가질 권리를 가짐과 동시에 하나님의 구원 계획에 동참해야 하는 막중한 책임을 가지게 되는 것입니다.

하나님의 구원 계획은 죄로 물든 이 세상을 깨끗하게 하고 모두가 슬픔, 고통, 어려움에서 벗어나 인류 공동 번영의 하나님 나라를 이룩해내라는 것입니다.

당신은 과연 당신과 당신 나라가 이 일을 해낼 수 있다고 생각하십니까?

나는 당신이 0.01% 우수한 유전인자의 주인공이기 때문에 당신과 당신 나라가 능히 이 일을 해낼 수 있다고 확신합니다.

물론 나도 도울 것이며 나의 나라도 도울 것입니다.

가장 든든한 협력자가 될 것입니다.

그러니 당신은 나와 함께 이 원대한 꿈을 이루기 위해 함께 나아가지 않으시렵니까!

아아! 하나님 저에게 미국을 향한 이 원대한 꿈을 주시니 감사합니다.

먼저 제가 미국인들과 함께 할 수 있는 실력을 갖출 수 있도록 도와주시고 부디 미국 사람이 자신의 존재가치를 깨닫고 하나님의 이 원대한 계획에 함께 하는 날이 빨리 다가올 수 있도록 기도하오니 인도하여 주시옵소서!

멘토의 중요성, 알렉산더를 키워낸 멘토의 힘!

당신은 멘토란 말의 뜻을 알고 있습니까?

오늘날 '현명하고 신뢰할 수 있는 지도자, 스승' 등의 뜻으로 쓰이는 멘토는 그리스 신화에서 유래한 말입니다. 당신은 저 유명한 그리스 신화의 고전인〈오디세이아 Odyssey〉를 알 것입니다. 바로 그리스 영웅 오디세우스의 영웅담을 담은!

오디세우스는 드디어 트로이와의 전쟁에 나서게 되었습니다.

그런데 그에게는 아들 텔레마코스의 교육을 믿고 맡길 존재가 필요했었습니다. 오디세우스는 고민 없이 이 일을 가장 믿을 만한 친구였던 '멘토'에게 맡깁니다. 그리고 오디세우스는 마음 편히 트로이 전쟁에 참가하게 됩니다. 그러나 트로이 전쟁은 단판 승부로 끝나지 않은 채 장기전으로 이어졌습니다.

무려 10여 년의 세월이 흘러가버린 것입니다. 결국 트로이 목마계략으로 트로이 전쟁을 승리로 이끈 후 집으로 돌아왔을 때 자신의 아들 텔레마코스는 훌륭한 사람으로 자라 있었습니다.

바로 자신의 친구 멘토가 무려 10여 년 동안 텔레마코스를 스승이자 때로는 상담자로서, 때로는 아버지 같은 역할을 하여 그를 잘 돌보아 주었기 때문이었습니다.

이 일로 인하여 훗날 멘토의 이름은 '현명하고 신뢰할 수 있는 지도자, 스승'의 동의어로 사용하게 되었습니다. 이것이 멘토라는 이름의 유래인 것입니다. 나아가 멘토는 아버지, 상담자, 조력자의 뜻도 포함하고 있습니다.

---

229) 미국의 선조님과 당신께서 온 세상에 심은 하나님의 복음과 사랑과 봉사의 씨앗이 옥토의 열매를 거두기를 하나님께 간절히 기도합니다.

 이 때문에 고대 그리스의 왕가에서는 왕자를 키울 때 멘토를 찾아주는 것이 매우 중요한 과제 중 하나가 되었습니다.

 훗날 세계의 영웅이 될 알렉산더도 마찬가지였습니다. 마케도니아 제국 필립포스 2세의 왕자로 태어난 알렉산더는 그의 멘토로 당대 최고의 학자로 불리던 아리스토텔레스를 선택하였습니다.

 비록 아리스토텔레스는 그리스의 중심가인 아테네에서 명성을 떨치던 사람이었으나 변두리 나라인 마케도니아의 부름에 흔쾌히 응해주었습니다.

 그것은 아마도 아리스토텔레스가 알렉산더의 비범함을 알아봤기 때문이었을 것입니다.

 이렇게 하여 역사상 가장 위대한 학자 중 한 명으로 인정받는 아리스토텔레스는 역사상 가장 뛰어난 영웅 중 한 명으로 인정받는 알렉산더의 멘토가 되기에 이른 것입니다.

 안 그래도 뛰어난 재능을 뽐내던 알렉산더는 아리스토텔레스의 지도를 받으면서 힘에 지혜까지 갖추니 능히 세계를 지배할 만한 힘을 얻기에 충분했을 것입니다.

 역사상 가장 어린 나이에 가장 커다란 제국을 건설한 알렉산더 대왕의 힘은 바로 이런 배경 하에 이루어진 것이란 사실을 아는 사람은 많지 않을 것입니다.

 당신은 내가 왜 '멘토' 이야기를 꺼내는지 짐작하십니까? 그렇습니다.

당신 나라가 하나님으로부터 선택받은 또 하나의 권리 중 하나가 바로 전 세계 나라들의 멘토 나라로 부름을 받았다는 사실입니다.

무엇으로 그것을 증명할 수 있느냐고 당신은 나에게 반문하고 싶을 것이나 나는 이 부분에 대해서는 자신 있게 이야기할 수 있습니다.

당신 나라야말로 멘토의 사전적 정의인 '현명하고 신뢰할 수 있는 지도자, 스승'에 가장 부합하는 나라이기 때문입니다.

당신은 멘토의 정의 중 지도자, 스승이 무슨 뜻을 가지는지 아십니까?

지도자, 스승은 이미 갖춘 사람을 뜻합니다.

무엇을 갖춘 사람일까요? 바로 실력을 갖춘 사람입니다.

여기서 실력이란 단지 한 분야의 실력을 말하는 것이 아니라 지식, 도덕, 인성, 신뢰, 영성, 사랑 등 인간관계와 관련된 분야의 실력을 모두 갖춘 것을 말합니다. 이런 실력을 갖춘 자가 비로소 아래 사람들, 즉 멘티들을 가르칠 수 있기 때문입니다.

이제 이런 실력의 개념을 나라로 확장해보면 과연 다른 나라들의 멘토가 될 만한 실력을 갖춘 나라는 어떤 나라가 해당될까요?

나는 단언컨대 모든 나라의 멘토가 될 수 있을 만한 나라는 당신 나라뿐이라 생각합니다. 그것은 지금까지 당신 나라가 인류 최강국이 되어가면서, 그리고 최강국이 된 후 보여준 모습에서 모든 것이 증명되고 있습니다. 그래서 나는 당신 나라가 모든 나라들의 멘토 나라로 선택받은 권리를 받았다고 주장하는 것입니다.

그리고 고백할 것은, 코흘리개부터 지금까지 내가 멘토로 삼아온

---

230) 미합중국 국민들이 마지막 때에 하나님의 비밀을 깨닫고 악인과의 타협은 절대로 안 된다는 천사의 마음으로 살아갈 수 있기를 위해 기도합니다.

것은 오직 당신 나라와 당신이었다는 사실입니다. 당신은 나의 이 말에 놀랄 수도 있겠지만 이것은 사실입니다.

나는 당신 나라의 위대성과 거룩함을 닮고 싶었고 심지어 당신의 외모를 흠모하며 손짓과 몸짓까지 따라 하고 싶었습니다. 내 평생 동안 당신은 거짓말도 하지 않는 존재라 여길 만큼 당신과 당신 나라를 따르고자 노력했던 것입니다. 당신은 나의 이 마음을 아는지요?

하나님이 당신 나라를 멘토 나라로 지정한 이유는? - 진짜 멘토

그렇다면 당신은 하나님이 왜 당신 나라를 멘토 나라로 정했을지 그 이유를 아십니까?

당연히 멘티 나라들을 가르치라 그랬을 것입니다. 그렇다면 멘토 나라는 어떻게 멘티 나라들을 가르쳐야 하는 것일까요? 이를 이해하기 위해서는 다시 멘토의 정의에 주목하지 않을 수 없습니다.

'현명하고 신뢰할 수 있는 지도자, 스승'

즉, 멘토는 멘티에게 현명하고 신뢰할 수 있는 사람으로 비쳐야 한다는 것입니다. 스스로 아무리 실력을 갖췄다 하더라도 멘티에게 뭔가 현명하지 못하다거나 믿음을 주지 못해 고개를 갸우뚱하게 한다면 그는 이미 멘토로서의 자격에 금이 가고 만 상태가 됩니다. 우리는 이런 경우를 주위에서 얼마든지 보고 있지 않습니까?

누가 스스로 멘토라 자청하여 나타났더니 사람들이 우르르 그 사람에게 몰렸는데 어느 날 그 멘토가 사고를 치거나 실력 부족이 드러나 그 많은 사람들을 실망시키고 말았던 이야기, 사건들! 어쩌면 오늘도 이런 실패한 멘토 이야기가 신문지상에 오르내리고 있을지도 모를 만큼 가짜 멘토들이 판을 치고 있는 세상이지 않습니까! 오늘날 존경할 만한 사람이 없다고 이야기하는 것은, 바로 진짜 멘토의 부재 때문에 생기는 일이라 해도 과언이 아닐 것입니다.

그렇다면 왜 진짜 멘토를 찾기가 이처럼 어려운 것일까요?

이 역시 멘토의 사전적 정의에서 그대로 찾을 수 있습니다. 멘토란 '현명하고 신뢰할 수 있는 지도자, 스승'인데 그의 실력(여기서 실력이란 멘티를 잘 이끌 수 있는 지식, 인성, 지도력 등 모든 요소를 뜻함)이 완벽했다면 멘티가 고개를 갸웃거리는 일은 절대 없을 것입니다. 만약 이 상태라면 멘티는 당연히 멘토를 신뢰할 뿐만 아니라 정말 나의 멘토가 현명하다는 생각을 자연스레 갖게 될 것입니다. 하지만 멘토가 실력이 부족해 뭔가 논리적으로 맞지 않다거나 상식적으로 납득이 가지 않는 행동을 보인다면 멘티는 당연히 신뢰에 금이 가고 말 것입니다.

당신은 이제 왜 우리 주변에서 진짜 멘토를 찾는 일이 이다지도 어려운지 조금 이해가 되었습니까? 그렇습니다. 결국 진짜 멘토의 성립 조건 중 가장 중요한 것은 역시 실력의 문제라는 사실입니다. 멘티에게 신뢰를 줄 수 있을 만큼의 실력을 갖춘 자만이 진짜 멘토가 될 수 있다는 이야기입니다.

또 어느 시대까지 최고의 실력을 갖춘 멘토가 있었는데 어느 날

---

231) 미합중국의 국립공원을 여행하다 참으로 큰 나무들과 울창한 숲을 보고는 뿌리와 가지를 지닌 전 세계의 나무를 위해 기도하였습니다. 이들도 하나님께서 창조하였습니다.

그보다 더 나은 실력의 멘토가 나왔다면 이제 진짜 멘토의 자리는 바뀌게 됩니다.

이것이 자연의 법칙이요, 하나님의 섭리이기 때문입니다.

그래서 최고의 실력을 갖춘 멘토만이 진짜 멘토가 될 수밖에 없는 것입니다.

오늘날 당신 나라가 인류의 멘토 나라가 될 수밖에 없는 이유는 당신 나라가 인류의 모든 나라 중 가장 높은 실력을 갖췄기 때문입니다.

그래서 당신 나라에 멘토 나라가 될 수 있는 자격이 주어진 것입니다. 그럼에도 불구하고 당신 나라 역시 인류의 멘토 나라가 되기에 부족한 것이 있다 싶으면 얼른 겸손한 자세로 배우려는 태도 또한 필요할 것입니다.

앞에서 이야기한 가짜 멘토가 되지 않기 위해서입니다.

나는 당신이 거룩한 멘토가 되기를 위해 매일 빠지지 않고 기도하고 있습니다.

혹 지금 마약 중독, 부정한 섹스, 나쁜 양심 등에 빠져 있다면 스스로 마음을 고쳐먹는 용기가 필요합니다.

당신은 마음만 먹으면 얼마든지 인류의 거룩하고 진실하고 현명하고 용기 있고 열정적인 멘토가 될 수 있습니다.

그러니 당장 마음을 고쳐먹고 노력의 자리로 나아가시길 바랍니다.

아아! 나는 분명히 확신합니다. 당신 나라야말로 인류의 모든 나라들에게 현명하다, 신뢰할만하다, 라고 인정받는 멋진 멘토 나라가 될 수 있을 것이라고!

만약 아직 실력적으로 부족한 부분이 있다 하더라도 얼마든지 노력으로 극복하여 인류 최후의 멘토 나라가 될 수 있을 것이라고! 그래서 지금 죄에 빠져 허우적거리고, 어려움에 빠져 헤매며, 불행한 삶을 살아가고 있는 인류를 어둠의 수렁에서 반드시 건져내주는 멋진 멘토 나라가 될 수 있을 것이라고, 말입니다.

멘토는 이것 해라, 저것 해라 지시하는 스승이 아니다.
멘토가 강제로 지시하는 스승이 될 때 그 멘토는 실패한 멘토가 된다.
멘토는 그저 이게 바르다, 저게 바르다 가르쳐줄 뿐이다.
그래서 멘티 스스로 그 가르침에 따라 하게 만들어줄 때,
그때 멘토가 진정한 멘토인 것이다!

---

232) 미합중국의 광활한 호수를 보면 갈릴리 호수가 연상됩니다. 이곳에서 예수님이 153마리의 고기를 잡은 것 같이 미국인도 인류에게 기적을 베풀었음을 생각하며 호수 끝자락에서 감사 기도를 드렸습니다.

전 세계 0.01% 당신과 당신 나라 미국의 책임과 의무

장자 나라와 멘토 나라에 부과된 책임, 본(本)!

나는 앞에서 당신과 당신 나라에 대하여 하나님의 선택을 받은 장자 나라요,

전 세계 0.01% 우수한 유전자를 선택받은 국민이요, 전 세계 나라들의 멘토 나라로 선택받은 나라라며 한껏 칭송하였습니다.

이것은 절대 입에 바른 소리가 아니요,

당신과 당신 나라가 그만큼 자격을 갖추었기에 감히 외칠 수 있었던 소리이기도 합니다.

그런데 말입니다. 누군가 하나님으로부터 어떤 권리를 부여받았다면 그것은 반드시 이유가 있기 때문이라는 사실을 알아야 합니다.

앞에서도 이야기했듯이 이 땅은 아직 천국이 아니기 때문입니다. 오히려 우리의 죄를 씻어야 하는 시험의 장소입니다.

따라서 이 땅에서 누군가 높은 권리를 받게 되었다면 그것은 반드시 거기에 부과되는 책임과 의무가 있기 때문임을 알아야 할 것입니다.

그리고 만약 권리에 따라 부과된 책임과 의무를 다하지 못할 때 하나님은 가차 없이 그를 쳐 그가 가진 지위마저 무너뜨리고 마는 것이 바로 하나님이 이 세상을 움직이는 법칙인 것입니다.

따라서 당신과 당신 나라는 이제 장자(또는 지휘자) 나라로서, 멘토 나라로서 당신 나라에 부과된 책임과 의무가 무엇인지 귀를 쫑긋 세우고 들어야 할 것입니다.

먼저, 장자나 멘토에게 부과된 첫 번째 책임은 반드시 아래 사람들에게 본을 보여야 한다는 사실입니다.

하나님의 법칙 중 하나가 윗사람이 아랫사람에게 본을 보여야 하는 것입니다.

절대 아랫사람이 윗사람에게 본을 보여야 하는 경우는 없습니다.

아랫사람은 윗사람을 보고 배우는 역할만 주어져 있을 뿐입니다.

본을 보인다는 것을 이야기하기 위해 먼저 본이 무엇인지부터 알아야 할 것입니다.

나의 나라에서 본(本)이란 근본, 근원, 바탕이 되는 것이라 할 수 있습니다. 즉 본을 보인다는 것은 아랫사람이 본받을 수 있을 만큼 내가 본(本) 그 자체가 됨을 뜻합니다.

즉 나 스스로 모범을 보이는 사람이 되었을 때 본이 된다고 말할 수 있는 것입니다.

이에 대한 이해를 돕기 위해 본에 대한 이야기를 선생님과 학생의 관계에서 이야기할 때 당신이 좀 더 쉽게 이해하리라 생각합니다.

---

233) 가족과 같이 그랜드 캐니언 협곡을 구경할 때 감격을 감추지 못해 두 손을 번쩍 들고 하나님께서 창조하신 위대한 땅에 오게 됨을 감사드리며 하나님을 찬양했습니다. 이 땅을 축복하옵소서!

오늘날 나의 나라에서 선생님을 존경하지 않는 학생들이 더욱 늘어나고 있다 합니다. 이에 대하여 전문가들은 학원 때문이네, 학생들 때문이네, 학부모 때문이네 하면서 여러 가지 이유를 들고 있지만, 나는 결국 선생님들에게 가장 큰 책임이 있다고 생각합니다. 즉, 어느 순간부터 나의 나라 선생님들은 스승이 아니라 직업인이 되어갔습니다. 학교 선생님이 가장 안정된 직장이라는 인식이 생기면서 정말 선생님으로서의 사명감보다는 좋은 직장인 개념으로 바뀌어버렸던 것입니다.

그러자 선생님들에게 첫 번째 어려움이 닥치기 시작했습니다. 학교 체벌을 금지하는 법령이 발표된 것입니다. 이제 선생님들은 매를 들지 못하자 아이들에게 말로 윽박지르기 시작합니다. 선생님들의 입에서 거칠고 험한 말이 터져 나오기 시작한 것입니다.

아아! 세상에 말보다 더 큰 파괴력을 가진 것은 없습니다. 아이들은 상처받기 일쑤였고 선생님이 저런 존재였나, 하면서 드디어 선생님을 무시하는 사태로까지 발전하게 된 것입니다.

즉, 선생님이 전혀 본이 되지 못하여 이런 사단이 일어나게 되었다는 이야기입니다.

당신은 이제 내가 왜 장자와 멘토의 최고 책임이 본에 있다고 말하는지 이해가 되십니까? 그렇습니다.

지금 나의 나라와 세계에서 일어나고 있는 학교의 선생님 문제가 바로 본이 되지 않았기 때문에 일어나고 있는 역기능들인 것입니다.

어디 그뿐입니까? 존경하는 아버지, 사랑하는 어머니, 형, 누나, 영화배우, 탤런트, 상사, CEO, 고급관료, 심지어 책임감 있는 정치가까지 모두 본이 되지 못하는 사람들이 있기에 사회가 어지럽습니다. 아버지, 어머니, 형, 누나, 영화배우, 탤런트, CEO, 정치가, 고급관료의 역할은 지시하는 것이 아니라 그저 본이 되면 되는 것입니다. 그 이상도 그 이하도 아닙니다. 자식이 따라 할 수 있는 본, 학생들이 따라 할 수 있는 본, 국민이 따라 할 수 있는 본이 된다면 자식들이나 학생, 국민들은 시키지 않아도 알아서 배울 것이며 알아서 따라 할 것입니다.

이것이 본이 가진 가장 강력한 파워인 것입니다.

이는 지혜와 훈계를 알게 하며 명철의 말씀을 깨닫게 하며 지혜롭게, 공의롭게, 정의롭게, 정직하게 행할 일에 대하여 훈계를 받게 하며 어리석은 자를 슬기롭게 하며 젊은 자에게 지식과 근신함을 주기 위한 것이니

-잠언 1:2~4-

본이 될 때 비로소 존경받는다!

이제 나는 당신에게 장자로서, 멘토로서 본이 되는 것이 왜 그리도 중요한지 그 이유를 말씀드리겠습니다.

요즘 우리 사회에 존경할 만한 인물이 점점 없어져간다는 말이

---

234) 미합중국 통치권을 놓고 늘 기도합니다. 새 성령의 힘. 다윗에게 하나님께서 허락하신 능력과 카리스마가 임하게 해달라고! 위대한 국가의 앞날과 새 소망을 위해 기도합니다.

심심찮게 들리고 있습니다.

이상한 것은, 과거에는 제법 존경할 만한 사람들이 있었다는 사실입니다. 그런데 사회는 초고속으로 발전했는데, 존경할 만한 사람은 점점 없어져갑니다.

대신 부러워할 만한 대상은 즐비하게 늘어나고 있습니다. 무슨 무슨 사업을 하여 일확천금을 벌었다는 사람들! 음악이나 예체능 등의 재능을 바탕으로 하루아침에 스타가 되어 억만금을 벌었다는 사람들! 이런 사람들이 부러움의 대상이 될 뿐, 우리 사회에 존경할 만한 사람은 점점 사라져가고 있습니다.

왜 이런 현상이 생기는 것일까요?

사람은 영물이기 때문에 아랫사람들이 윗사람을 존경하는 일이 쉽지 않습니다. 만약 윗사람이 돈을 많이 벌었다면, 높은 지위에 올라갔다면 그건 부러울 뿐이지 존경의 대상으로 보지 않는다는 뜻입니다. 아랫사람이 윗사람을 존경하는 일이 벌어질 때에는 본을 보일 때 외에는 없습니다. 아무리 돈을 많이 벌고 인기를 얻고 높은 지위에 올랐다 하더라도 그가 본이 되지 않는다면 아랫사람은 그를 존경하지 않습니다.

이것이 하나님의 법칙이기도 하기 때문입니다.

나의 나라 프로야구에 이승엽이라는 국민타자가 있었습니다.

그는 홈런타자로 명성을 날려 일본 프로야구에까지 가서 이름을 떨친 최고의 타자였습니다. 한해 홈런 신기록이 56개였을 때, 그 기록을 깨버린 사람이 바로 이승엽일 정도였습니다.

그런 그가 이제 나이를 먹어 다시 나의 나라 프로야구로 돌아와 활약하고 있을 때였습니다.

서른아홉이라면 선수로서는 거의 저물어갈 나이였음에도 그의 배트는 여전히 힘 있게 돌아가고 있었습니다.

드디어 그가 나의 나라 프로야구장 중 비거리가 가장 넓은 사직 구장에 섰습니다. 그는 힘 있게 배트를 휘둘렀고 잠시 공의 궤적을 바라봤습니다.

놀랍게도 그가 친 공은 관중석을 위로 날아 사직구장 장외로 떨어져 버렸습니다. 그 많은 관중들은 입을 다물지 못했습니다. 사직 구장 역사상 7번째 장외 홈런이었기 때문입니다. 그 어려운 장외 홈런의 팔팔한 젊은 타자가 친 것이 아니라 서른아홉 황혼기의 타자가 쳐낸 것이라 입을 다물 수 없었던 것이었습니다.

그런데 더 놀라운 일이 벌어졌습니다. 이승엽 선수는 너무도 기뻐 날뛰어도 모자랄 판이었을 텐데….

갑자기 고개를 푹 숙인 채 기뻐하는 기색도 없이 1루-2루-3루를 돌아 홈으로 들어온 것이었습니다. 도대체 이승엽 선수는 그 순간에 왜 그런 기이한(?) 행동을 보였던 것이었을까요?

이승엽 선수의 비밀은 기자 회견장에서야 풀렸습니다. 기를 죽인 것 같아 미안해서 그랬다는 것입니다!

도대체 이게 무슨 말일까요?

그때 이승엽 선수에게 장외 홈런을 맞은 투수가 이제 갓 출발한

---

235) 하나님을 경외하는 아브라함에게 축복이 임한 것처럼 이 시대의 부르심을 받은 미국에 도 아브라함의 축복이 임하기를 기도합니다.

새내기 투수였답니다. 그런 새내기 투수가 이제 황혼으로 사라져가
야 할 선수에게 장외 홈런을 맞았으니 얼마나 기가 죽었을까, 걱정
되었다는 것입니다. 그래서 그 선수를 위해 그런 행동을 했다는 것
입니다.

아아! 당신은 나의 나라 이승엽 선수의 행동에 대해 어떻게 생각
하십니까? 나는 가슴이 뭉클할 정도의 감동을 느꼈습니다.

왜냐하면 본 이란 바로 저런 것이다,라는 생각이 퍼뜩 스쳤기 때
문입니다.

이승엽 선수의 다른 행동에 대해서는 알 수 없지만, 최소한 저 행
동 하나만은 정말 마음에서 존경심이 우러나옴을 금할 수가 없었습
니다.

그의 행동이 만인에게 본이 되었기 때문입니다. 이전까지 이승엽
선수는 그저 국민타자로 부러움의 대상이 되었을지 모르나 저 행동
하나로 '존경'의 위치까지 오를 수 있었다는 이야기입니다.

이제 당신은 본이 무엇이며, 본의 파워가 무엇인지 조금 느껴지
십니까? 만약 장자라 하여 멘토라 하여 아랫사람에게 거만히 군다
면 누가 그를 존경할 수 있겠습니까?

정말로 실력 있는 사람은 겸손한 태도로 본을 보이게 마련이라는
이야기입니다.

전 세계 장자 나라요, 0.01% 유전자를 받은 국민이요, 멘토 나라
로 권리를 부여받은 당신이 거기에 겸손을 겸비하여 전 세계인들에
게 본을 보인다면 그때 전 세계인들은 분명히 당신을 존경하게 될

것입니다. 그리고 억지로가 아닌 마음으로 당신을 따르려 할 것입니다. 이것이 바로 본이 가져다주는 최고의 파워이기 때문입니다.

아아! 당신은 전 세계인의 존경받는 자가 되고 싶지 않습니까? 그렇다면 본이 되기 위해 노력해야 할 것입니다.

억지 모범을 보이는 것이 아닌 근본, 바탕 그 자체가 되어야 할 것입니다. 만약 지금 당신이 본이 되지 못하는 행동이나 상황에 빠져 있다면, 실망할 필요 없습니다.

지금 당장 마음을 바꿔 먹으면 되기 때문입니다.

나는 장자 나라의 국민이요,

나는 0.01% 유전자를 가진 존재요,

지휘자요,

나는 멘토가 되어야 할 사람이다,라고 생각하면 더 이상 본이 되지 못하는 죄악에서 벗어날 수 있을 것입니다.

그리고! 계속하여 인류의 멘토가 되기 위해 자신을 닦아나가다 보면 어느새 당신은 본이 되어 있을 것입니다.

그러니! 당신이여! 용기와 자신감을 가지고 자존감을 가지고 앞으로 정진하여 나가시기 바랍니다. 당연히 협력이 필요하다면 내가 도울 것입니다.

당신의 뒤에서 당신을 밀어주는 조력자가 될 것입니다.

그러니! 세계의 구원에 앞장서야 할 당신이여 힘내어서 존경받는 위치로까지 나아가기 바랍니다!

---

236) 당신이 방황할 때 당신을 위로할 자 없고, 세상에 죄를 범했을 때 사랑한 자 없으며, 오직 의지할 자는 성령님이라는 것 알고 있나요? 당신에게 성령님의 사랑이 임하기를 기도합니다.

공의와 정의를 행하는 것은 제사 드리는 것보다 여호와께서 기쁘게 여기시느니라 눈이 높은 것과 마음이 교만한 것과 악인이 형통한 것은 다 죄니라

-잠언 21:3~4-

지휘자의 책무, 전쟁을 멈추게 한 아름다운 음악 이야기!

나는 당신에게 전쟁도 멈추게 했던 아름다운 음악 이야기를 들려주려 합니다. 때는 제1차 세계대전이 한창이던 1914년 12월 24일이었습니다.

알다시피 이날은 당신들이 1년 중 가장 의미 있게 생각하는 바로 그날이었습니다.

그런 소중한 날 독일군과 프랑스 · 영국 연합군은 서로를 죽이고자 으르렁거리며 대치하고 있었습니다.

전쟁의 상황은 겪어보지 않은 사람은 모를 정도로 참혹합니다. 지름이 1미터 남짓 되는 참호 속에서 머리 위로 날아드는 포탄을 피해야 합니다. 조금이라도 머리를 내밀라치면 총탄이 날아와 목숨을 위협합니다.

이런 절체절명의 상황에서 병사들은 무엇을 생각했을까요?

아마도 따뜻한 가족의 품을 생각하지 않았을까요?

또 그날이 마침 크리스마스이브였으니 연인들을 생각하지 않았을까요? 그런데 지금 현실의 모습은 과연 내가 여기에서 살아남을

수 있을까 하는 절망의 끝입니다.

이 아름다워야 할 크리스마스이브 날, 자신들이 왜 이런 참혹한 상황을 겪어야 하는지 이유도 모른 채 말입니다.

바로 그 절체절명의 순간이었습니다.

만약 거기에 음악이 있다면 죽음의 음악이어야 했을 것입니다. 그런데 놀랍게도 죽음의 음악 대신 어디선가 크리스마스 캐롤이 들려왔습니다.

그것은, 분명 독일군 참호 쪽에서 들려오는 크리스마스 캐롤이었습니다. 포탄 소리는 잠시 적막으로 변했습니다.

대신 아름다운 크리스마스 캐롤이 병사들의 가슴을 적시었습니다.

아아! 이제 감성적인 분위기는 걷잡을 수없이 퍼질 것 같은 느낌이 확 일었습니다. 갑자기 영국군 한 명이 스코틀랜드 전통악기인 백파이프를 연주하기 시작했습니다.

그것은, 영국의 가곡 '영원한 고향을 꿈꾸네'였습니다.

영국 병사들은 누가 시키지도 않았는데 '영원한 고향을 꿈꾸네'를 합창하기 시작합니다. 그야말로 전쟁터의 분위기는 더욱더 감성적으로 흘러갔습니다.

이윽고 독일군 병사들의 얼굴에 전쟁의 광기는 온데간데없이 평온의 미소가 번지기 시작합니다.

영국군 병사들의 얼굴도 마찬가지였습니다.

개중에는 벅차오르는 가슴을 주체하지 못해 눈물을 왈칵 쏟아내는 병사들도 있을 정도였습니다.

---

237) 당신의 마음과 몸이 병들고 고통이 밀려오면 누가 당신을 위로할까요? 지친 당신의 영혼에 거룩함을 주시고 감동적인 사랑을 주시기를 진정으로 기도합니다.

이제 눈물은 마치 전염병처럼 이 병사에서 저 병사로 옮아갔습니다.

이것은 이제 우리는 서로 싸울 이유가 없다는 무언의 저항과도 같은 눈물이었습니다.

이에 양측의 지휘관들은 당황하지 않을 수 없었습니다.

목숨을 바쳐 싸우라고 붙여놓았는데 예상치 못한 결과가 났기 때문입니다.

결국 양측의 지휘관들은 서로 만나 담판을 지었고 오늘 크리스마스이브만큼은 전투를 중단할 것을 결정하게 됩니다.

그리고 양측 군인들이 함께 모여 샴페인을 터트리고 음식도 나누어 먹었습니다.

거기에서 진풍경이 연출됩니다. 양측의 병사들이 전쟁이 끝나면 다시 만나자며 서로 주소를 교환한 것입니다.

아아! 당신은 이 이야기를 들으며 무슨 생각이 드십니까?

인류를 지옥의 불구덩이로 몰아넣었던 전쟁도 사랑 앞에서는 무용지물이라는 생각이 들지 않습니까?

그런데 내가 이 이야기를 들으며 당신 나라가 생각났던 것은 무엇 때문이었을까요? 나는 이 아름다운 이야기를 들으며 불현듯 당신 나라가 떠올랐습니다.

만약 당신 나라가 전 세계 나라들의 아름다운 지휘자가 되어 아름다운 음악을 연주할 수 있다면 지금 인류를 공포의 도가니로 몰아넣고 있는 전쟁도 사라지지 않을까, 하는 생각이 불현듯 떠오른 것입니다.

당신 나라에는 오케스트라 '지휘자'와 같은 책무가 주어졌다

이 시간 나는 감히 당신 나라에 선포합니다.

장자 나라, 0.01% 유전자, 멘토 나라로 부름받은 당신 나라에 또 하나 주어진 책무는 바로 오케스트라 '지휘자'와 같은 역할을 해야 한다는 것이라고! 말입니다.

당신은 오케스트라가 빚어내는 그 아름다운 음률을 아실 것입니다.

그런데! 우리가 꼭 알아야 할 사실은 오케스트라가 각각의 악기들 소리가 모여 그렇게 아름다운 선율을 만들 수 있다는 사실입니다.

아마도 당신은 오케스트라에 포함되는 악기의 종류를 알면 매우 놀랄지도 모릅니다.

그만큼 악기의 종류도 많고 다양하기 때문입니다.

오케스트라에는 악기의 종류에 따라 현악기 군과 목관악기 군, 금관악기 군, 타악기 군의 네 가지 악기 군을 갖추고 있어야 비로소 제대로 된 오케스트라라 할 수 있습니다. 그리고 각 악기 군에도 반드시 갖춰야 할 악기들이 따로 있습니다.

현악기 군의 경우 바이올린, 비올라, 첼로, 더블 베이스 등, 목관악기 군의 경우 플루트, 오보에, 클라리넷, 바순 등, 금관악기 군의 경우 호른, 트럼펫, 트롬본, 튜바 등, 타악기군의 경우 팀파니와 큰북, 작은북, 트라이앵글, 심벌즈, 실로폰 등이 있는 것입니다.

이처럼 하나의 오케스트라를 구성하는 데 이렇게도 많은 악기들이 들어가는 것입니다. 그리고 각 군의 악기들은 저마다의 특징을 가진 소리를 내고 그것이 조화를 이루어 그 아름다운 오케스트라의

---

238) 온 인류의 눈, 코, 입, 귀, 손가락, 발가락, 심장, 몸 전체와 생각하는 마음까지 거룩해지기를 위해 기도합니다.

선율이 완성되는 것입니다.

그런데! 이 오케스트라 연주에서 만약 한 악기라도 이상한 소리를 내면 전체 오케스트라의 조화는 깨지고 맙니다. 한 악기를 연주하는 사람이라도 잠깐 딴짓을 하면 전체 오케스트라의 조화는 깨지고 맙니다.

이처럼 오케스트라에서 가장 중요한 역할을 하는 사람은 역시 전체 오케스트라를 지휘하는 지휘자인 것입니다.

전체 오케스트라 구성원과 악기들은 지휘자의 지휘를 따라 한마음으로 연주할 때 비로소 그 아름다운 오케스트라 음악이 완성되는 것입니다.

당신은 이제 내가 당신 나라가 맡은 두 번째 책임으로 지휘자로서의 책임이 있다고 말하는 이유를 아시겠습니까?

나는 당신 나라가 지휘자로서의 책임을 다할 때 전 세계 국가들이, 온 인류가 다 함께 아름다운 오케스트라 화음을 낼 수 있을 거라 확신합니다.

당신은 역사상 위대한 지휘자로 칭송받는 토스카니니(Arturo Toscanini)를 아십니까?

그는 '무대 위의 독재자'로 불릴 만큼 강렬한 카리스마를 가진 지휘자로 유명합니다.

하지만 그의 강렬한 독재적 카리스마는 그가 만들어내는 주옥같은 오케스트라로 아름다운 카리스마로 승화하고 맙니다.

그만큼 위대한 화음을 만들어내는 데 성공했기 때문입니다.

그는 어떻게 수많은 오케스트라 단원들을 아름다운 화음으로 이끌 수 있을 것일까요?

토스카니니는 오케스트라의 첼로리스트였으나 눈이 워낙 나쁜 나머지 악보를 모두 외운 후 무대에 나서곤 했습니다.

그러다 보니 남들은 악보를 보는 데 치중할 때 그는 지휘자의 시선을 응시할 수 있었습니다.

그는 어느 날 지휘자가 부재한 사건을 통하여 거짓말처럼 지휘자의 자리에 데뷔하게 됩니다.

불과 20대의 그가 지휘자의 자리를 대신할 수 있었던 까닭은 그가 악보 전체를 다 암기하고 있었기 때문이었습니다.

토스카니니는 천재일우의 기회에 자신의 혼을 담아 지휘했고 관중들로부터 우레와 같은 박수를 받으며 성공적인 지휘자 인생을 시작하게 되었던 것입니다.

이후 그는 역사상 위대한 지휘자 중 한 명으로 이름을 올리게 되는데, 가장 큰 원동력은 역시 전체를 흡수하는 지도력이었습니다.

다른 지휘자들의 경우 악보와 단원들을 동시에 봐야 하기 때문에 시선이 왔다 갔다 해야 합니다. 하지만 토스카니니의 경우 이미 악보를 다 암기하고 있으므로 오직 단원들과 시선을 마주치며 지휘할 수가 있는 것입니다.

이것이 토스카니니가 지휘자로서 가진 가장 강력한 무기였습니다.

---

239) 학창 시절. 마틴 루터 킹 목사의 암살 소식을 전해 듣고 그의 연설이 심어주었던 소망과 희망이 슬픔과 절망으로 다가오는 느낌을 받았습니다. 그러나 다시 마음을 가다듬고 미국의 땅이 다시 한번 큰 희망을 품기를 기도했습니다.

　나는 당신과 당신 나라가 토스카니니와 같은 강력한 리더십과 카리스마를 가지고 전 세계 인류와 나라들을 오케스트라처럼 아름답게 조율하는 나라가 되기를 간절히 소원합니다.

　토스카니니처럼 전 세계인들의 눈을 똑바로 쳐다보며 그들의 필요가 무엇인지 파악하고, 전 세계인들의 가슴을 똑바로 뚫어보며 그들의 아픔이 무엇인지 파악하는 당신과 당신 나라가 되기를 새벽마다 기도하는 것입니다. 나는 당신에게 이러한 곡을 전하고 싶습니다.

　똑바로 보고 싶어요 주님! 온전한 눈짓으로
　똑바로 보고 싶어요 주님! 곁눈질하기 싫어요
　(똑바로 보고 싶어요 중에서, 최원순 작사 작곡)

　아아! 나는 당신과 당신 나라가 온전한 눈짓으로 주님을 똑바로 보고 세계인들을 똑바로 보고 이끌어가는 위대한 나라가 되기를 원합니다.

　나는 당신과 당신 나라가 곁눈질하지 않고 세계 인류의 문제를 똑바로 보고 그 문제를 해결해 나가는 위대한 국가가 되기를 간절히 기도합니다.

　정치, 경제, 군사, 조직, 교육, 종교, 기업, 예술… 각각의 분야별로 수만 개의 위치에서 토스카니니처럼 아름다운 눈동자를 볼 수 있는 지휘자들이 나와 주기를 간절히 기도합니다. 당신은 나의 이 마음을 아십니까?

권리가 있으면 의무도 있다!

당신은 이 세상 모든 나라의 법에 국민의 권리와 의무에 대해 기록해 놓고 있다는 사실을 알고 있을 것입니다.

당신 나라도 나의 나라도 만약 민주공화국이라면 이런 국민의 권리와 의무는 당연히 법으로 정해놓고 있는 것입니다.

이것이 민주주의 국가의 기본이기 때문입니다.

민주주의 제도 하의 각 나라들이 헌법상 국민의 권리로 정해놓고 있는 것은 첫째가 인간의 존엄권, 행복 추구권, 평등권, 재산권 보장 등의 자유권입니다. 이것은 국가 속의 한 인간이 인간답게 살아가기 위한 최소의 권리를 법으로 정해놓은 것이라 할 수 있습니다. 민주주의 국가에서는 이뿐 아니라 최소한의 생존을 보장받기 위한 권리도 국가로부터 부여받고 있습니다.

즉, 교육을 받을 권리, 근로의 권리(노동 3권 등), 인간다운 생활을 할 권리, 혼인과 가족생활, 보건을 보호받을 권리도 가지게 됩니다. 이와 더불어 국가의 주권자로서 재판을 받을 권리와 선거에 참여할 권리까지 가지게 되는 것이 민주주의 국가 국민들의 권리에 해당합니다.

정말이지 과거 왕권제 국가 시대와 비교하면 말할 것 없이 인권이 신장된 것이 눈으로 보일 정도일 것입니다.

하지만 민주주의 국가에서 살아가는 우리들이 권리만 누리며 살아갈 수 있는 게 아닙니다. - 그랬으면 좋겠다고 생각하는 사람들도 있겠지만 그랬다가는 나라가 곧 망하고 말 것입니다. - 권리가

240) 미합중국의 선조들께서는 하나님께 복음으로 순종함으로써 이 세상에 빛과 소금의 역할을 했습니다. 혹 당신이 부족하다 생각된다면 회개하고 하나님의 품으로 돌아오기를 간절히 기도합니다.

있으면 반드시 의무도 뒤따르기 때문입니다. 민주주의 국가에서 국민들의 의무는 대개 납세의 의무, 국방의 의무(지원제 나라인 경우 제외), 교육을 받게 할 의무, 근로의 의무, 환경 보전의 의무, 재산권 행사의 공공복리 적합의 의무 등이 있습니다.

이와 같은 의무를 다할 때 비로소 민주주의 국가의 한 일원으로 살아갈 수 있다는 이야기입니다.

그렇다면 하나님으로부터 장자 권리, 멘토 권리, 0.01% 유전자 권리를 부여받은 당신 나라의 국민에게 부과되는 의무는 무엇이 있을까요?

권리가 있다면 의무도 있다고 했으니 부과되는 의무는 반드시 있을 것입니다. 앞에서 책임으로 이야기했던 본이 되어야 하는 것과 지휘자가 되어야 하는 것 외에 말입니다.

사실 책임은 도의적으로 해야 하는 것이지만 의무는 반드시 해야 하는 것이니 성격이 조금 차이가 있는 것도 사실입니다.

의무가 반드시 해야 하는 것이라면, 역으로 의무를 다하지 않으면 그가 가지고 있는 권리마저 박탈당할 수 있음을 뜻합니다. 따라서 의무는 우리에게 매우 무거운 짐으로 다가올 수도 있습니다.

하지만 의무를 그 나라의 권리를 가지기 위한 최소한의 자격요건 정도로 생각한다면 어떨까요?

우리는 의무에 대하여 반항을 가질 필요가 없습니다. 그 나라 국민의 권리를 가지기 위한 최소한의 자격요건이니 당연히 갖춰야 하는 것이지요. 예를 들어 내가 하버드 학생으로서의 권리를 가지고 자 한다면 하버드 생이 되기 위한 자격요건을 갖춰야 하는 것과 마 찬가지 원리라 할 수 있습니다.

그런 의미로 나는 하나님이 세계의 장자 나라요,

멘토 나라인 당신 나라에 부과한 최소한의 자격요건으로 4대 의 무가 주어져 있다고 생각합니다.

그 4대 의무는 바로 사랑, 정의, 질서, 지혜입니다.

나는 당신이 사랑과 정의와 질서와 지혜로 가득 차기를 새벽마다 기도하고 있습니다.

사랑과 정의를 지켜야 할 의무

당신은 여기서 말하는 사랑과 정의의 개념이 세상에서 생각하는 것과 조금 다름을 미리 알아두어야 할 것입니다. 사랑의 경우 앞에 서도 이야기했듯이 남을 내 몸처럼 생각하는 서로를 구분하지 않는 사랑입니다. 정의의 경우 보통 사전적 의미는 사회나 공동체를 위 한 옳고 바른 도리를 뜻합니다.

그런데 세상에서는 보통 사회나 공동체를 위한 옳고 바른 도리를 분별하기가 쉽지 않기 때문에 정의의 개념을 어딘가 한쪽으로 치우 친 개념으로 설명하려 듭니다.

예를 들면 가진 자의 입장에서 생각하는 정의가 다르고 못 가진 자의 입장에서 생각하는 정의가 다르다는 이야기입니다. 하지만 하

---

241) 당신에게 문제가 있다면 먼저 넓은 마음으로 상대를 존중하고 평화와 사랑과 이해심으 로 문제를 해결하기를 기도합니다.

나님의 정의는 가진 자든 못 가진 자든 상관없이 어느 누구에게나 모두에게 적용되는 정의입니다.

그래서 하나님의 정의를 성경에서는 '공의'라 표현하기도 합니다.

즉, 하나님의 정의란 모두에게 적용되는 옳고 바른 도리를 뜻합니다.

이제 당신은 이런 의미로서의 사랑과 정의를 가져야 할 의무를 지닌다는 것입니다.

아마 당신은 사랑과 정의의 의미가 그렇게 심오한 것이라면 쉽지 않을 거란 생각이 먼저 들지도 모르겠습니다. 하지만 만약 당신이 이 사랑과 정의의 의무를 다하지 못한다면 앞에서 말했던 당신 나라의 권리에 심각한 타격을 받게 될지도 모름을 알아야 할 것입니다.

나의 말이 매정하게 들릴 수도 있으나 이것이 당신 나라를 향한 하나님의 뜻이기 때문에 이렇게 말하지 않을 수가 없습니다.

예를 들어 내가 천국의 시민권자가 되기 위해서는 천국의 법(하나님의 뜻)을 지키는 의무를 다할 때 비로소 천국의 시민권자로서의 권리를 갖게 됩니다.

마찬가지로 당신 역시 하나님의 뜻대로 사랑과 정의의 의무를 다할 때 비로소 장자로서의 멘토로서의, 0.01% 유전자로서의 권리를 갖게 되는 것입니다.

그런 의미에서 하나님 나라에서의 권리와 의무는 의무가 먼저인 셈이 됩니다.

나는 당신에게 하나님 기준의 사랑과 정의를 실현하는 것에 대해 너무 부담을 가질 필요가 없음을 이야기하고 싶습니다.

이미 당신의 유전자에 그것이 뿌리박혀 있기 때문입니다.

사실 인간은 하나님의 속성을 닮은 존재로 지음 받았기에 누구나 무의식 속에는 하나님 기준의 사랑과 정의가 유전인자로 존재하고 있습니다. 그것을 드러내는 것이 쉽지 않기에 어려워하고 있을 뿐!

더욱이 당신은 전 세계 0.01%의 우수한 유전인자를 가진 존재가 아닙니까!

그렇다면 당신이 하나님 기준의 사랑과 정의를 실현하는 것은 보통 사람들보다 훨씬 쉽다는 사실을 당신은 잘 아시기 바랍니다.

물론 나도 당신이 하나님 기준의 사랑과 정의를 실현하는 것이 쉽지 않다는 것을 잘 알고 있습니다.

만약 쉬웠다면 하나님께서 당신에게 이런 무거운 의무를 부과하지도 않았겠지요.

그럼에도 불구하고 내가 이리도 자신 있게 말할 수 있는 것은, 내 나름 그 비밀에 접근하는 비결을 발견했기 때문입니다. 그것은 바로 진리를 제대로 아는 것, 즉 깨달음의 비결입니다.

나는 이제 이 책의 나머지 부분을 이 깨달음의 비결을 알려주는 데 다 할애할 것입니다. 왜냐하면 당신이 이 비결을 알게 된다면 당신의 의무를 지키는 데 커다란 도움이 될 것이기 때문입니다.

다시 한번 이야기하지만 나는 당신과 당신 나라를 지독히도 사랑하는 사람이기에 이 내용이 이뤄지기를 바랍니다.

---

242) 우리나라 6.25전쟁 때 3일 만에 수도가 점령되어 국가의 중심이 흔들릴 때 나라의 운명을 위하여 미국 선교사가 합심 기도를 제안하여 기도의 물결이 이어졌던 일이 있습니다. 오늘날에도 이런 기도의 물결이 넘쳐나기를 기도합니다.

그래서 이 모든 것을 기도하였고 간절히 연구하였으며 이제 그 깨달음의 비밀을 당신에게 알려주려 하는 것입니다.

그러니 당신이 나의 말에 귀 기울여 주실 것을 간절히 부탁드립니다.

세계의 질서를 지켜야 할 의무

다음으로 당신에게 부과된 의무는 질서의 의무입니다.

다짜고짜 질서라 하니 당신이 막막해할지도 모르겠습니다.

하지만 질서의 의미는 사랑과 정의에 비해 간단합니다.

질서의 사전적 의미는 규칙적으로 배치되거나 배열됨을 뜻합니다.

그런데 우리의 눈을 우주로 돌려보면 우주는 마치 누군가의 힘에 의해 질서정연하게 돌아가고 있음을 알 수 있습니다.

시선을 조금 아래로 돌려 우리 지구를 봐도 마찬가집니다.

우리의 지구도 누군가의 힘에 의해 마치 공장의 기계가 한 치의 오차도 없이 돌아가듯 질서정연하게 돌아가고 있습니다. 여기서 말하는 질서란 바로 이와 같은 질서를 뜻합니다.

그러면 질서는 좀 쉬운 것이겠네, 하겠지만 여기서부터 간단하지가 않습니다. 왜냐하면 이제 인간관계의 질서 이야기로 돌아와야 하기 때문입니다.

사실 인간이 살고 있는 세상도 겉으로 보기에 질서정연하게 돌아감을 알 수 있습니다. 법이란 정의의 기준이 있기 때문일 것입니다.

206

그런데 그 법을 조금만 들추어 보면 온갖 편법과 불법이 난무하고 있음을 알 수 있습니다. 물론 인간의 법은 불법을 저지른 사람들을 재판하여 감옥에 가두는 것으로 여전히 질서를 유지하고 있기도 합니다.

여기에서 인간의 법과 하나님의 법은 충돌할 수밖에 없습니다. 인간의 법에서 질서의 판단 기준은 선악에 있는 반면,

하나님의 법에서 질서의 판단 기준은 선악을 넘어선 공의에 있기 때문입니다. 공의의 뜻은 이미 앞에서 이야기했듯이 어느 한쪽에 치우치지 않은 정의입니다. 즉 누구 편에서 이익을 따지지 않는 정의입니다. 예를 들어 질서를 깨는 어떤 사건이 터졌을 때 부자의 편도 아닌 빈자의 편도 아닌 강자의 편도 아닌 약자의 편도 아닌 모두의 편에서 그 사건을 바라보고 문제를 해결하는 방식입니다.

이를 두고 불교에서는 '중도 사상'이라 하기도 합니다. 물론 아직 인간들은 이런 기준의 정의를 모르기에 질서를 유지하는 법을 잘 모릅니다. 그래서 세상은 오늘도 시끄럽습니다.

그럼에도 불구하고 내가 당신에게 질서의 의무를 이야기하는 것은, 인간의 기준으로는 어렵지만 하나님 기준으로는 가능하기 때문입니다.

당신은 이미 하나님을 알고 있기에 노력하면 이는 충분히 이룰 수 있습니다. 따라서 당신이 지켜야 할 질서의 의무는 세상 기준의 질서가 아니라 하나님 기준의 질서인 것입니다.

243) 유엔이 창설되어 최초로 우리나라가 은혜를 입었습니다. 6.25 전쟁에서 유엔이 없었다면 어떻게 되었을까요? 유엔과 미국이 우리나라를 구해준 것에 대해 감사 기도 드립니다.

이제 질서의 의미는 단지 나와 너 간의 질서에서 우리 사회질서, 나아가 인간 세상의 질서로까지 확장될 수 있습니다.

당신과 당신 나라에 부과된 질서의 의무는 바로 세상의 질서까지 확장되어 있는 것입니다.

즉, 세상의 질서를 하나님 기준으로 바로 세워야 하는 의무까지 당신과 당신 나라에 부과되어 있다는 뜻입니다.

물론 이것 역시 쉽지 않겠다는 생각이 들겠지만 우리가 독수리의 눈을 가지고 사고만 전환하면 이 질서 또한 얼마든지 잡을 수 있다고 생각합니다. 그러니 당신도 자신감을 가지고 나와 함께 먼저 나와 우리의 질서를 지키고 나아가 이 세상의 질서를 지키는 데 힘을 쏟기 바랍니다. 그랬을 때 당신은 비로소 장자로서, 멘토로서, 0.01%의 우수한 존재로서 하나님으로부터 인정받게 될 것입니다.

인류의 멘토로서 지혜로워야 할 의무 – 지혜, 분별력

이제 당신에게 부과된 4대 의무 중 마지막 지혜에 대하여 이야기하도록 하겠습니다.

지혜의 사전적 의미는 사물의 이치를 깨닫고 현명하게 대처하는 능력입니다.

즉, 자신이 익힌 지식을 바르게 활용하는 능력이 곧 지혜인 것입니다.

우리는 보통 지혜, 하면 유태인의 탈무드가 떠오르기에 유태인의 예를 통하여 지혜가 무엇인지 살펴보도록 하겠습니다. 바로 영화 〈쉰들러 리스트〉에 나오는 한 장면입니다.

유태인 수용소에 닭이 없어졌습니다. 화가 난 독일군 병사는 당장 유태인들을 불러 모았습니다.

그리고 누가 닭을 훔쳤는지 윽박질렀습니다.

그러나 범인이 나타나지 않자 독일군 병사는 만약 열을 셀 동안 범인이 자백하지 않으면 한 사람씩 총으로 쏴 죽이겠다고 엄포를 놓았습니다.

그렇게 독일군 병사가 열을 셀 동안 범인은 결국 나타나지 않았습니다. 잔인한 독일군 병사는 유태인 중 한 명을 총으로 쏴 죽이고 말았습니다.

이 끔찍한 모습을 본 유태인들은 오줌을 지릴 정도로 공포에 빠져들었습니다.

독일군 병사는 다시 유태인들을 윽박질러 범인이 나오지 않으면 다 쏴 죽이겠다 엄포를 놓았습니다.

바로 그 절체절명 위기의 순간 유태인 소년 하나가 손을 번쩍 들었습니다.

모든 사람들의 시선이 그 소년에게로 향했습니다. 설마 저 어린 소년이… 라고 생각하고 있는 순간, 소년은 다음과 같이 외쳤습니다.

"제가 봤어요. 방금 쏴 죽인 저 사람이 닭을 훔치는 것을 요!"
당신은 이 소년의 말을 어떻게 생각하십니까?

---

244) 미합중국 국민이 서로 거룩하고 감사하는 마음으로 세상에 작은 사랑을 베풀어 평화로운 세상이 만들어지길 위해 기도합니다.

소년의 이 한 마디로 그 위급한 상황은 종식되고 말았습니다.

범인이 나왔으니 독일군 병사도 더 이상 소동을 피울 거리가 없었기 때문입니다. 이것이 바로 지혜입니다. 지혜란 지식과는 전혀 다른 것이며 정직, 진실과도 전혀 다른 것입니다.

만약 지혜가 진실에서 나오는 것이라면 소년은 거짓말을 한 것이므로 맞지가 않습니다. 또 지혜가 지식에서 나온 것이라면 소년은 이런 지식을 배운 적이 없습니다. 그렇다면 지혜는 도대체 어디에서 나오는 것일까요?

다음 성경 말씀에 주목하시기 바랍니다.

여호와를 경외함이 곧 지혜의 근본이라 그 계명을 지키는 자는 다 좋은 지각이 있나니 여호와를 찬송함이 영원히 있으리로다

－시편 111:10－

성경에서는 하나님을 경외하는 것이 지혜의 근본이라 이야기했습니다.

당신은 여기서 하나님을 경외하는 것이 무엇을 뜻한다고 생각하십니까?

나는 이것이 하나님을 제대로 알아야 함을 뜻한다고 생각합니다.

하나님을 제대로 아는 사람만이 하나님을 경외할 수 있기 때문입니다.

그런 의미에서 우리는 하나님을 제대로 앎으로 지혜에 근접할 수

있게 된다는 결론에 도달할 수 있게 됩니다.

그런데 앞에서도 이야기했듯이 하나님의 뜻은 인간의 뜻과 정반대 편에 있을 확률이 높습니다.

앞에서 정의와 질서의 경우를 보면 알 수 있지 않습니까!

따라서 하나님을 제대로 알기 위해서는 인간 세상에서 일어나는 모든 일에 대하여 의문을 가지고 반대로도 생각해 보는 훈련이 필요합니다. 예를 들어 인간 세상에서는 착한 것이 좋은 것이다,라고 인식하여 착한 사람이 천당 갈 것이라 여기는 경우가 많습니다.

하지만 하나님 기준으로 볼 때 착한 것은 절대 선이 아닙니다.

그래서 하나님은 착한 것은 당하기 딱 좋다는 것을 세상에서 보여주기 위해 착한 사람이 당하는 모습을 자주 보여주십니다.

그럼에도 불구하고 어리석은 인간들은 여전히 착한 것이 좋다고 여기며, 그런데 왜 착한 사람이 늘 당하고 살까, 하며 고개를 갸웃거리며 살아가고 있습니다.

이것은 지혜롭지 못하기에 생기는 문제라 할 수 있습니다.

나는 마지막으로 당신에게 지혜를 갖추기 위해 제언할 것이 있습니다.

그것은 '분별력'을 키워야 한다는 사실입니다. 당신이 정말로 인류의 멘토로서 지혜롭고자 한다면 분별력을 키우기 바랍니다.

특히 지금까지 알고 있던 모든 지식과 선입관을 내려놓고 세상에서 일어나는 모든 일에 대하여 다시 분별해보는 연습을 해야 할 것

---

245) 2차 세계대전에서 미국의 연합군이 승리하였기에 우리나라가 식민지에서 해방될 수 있었습니다. 아~ 아, 내 조국의 해방에 감사, 감사 기도를 드립니다.

입니다.

이것이 정말 옳은 것인지, 아니면 잘못된 것인지 분별하는 것입니다. 이렇게 할 때 당신은 드디어 하나님의 진짜 뜻을 발견하게 될 것이며 비로소 하나님이 주시는 지혜를 갖게 될 것입니다.

아아! 하나님이여, 당신이 인류의 멘토로 선택한 미국인들이 지혜를 갖게 도와주시옵소서! 무엇보다 그들이 세상에서 일어나는 일에 대하여 정말 하나님의 옳은 뜻이 무엇인지 분별하는 분별력을 갖게 해주셔서 세상을 바로 보고 사랑과 정의와 질서로 이끌어갈 수 있도록 인도하여 주시옵소서!

제4기도

세계 구원을 향한
당신과 나의 꿈!

온 인류가 공영할 수 있는 방법의 탐구

인류 공영의 방법 탐구

앞장에서, 당신과 나는 인류 구원을 위해 바뀌어야 할 몇 가지 개념에 대해 이야기를 나누었습니다. 아마도 당신은 어떤 부분은 이해되었지만 어떤 부분은 아직까지 이해되지 않았을 것입니다.

하지만 이 지식들은 만약 당신이 나와 함께 인류 구원에 동참하고 싶은 마음이 있다면 매우 유익한 지식이 될 것입니다.

당신은 지금까지 이 글을 읽으며 어떤 단어에 가장 매력이 끌렸습니까? 아마도 구원이나 공영이란 단어가 아니었을까요?

온 인류가 함께 구원받고 함께 번영할 수 있다면 이만큼 가슴 떨리는 일이 없을 테니까요.

사실 이 책에서 이야기하는 복음의 신개념이나 신 패러다임 등이 바로 이 주제를 바탕으로 만들어진 것들입니다.

당신도 이것을 짐작하고 있었을 것입니다.

여기에서는 이제 어떻게 하면 인류가 함께 공영할 수 있는지에 대한 방법에 대해 연구하는 시간을 가지려 합니다. 공영으로 가기

---

246) 해방 후 나의 민족을 둘로 가르는 38선이 그어지고 이념 갈등과 동족상잔의 전쟁에 우리 민족은 한으로 점철되었습니다. 큰집 나라 미국이 왜 38선을 만들었는지 하나님 뜻을 알기 위해 기도드립니다.

위해서는 먼저 개인들이 현재 겪고 있는 어려움에서 벗어나야 할 것입니다. 어려움은 죄에서 비롯된다 했으므로 결국 죄를 벗는 방법에 대한 연구가 필요하게 됩니다.

죄에 대해서는 앞에서도 누차 이야기했으니 여기에서는 그동안 놓치고 있었던 부분에 대해 조금 다른 시각으로 이야기하려 합니다.

놀랍게도 인간은 죄의 결과에 대한 인식의 부족 때문에 죄를 짓게 됩니다. 예를 들어 어떤 사람이 다른 사람을 미워하는 장면을 연상해봅시다. 이때 상대를 미워하는 사람은 분명 이유가 있겠지만, 그 미워하는 것이 어떤 죄의 결과를 만들어낸다는 사실을 인식하지 못합니다. 그래서 그 순간 아무 저항감 없이 미워하는 마음을 갖고 죄를 지어버립니다.

그런데 만약 이 사람이 상대를 미워하는 것이 엄청나게 큰 어려움을 가져오며 그것이 결국 죄의 결과 때문임을 인식한다면 어떻게 될까요?

그는 다가올 어려움이 두려워서라도 미워하는 것을 금하려 노력할 것입니다.

이것이 바로 인식 부족의 결과로 죄짓게 된다는 증거입니다.

따라서 우리가 죄를 벗으려 한다면 먼저 무조건 죄를 억제할 것이 아니라 죄의 분별에 대한 정확한 지식을 갖는 것이 필요합니다. 어떤 것이 죄이고 어떤 것은 죄가 아닌지?

또 죄의 결과는 어떻게 나타나는지? 문제는 대부분의 사람들이 막연히 죄를 지으면 안 된다는 사실은 알고 있으면서도 이러한 죄의 분별과 결과에 관한 지식에 대해서는 무관심하다는 사실입니다. 그러다 보니 무슨 잘못을 저지르면 '아! 내가 왜 그랬을까!' 하며 자기를 비하하기에 급급하지 죄를 지었는지도 아닌지도, 또 어떤 결과가 나타날지에 대해서도 잘 인식하지 못할 때가 많습니다.

또 자신의 생각과 행동에 대해 이게 바른 것인지, 그르게 한 것인지 잘 분별하지도 못합니다. 이처럼 죄의 분별에 대한 인식 부재의 시간이 너무 오랫동안 지속되면서 오늘날 사람들은 습관처럼 죄를 지으며 살고 있습니다. — 물론 여기서 말하는 죄는 사회적 범죄가 아니라 일상생활 속에서 저지르는 잘못을 뜻하는데, 이것도 죄이며 실제적으로 이것이 쌓여 자신도 모르게 어려움의 결과를 가져오게 됩니다.

오늘날 인간이 살기는 좋아졌는데도 점점 더 어려움에 빠지는 이유가 바로 여기에 있습니다.

당신은 이 사실에 대하여 어느 정도 이해가 되십니까?

쉽지 않은 개념이지만 조금만 깊이 생각하면 지금 나에게 닥쳐오는 어려움의 발원지를 깨닫게 될 것입니다.

나 자신에 대해 너무 모른다 – 너 자신을 알라

그런 면에서 인간은 자신이 누구인지 너무 모르며 살아가고 있다고 해야 할 것입니다.

---

247) 세월이 70년 이상 흘렀지만 현재에도 분단의 상처는 여전히 해결되지 않고 있습니다. 하나님께서 해결 방법을 주시기를 간절히 기도합니다. 하나님이시여~ 굽이굽이 보살펴 주소서.

이런 문제는 기독교인들도 마찬가지 상태입니다. 오직 하나님께 의지하며 살아가기 때문에 자기 자신에 대한 관심은 적어질 수밖에 없고, 또 기독교에서는 모든 것을 하나님께로 돌려버리기에 더욱더 자기 자신을 돌아보기가 어렵게 되고 마는 것입니다.

그런데 말입니다. 당신은 당신이 온 우주에서 가장 존귀한 존재로 지음 받았다는 사실을 알고 있습니까? 하나님은 인간을 만들 때 지구뿐만 아니라 온 우주의 주체로 지은 것입니다.

지구만 인간을 위해 존재하는 것이 아니라 온 우주가 인간을 위해 존재한다는 이야기입니다. 그 정도로 인간의 존재가치는 대단한 것이며, 당신 개인의 존재가치도 무궁무진한 것입니다.

아마 당신은 나의 이 말에 대해 그럼 왜 그처럼 대단한 인간이 죄인으로 태어나 이렇게 사냐고 반문하고 싶을 것입니다. 이에 대하여 이 세상 전의 원죄 때문임을 이미 말했습니다. 그럼에도 불구하고 인간의 존재가치는 대단하기에 하나님은 인간 스스로 그 죄를 벗을 기회를 주기 위해 이 세상을 탄생시켰습니다.

물론 하나님은 인간에게 그 정도의 능력이 있다고 믿기에 이런 기회를 준 것이고요.

따라서 우리 인간은 이런 존재가치를 깨닫고 죄를 이길 수 있다는 자신감으로 살아가야 할 것입니다. 또 반드시 이 세상에서 죄를 벗고 천국의 삶을 이뤄내야 할 것입니다.

오늘날 대부분 인간들의 모습은 어떤가요? 자신을 너무도 작은 존재의 테두리에 가둬버린 채, 어려움의 소용돌이에서 전혀 빠져 나오지도 못한 채 그저 죄의 노예가 되어 살아가고 있지 않습니까! 당신은 이 모든 원인이 어디에 있다고 생각하십니까? 바로 자신에 대해, 또 자신의 존재가치에 대해 너무도 모르기 때문에 이런 상황에 빠져 살아가고 있는 것입니다. 따라서 죄를 이기기 위해 먼저 자기 자신을 안다는 것은 너무도 중요한 문제라 하지 않을 수 없습니다.

다시 한번 강조하지만 인간은 온 우주의 중심으로 지음 받은 존재입니다. 태양계는 물론 저 우주 끝의 은하계조차 인간을 위해 만들어진 것들입니다.

인간은 그 우주의 주인인 하나님의 작품입니다.

우리의 본이 되기 위해 오신 예수님도 스스로를 하나님의 아들이라 부르지 않았습니까?

그리고 우리도 하나님의 자녀가 될 수 있음을 가르쳐 주려고 오지 않았습니까?

따라서 당신도 나도 우주의 중심이 될 만한 가치가 있는 존재인 것입니다. 하지만 이 세상에서 당신과 나는 육체를 입고 사는 동안 육체가 가지고 있는 욕심에 의해 죄에서 자유롭지 못한 상태로 살아갈 수밖에 없습니다. 문제는 죄의 결과는 어려움이라는 사실입니다.

따라서 우리는 어려움에서 벗어나기 위해서라도 반드시 죄의 사슬에서 벗어나야 합니다. 이것이 이 땅에서 사는 우리 인간들의 첫 번째 사명인 것입니다.

---

248) 우리 민족은 동족상잔의 전쟁으로 많은 형제가 죽었습니다. 전쟁을 방지할 수 있는 것은 오직 사랑밖에 없습니다. 그래서 우리가 먼저 솔선수범하여 80억의 인류를 더욱 사랑하게 해달라고 기도합니다.

당신은 지금 죄의 사슬에 묶여 있지 않습니까? 하지만 당신의 선조께서는 걸음조차도 주의 발자취를 따라 즐겁게 걸었으며 마음과 생각조차도 밝은 빛으로 가득 차 기쁜 찬송을 읊어댔습니다. 그러니 당신도 죄의 사슬을 벗고 당신 선조의 발걸음에 동참하는 것이 어떻겠습니까? 당신이 그렇게 한다면 나도 그렇게 동참할 것입니다.

인류공영으로 향할 때 죄는 자연스럽게 벗어진다

만약 당신이 자신의 존재가치에 대한 지식을 갖게 되었다면 이제 더 큰 생각으로 나아갈 수 있게 될 것입니다. 생각해 보십시오. 당신과 내가 그런 엄청난 존재가치가 있다면 다른 사람도, 또 다른 사람도 엄청난 존재가치가 있는 것입니다. 나아가 온 인류 한 사람 한 사람이 다 엄청난 존재가치를 가지고 있는 것이 됩니다.

만약 이런 존재가치가 모두 합해진다면, 어떤 결과가 일어날까요?

존재가치 + 존재가치 + 존재가치 + 존재가치 + 존재가치 + 존재가치 + ……… = ?

한 개인은 죄의 속박에서 벗어나기 힘들지 모르나 이처럼 고귀한 존재가치가 합해진다면 이제 이야기가 달라집니다. 각각의 존재가치 에너지가 더해지고 융합하여서 엄청난 파워의 에너지를 쏟아낼 것이기 때문입니다. 이 정도의 에너지라면 이제 죄를 이길 수 있는 힘도 갖게 될 것입니다.

그렇다면 어떻게 존재가치가 합해질 수 있으며 이런 힘을 발휘할 수 있는 것일까요? 이를 이해하기 위해서는 나의 시각에서 벗어나 우리의 시각을 갖는 지식이 필요합니다.

당신은 인간이 왜 혼자 살 수 없는 존재로 지음 받았다고 생각하십니까? 인간은 왜 다른 사람과 관계를 이루며 사회 속에서 살아가야 하는 것일까요?

나는 그것이 바로 하나님이 인류 공동 구원의 계획 아래 공동체 의식과 지체 의식을 심어주기 위함이라 생각합니다.

이게 무슨 말이냐, 하면 우리 개인은 나와 너를 구분하려 들지만 하나님 입장에서는 우리 모두를 구분하지 않는 공동체적 시각으로 보고 있다는 이야기입니다.

즉, 우리 개인과 사회도 둘이 아니라는 이야기입니다.

이런 시각으로 볼 때 이제 내 개인의 소유물 역시 사회 것이 되며 사회의 소유물 역시 내 개인 것이 될 수도 있습니다.

왜냐하면 개인과 사회는 한 지체이자 공동체이기 때문입니다.

당신은 아직까지 나의 말이 잘 이해가 되지 않을 것입니다.

하지만 지체 의식이란 말에서 당신은 힌트를 얻을 수 있을 것입니다. 우리 몸에서 손과 발은 각각 다른 지체이지만 분명 같은 하나의 우리 몸이기도 한 것입니다.

이처럼 사회 속의 우리 개인도 각각 다르지만 각각의 자체가 또 사회의 지체이기도 한 것입니다.

---

249) 3억 3천만 명 미합중국 국민이 손을 서로 맞추어 소리를 내고 발로 서로 동작을 맞추고 눈빛을 맞추어 서로 고개로 정다운 인사를 하면서 사랑의 눈빛을 내어 온 세상에 평화가 깃들기를 기도합니다.

만약 우리가 이런 공동체적 시각으로 우리를 볼 수 있다면 이제 비로소 죄를 벗고 인류공영을 이뤄낼 방법을 모색할 수 있게 될 것입니다.

먼저, 한 개인은 자신의 생각과 행동이 바른 것인지 분별하는 공부를 해야 할 것입니다. 여기서 바른 분별이란 죄인지 아닌지 분별하는 지식입니다.

이와 같은 분별력 공부로 최대한 바른 행동을 하기 위해 노력해야 할 것입니다. 이 분별력 공부가 깊어지다 보면 심지어 상대 앞에서 합리적이지 않은 내 주장을 펼쳐놓는 것조차 죄임을 인식하게 될 것입니다.

이렇게 한 개인이 자신의 모순을 고치고 바른 행동을 하기 위해 공부하다 보면 그는 드디어 점점 죄로부터 벗어날 수 있게 될 것입니다.

그리고 이 정도 수준에 오른 개인은 이제 나 = 사회라는 지체 의식이 있기 때문에 자기 혼자만의 죄 벗음에 머물지 않습니다. 다른 사람도 자기와 같이 죄를 벗을 수 있도록 가르치게 됩니다.

이런 일은 바로 지체 의식 때문에 일어납니다.

이제 이런 나눔의 물결이 전 사회적으로 일어나게 되면 이 사회에 죄를 벗어버리는 사람들이 점점 많아지게 될 것입니다. 이렇게 전 사회가 죄를 벗어버리면 비로소 인류는 어려움에서 벗어나 즐겁고 행복한 삶을 향해 나아갈 수 있게 될 것입니다. 이런 운동이 전 세계적으로 번져나가게 될 것이며 ─ 왜냐하면 결국 전 세계가 한 지체이기 때문입니다. – 비로소 인류가 그토록 꿈꾸던, 하나님이 그토록 꿈꾸던 인류 평화와 공영이 이루어지고 말 것입니다!

이것이 성경에서 이야기하는 진정한 연합이기도 합니다.

아아! 당신은 이것에 대하여 어떻게 생각하십니까?

만약 당신이 이 생각에 동의한다면 이 일에 동참해야 한다고 여기지 않습니까? 나는 꿈을 꿉니다. 당신과 내가 함께 이 운동을 펼쳐나가는 꿈을, 당신과 함께 이 기쁜 구원의 소식을 널리 전하는 꿈을, 말입니다. 당신의 선조께서는 하나님의 명령대로 땅끝까지 이르러 그리스도의 증인이 되겠다고 고백했습니다.

당신도 나와 함께 땅끝까지 이르러 인류 평화와 공영을 위해 나아가지 않겠습니까?

인류 평화와 공영을 이룰 수 있는 최적의 시기!

나는 어릴 때부터 당신 나라를 위해 기도해온 사람이고 자라면서 온 인류를 위해 기도해온 사람입니다. 그런데 이상하게도 내가 기도하면 할수록 인류의 죄악은 더욱 깊어만 가는 것처럼 보였습니다.

세상은 점점 타락해가는 것처럼 보였으며 이대로 가다가는 내가 그토록 꿈꾸고 하나님이 그토록 원하시는 행복하고 평화로운 세상은 점점 멀어져만 갈 것 같았습니다. 한 마디로 지금 세상이 위기를 향해 달려가고 있는 것처럼 보인 것입니다.

그때 하나님께서 나에게 보여주신 지혜가 있었습니다. 그것은 위

---

250) 나의 민족은 반상 제도로 수천 년간 인권과 자유를 유린당하며 살아온 역사가 있습니다. 아직도 노예제도가 있는 나라들의 노예들이 해방되기를 위해 기도합니다.

기라는 단어의 재발견이었습니다. 나의 나라 단어들은 중국의 영향을 받아 한자어로 구성된 것들이 많습니다.

그런데 나의 눈에 위기란 단어가 '위험 위 자'에 '기회 기 자'로 보인 것입니다.

즉, 위기란 단어는 위험과 기회를 동시에 품고 있는 단어란 뜻입니다. 그렇다면 지금 위기의 순간은 곧 기회의 순간이기도 한 것입니다.

가만히 헤아려보니 하나님이 지금 세상을 인터넷이란 것으로 다 묶어놓으신 것도 다 이유가 있다는 생각이 들었습니다. 한 눈으로 세상이 돌아가는 상황을 다 살펴볼 수 있는 시대가 아닙니까!

내가 무엇인가를 전하고 싶다면 실시간으로 전 세계에 전할 수 있는 시대가 아닙니까!

인류 역사상 지금 시대처럼 하나님의 뜻(인류공영)을 이룰 수 있는 최적의 시기가 없었던 것입니다!

그렇다면 이 위기의 때에 누가 세상을 구해야 할까요?

그것은 앞에서도 이야기했듯이 인류의 장자 국가이자 멘토 나라인 당신 나라가 앞장서야 할 것입니다. 생각해 보십시오!

한 가정에도 위기가 닥쳤을 때 누가 앞장서야 할지?

바로 장자가 앞장서야 하지 않겠습니까! 또 한 조직에 위기가 닥쳤을 때 누가 앞장서야 할지?

당연히 조직의 멘토가 앞장서야 하지 않겠습니까?

한 나라에 위기가 닥쳤을 때 누가 앞장서야 할지? 당연히 나라의 최고 리더가 앞장서야 하지 않겠습니까?

그렇다면 전 인류에 위기가 닥친 지금, 인류 최강국인 당신 나라가 앞장서야 하는 것은 당연한 일이 아니겠습니까!

아아! 나는 당신 나라를 통하여 온 인류의 희망을 보았습니다.

당신 나라가 먼저 바로 서고 온 인류에 영향을 미쳐 온 인류가 함께 평화와 공영을 이루는 희망, 말입니다.

더 이상 죄의 수렁에서 고통스러워하지 않고 누구나 자기 일을 가지며 자기 일을 즐겁게 하며 살아가는 인류 궁극의 행복세상, 말입니다. 당신은 당신 나라가 이런 일을 할 수 있다고 생각하십니까?

그것은 분명 가능한 일입니다. 이미 앞에서 복음을 통하여, 신 패러다임을 통하여 설명하지 않았습니까!

당신과 당신 나라가 그것을 현실에서 이뤄낸다면 인류의 꿈도 하나님의 꿈도 절대 불가능한 것이 아닙니다.

무엇보다 당신과 당신 나라가 하고자 하는 마음을 먹고 노력한다면 그때 하나님이 함께 하실 것입니다. 그리고 나와 나의 나라가 함께 할 것입니다. 그러니 힘을 내어 나와 함께 이 거룩하고 아름다운 일을 향해 나아가기를 간절히 기도합니다.

당신의 선조께서는 이미 인류가 하나 되게 지음 받은 한 가족이

---

251) 미국이 1882년도에 처음으로 선교가 시작되어 황무지의 땅에 하나님의 성령의 단비를 허락하였기 때문에 오늘날 대한민국이 복음화될 수 있었습니다. 아직도 성령의 단비가 내리지 않은 곳에 하나님의 성령의 단비가 내릴 수 있기를 기도합니다.

라 생각하며 목숨을 바쳐 하나님의 사역을 하였습니다.

나도 당신 선조의 뜻을 받들어 인류 행복을 위해 이 한 몸 바칠 준비가 되어 있습니다.

당신도 당신 선조의 뜻을 받들어 나와 동행하지 않겠습니까?

인류는 하나 되게 지음 받은 한 가족

우리는 그 속에서 협조하며 일하는

형제와 자매로다 형제와 자매로다

-찬송가 475장-

미합중국과 대한민국이 마음을 연합한다면!

당신은 나의 나라가 전 세계 아이큐 검사에서 1~2위를 다툰다는 사실을 알고 있습니까! 아마도 이런 힘이 있었기에 전 세계에서 경제와 민주주의를 동시에 달성한 유일한 국가가 될 수 있었을 것입니다.

나의 나라에는 무척이나 인재들이 많습니다.

우수한 두뇌들이 많습니다.

나는 이것이 분명 당신 나라가 하나님의 일을 하는 데 큰 도움이 될 것이라 생각합니다.

중국의 역사소설 삼국지에 보면 유비, 관우, 장비가 등장합니다. 사람들은 유비가 관우와 장비의 도움으로 천하를 손에 쥐는 큰일을 할 수 있었다고 생각하지만 나의 생각은 좀 다릅니다.

삼국지를 좀 더 면밀히 살펴보면 유비가 비로소 웅비할 수 있었던 때는 그의 전략가 역할을 했던 제갈공명이 등장한 이후부터라는 사실입니다.

아무리 힘 있는 장수들을 갖추고 있어도 정확한 방향을 제시해 줄 수 있는 전략가가 있어야 비로소 자기의 뜻을 펼치고 웅비할 수 있다는 이야기입니다.

나는 당신 나라의 경우도 삼국지와 같은 상황을 똑같이 적용할 수 있다고 생각합니다.

당신 나라 역시 당신 나라를 도울 수 있는 전략가 역할을 할 도우미 나라가 필요하다는 사실입니다.

당신은 그 역할을 할 나라로 대한민국이 어떻다고 생각하십니까?

나는 이미 나의 나라의 저력에 대하여 누누이 이야기한 바 있습니다. 하나님이 나의 나라에 이런 능력을 준 것도 다 이유가 있다고 생각합니다.

나는 이 부분에서 당신에게 나의 나라에 대해 더 놀라운 이야기 하나를 더 들려드리도록 하겠습니다.

당신은 전 세계에 발견된 고인돌 6만여 개 중 나의 나라 한반도에 3만 개가 집중되어 발견된 사실에 대하여 알고 있습니까?

이것은 전 세계 역사학자들에게 있어 미스터리한 결과가 아닐 수 없었습니다.

왜 나의 나라에 전 세계에 존재하는 고인돌의 절반이 집중되어

---

252) 지구촌 땅 위에 동물+어종+곡식의 씨앗과 나무의 새순에 열매를 맺는 하나님의 섭리가 작용하는 것처럼 죄 많은 인간 사회에도 하나님의 섭리가 임하기를 위해 기도합니다.

있는 것일까요?

이 미스터리는 아직 풀리지 않았지만, 이 고인돌과 관련하여 놀라운 사실 한 가지가 발견되었습니다. 나의 나라에 있던 3만여 개의 고인돌 중 단 2개에서만 유골이 발견된 것입니다. 당신은 현대의 컴퓨터 기술이 워낙 발전되어 있어 유골만 가지고도 그가 어떻게 생긴 사람이었는지 복원할 수 있다는 사실을 잘 알고 있을 것입니다.

나의 나라에서는 수천 년 전 선조들의 모습이므로 긴장하며 이 2개의 유골 복원 작업에 돌입했습니다.

그리고! 그 결과가 나왔을 때 나의 나라 사람들은 모두가 경악하지 않을 수 없었습니다.

그 2개의 유골은 모두 황인종이 아니라 백인종으로 밝혀졌기 때문입니다. 그것도 하나는 현대 영국인과 거의 같다는 결과가 나온 것입니다.

당신은 이 미스터리를 어떻게 받아들이십니까?

결국 나의 나라 고고학자들은 나의 나라 삼국시대 중 한 나라였던 신라시대 사람들 중 백인의 모습을 한 사람들이 살았다는 추정까지 발견해내기에 이르렀습니다.

아아! 나의 나라 피에 백인의 피도 섞여 있다는 이야기입니다. 그것도 현대 영국인의 피! 그리고 그 영국인의 후손이 바로 당신 나라가 아니겠습니까!

이뿐만이 아닙니다. 지금 전 세계의 문화 인류학자들이 문명의 서진 현상을 이야기하고 있습니다. 세계 문명의 중심이 지구의 가장 동쪽인 동아시아에서부터 시작하여 점점 서쪽으로 이동하여 유럽을 거치고 오늘날 당신 나라가 세계 문명의 중심이 되었다는 것입니다. 그런데 이 문명의 중심이 당신 나라를 지나 다시 동아시아로 돌아온다는 학설이 바로 문명의 서진 현상의 핵심입니다.

놀라운 것은 세계 최고의 학자인 노암 촘스키(Noam Chomsky)와 같은 세계적 문화 언어학자 등이 이구동성으로 미래의 문화중심 국가로 중국이나 일본이 아닌 대한민국을 지목했다는 사실입니다.

나는 이와 관련하여 지금 전 세계에 불고 있는 한류 열풍 역시 그냥 일어났다고 생각하지 않습니다.

여기에 분명 하나님의 뜻이 있다고 생각합니다. 물론 나의 나라가 미래의 문화 중심국가가 된다는 것이 최강 국가가 된다는 의미가 아니라 인류문화의 중심국가가 된다는 의미라 생각합니다.

만약 미래에 나의 나라의 위상이 이 정도 될 수 있다면 인류공영을 함께 책임질 당신 나라의 파트너로 나의 나라가 자격이 있다고 생각하는데 당신은 이런 나의 생각에 대하여 어떻게 판단하십니까?

이렇듯 나의 나라는 당신 나라와 깊은 연관을 가지고 있을 가능성이 매우 높다고 생각합니다.

나의 나라가 그 어렵던 시절, 당신 나라의 도움으로 일어설 수 있었던 것도 그냥 일어난 일이 아니라 생각합니다.

---

253) 하나님이여~ 나의 영적인 큰집. 형님의 나라인 미합중국을 하나님의 긍휼함으로 보호하소서. 혹 병마와 고통의 죄에서 신음하고 있는 사람들이 있다면 모두 하나님의 품으로 돌아오기를 기도합니다.

거기에 하나님의 오묘한 뜻과 개입이 있었으며,

나의 나라와 당신 나라가 하나님의 섭리로 맺어준 형제 나라이기 때문에 가능했던 일이라 생각합니다.

이제 나는 당당히 당신에게 외칩니다.

당신 나라와 나의 나라가 연합한다면 그때는 엄청난 파워가 일어날 것이라고요!

마찬가지로 당신과 내가 연합한다면 놀라운 일이 벌어질 것이라고요!

당신은 분명 지금의 세계가 점점 더 어려움을 향해 가고 있다는 사실을 잘 알고 있을 것입니다. 역사상 그 어느 때보다 고도로 진화한 물질문명의 시대를 살고 있으면서 동시에 세계 경제는 위기를 맞이하고 있고 상당수 나라들은 기아와 질병에 시달리고 있습니다.

이것이 오늘날 세계의 현실입니다.

누가 이 위기에서 세상을 구할 것입니까?

바로 당신 나라 미국입니다. 그리고 당신 나라를 도울 나의 나라 대한민국입니다. 나는 만약 당신 나라와 나의 나라의 연합이 이루어진다면 우리는 어디든 갈 수 있고 무엇이든 할 수 있다고 생각합니다. 당신은 나의 이 주장에 대하여 어떻게 판단하십니까!

당신과 내가 함께 라면 못할 일이 없다!

나는 당신과 당신 나라에 대하여 원대한 꿈을 꾸고 있습니다.

그것은 앞에서도 밝혔듯이 온 인류의 구원, 사랑의 구원을 이뤄내는 일입니다. 이것은 또한 하나님의 뜻이기 합니다. 그러니 당신이 아무리 피하려 해도 피할 수 없는 숙명과도 같은 것입니다.

이 세상에 태어난 인간에게는 누구나 사명이란 게 있습니다.

인간 스스로는 꿈이라 이야기하겠지만 하나님 입장에서는 사명입니다. 인간이 이 세상에 태어난 이유는 바로 이 사명을 이루기 위함입니다.

그런데 오늘날 세계 최강국인 당신 나라에 태어난 당신에게 부과된 하나님의 사명은 바로 온 인류의 평화의 구원이라는 사실입니다.

그래서 나는 앞에서 당신에게 전 세계인의 본이 되어야 한다고 했고, 전 세계인의 지휘자가 되어야 한다고 했던 것입니다. 물론 하나님은 그냥 당신에게 이런 무거운 짐을 지우는 것이 아닙니다.

당신에게 전 세계 0.01% 우수한 유전인자를 심어주고 이 일을 시키는 것입니다.

그러니 당신은 당신의 사명을 바로 알고 반드시 이 일을 이뤄낼 수 있다는 자신감을 가지십시오!

또 하나 당신에게 해주고 싶은 말은 당신이 절대 혼자가 아니란 사실입니다. 당신에게는 든든한 지원군이 있습니다.

바로 나와 나의 나라입니다.

앞에서도 이야기했듯이 나의 나라 국민들의 잠재력 또한 하나님이 주신 것이기에 매우 우수합니다.

그래서 나의 나라와 당신 나라는 하나님의 섭리에 의해 형제 나

---

254) 세계 인류에게 앞으로 닥쳐올 재앙과 문제점은 1)에너지, 2)물, 3)식량, 4)자연환경, 5)빈곤, 6)테러와 전쟁, 7)질병, 8)교육, 9)평등 민주주의, 10)인구증가 등으로 예상됩니다. 인류는 이 문제들에 대하여 예방 차원에서 미리 미합중국이 세계와 함께 노력할 것을 기도합니다.

라가 될 수 있는 것입니다.

이런 나와 나의 나라가 당신과 당신 나라를 도울 것입니다.

나는 두 나라가 힘을 합친다면 세상에 못할 것이 없다고 생각합니다.

더욱이 하나님이 함께 도우실 것이기에 정말이지 못할 일이 없다고 생각합니다.

이제 당신과 내가 결단해야 할 때입니다. 함께 이 일을 헤쳐 나가기로 말입니다.

오! 하나님 미국인들이 마음의 변화를 받아 하나님의 거룩하시고 숭고하며 간절한 뜻을 잘 새길 수 있도록 인도하여 주시옵소서!

나아가 미국인들이 결단하며 자신이 감당해야 할 하나님의 사명을 잘 깨닫고 그 사명을 위해 살기로 결단하는 사람들이 눈동자처럼 많아질 수 있도록 인도하여 주시옵소서!

또한 나와 미국인이 서로 연결되게 해주시고 나의 나라와 미국이 서로 연합하여 이 귀한 일을 함께 할 수 있는 날이 속히 올 수 있도록 인도하여 주시옵소서! 아멘!

제5기도

세계 구원을 위해
거듭날 미국을 향한
나의 기도

미국의 거듭남을 향한 나의 기도

미국의 공무원

어느 나라건 국민을 위한 봉사자로서 국가적인 사무를 담당하는 공무원이 있습니다. 맡은 자에게 구할 것은 충성이라는 말씀이 있듯 공무원은 충성된 자여야 합니다.

특히 세계의 중심국가인 당신 나라의 공무원이 충성된 자여야 함은 두말할 나위 없습니다.

한 나라의 수반인 대통령은 위대합니다.

그 수반 밑으로 권한이 막강한 행정조직들이 있습니다. 감사원, 부통령, 장관, 주지사, 상하의원 등이 있으며 백악관 조직 안에도 수십 개의 기관이 포진되어 있습니다.

당신 나라의 두뇌는 백악관입니다. 백악관의 수장은 대통령입니다. 당신 나라 대통령은 위대합니다. 그래서 그를 지키는 경호원의 눈매는 항상 빛나며 그 경호는 대단합니다.

백악관에는 안보나 정보기관이 수없이 많습니다.

---

255) 당신의 선조님께서 나의 나라에 복음의 씨앗을 심은 후 얼마나 간절한 마음으로 뿌리가 깊이 내리기를 기도하였을까요? 참으로 위대한 새 역사 속에 흔적의 씨앗을 위해 기도합니다.

그리고 백악관이 하나님 뜻에 충만해야 합니다.

당신 나라의 백악관이 새롭게 정책을 잘 펼쳐야 하고 거룩해야 세계가 평화롭기 때문입니다.

또한 당신 나라 외교관이나 대사관은 전 세계에 뻗어있습니다. 그 구성과 조직이 전 세계에 역할을 잘 해야 합니다.

그리고 전 세계 각 나라의 대사관 역시 역할을 잘 해야 합니다. 그래야 세계가 평화롭기 때문입니다.

당신 나라 경찰이 흑인을 때려죽였으며 장애인을 넘어뜨렸다는 뉴스를 접합니다.

그러면 그것은 금방 뉴스를 통해 전 세계에 전파됩니다. 당신 나라는 거울 국가이기 때문입니다.

세계인이 당신의 행위를 지켜보고 본보기를 삼기 때문입니다.

그러므로 당신 나라의 경찰은 모범이 되어야 합니다. 또한 당신 나라 행정부가 잘 움직여야 합니다.

행정이 잘 수행되어야 관리가 잘 되기 때문입니다.

하나님! 미국의 공무원이 표준이 되어 잘 이끌어나가고 경찰이 치안을 잘 유지하게 해주세요. 국민과 같이 호흡하고 국민에게 봉사하는 공무원의 꿈을 위해 기도합니다.

공무원에게 요구되는 것은 크게 네 가지 사항이 있습니다.

첫째로는 정의롭게 일해야 합니다.

둘째로는 공무원 상하 간에 그리고 일처리에 기강이 있어야 합니다. 기강이 해이해지면 조직이 흔들리기 때문입니다.

셋째로 사명감이 있어야 합니다. 당연히 모든 직업이 사명감을 가지고 일해야 하지만 특히나 공무원은 국민과 나라를 위해 일하기 때문에 더욱 큰 사명감이 요구됩니다.

마지막으로 그들의 정신과 몸을 나라와 국민을 위해 봉사하겠다는 헌신이 있어야 합니다. 이 같은 네 가지 요소가 기본적으로 공무원들의 마음에 자리 잡고 사고예방 차원에서 서비스를 하여야 나라가 발전하고 국민이 건강해집니다.

모든 공무원은 톱니바퀴와 같이 움직입니다. 그러한 미합중국 공무원의 정의, 기강, 사명, 헌신을 위해 기도합니다.

당신 나라 공무원의 조직과 질서가 잘 유지되어야 하며 당신 나라 공무원들이 세계의 정의를 지켜야 합니다.

그래야 전 세계가 정의를 따라서 바르게 실행하기 때문입니다. 당신 나라는 정의의 국가입니다.

어느 나라이건 공무원이 기초가 되어 있어야 하며 공무원이 잘못하면 국민이 살기 어려워지고 나라가 흔들립니다.

그러므로 전 세계 공무원이 기초가 되어 기강이 바로 서고 공무원 자신부터 국민에게 솔선수범을 하며 모범이 되어야 합니다.

---

256) 하나님께서 거룩한 성령을 주시고 우리에게 하나님의 영광의 꿈을 심어주셔서 감사합니다.

공무원들이 협력의 원동력을 가동해서 서로 같이 한마음 한뜻으로 하나가 되어야 합니다.

만약에 한 가지만이라도 공무원들이 일처리 순서나 상하 순서, 마음이 다르면 당신 나라가 지금 최고의 국가이지만 이 자리를 잃게 됩니다.

당신 나라가 최고, 책임, 일등 국가의 위치를 벗어나 패권을 놓치게 되면 2등 국가로 전락하게 되고 잘못하면 국가가 망하는 심각하고 중대한 위기가 도래하게 됩니다.

지금까지 당신 나라의 공무원이 한마음 한뜻으로 일했기에 최고 국가, 경제 대국, 선진 국가가 되었습니다.

이처럼 공무원이 하나가 되어 능력 있는 공무원이 권력남용, 부정, 욕심, 부패 등의 다른 마음을 품지 않고 국민을 위한 봉사자로서 사명감을 가지고 일해야 합니다.

당신 나라는 위대하고 아름답습니다. 그리고 미래의 꿈이 흐르고 있습니다. 당신 나라의 공무원은 이러한 꿈의 나라인 미국의 관리자입니다.

하나님! 미국의 공무원이 서로 합심하여 정의롭게, 기강이 흐트러지지 않고 사명감을 가지고 헌신하게 해주세요.

그래서 세계의 공무원에 이것이 전파되어 그들이 전 세계와 국가

238

와 인류를 위한 봉사자로 거듭나게 해주세요.

당신 나라의 공무원이 등불을 들고 어두운 곳을 찾아가 밝히게 하여 주세요.

미국의 재능

당신 나라와 당신 나라 사람은 하나님의 특별한 은혜를 받아 위대합니다.

당신은 이 놀라운 사실을 아십니까?

그냥 주어진 것이라고 당연하다고 생각하십니까?

아니면 하나님을 믿어서 받은 그 거룩한 축복에 감사하십니까?

당신은 하나님의 당신을 향한 놀라운 계획과 사랑 앞에 눈물을 흘리신 적이 있나요?

또한 당신의 아픔을 쓰다듬으시고 함께 아파하시며 상처를 싸매시는 예수님의 사랑에 그 위로와 사랑에 눈물 흘리신 적이 있나요?

당신은 가난한 마음의 사람인데 지내놓고 보면 하나님의 축복과 은혜로 인생을 행운 속에 살아온 것에 하나님께 감사와 영광과 존귀를 돌린 적이 있지요?

당신들은 당신들에게 주어진 특수한 청교도 정신과 특별한 지식, 개척정신, 온화하고 세련된 품성, 재능, 개성, 인격, 성격, 그 외에 천부적인 것을 마음의 중심에 가지고 선하게 사용해 왔으며 또 그것을 세계적으로 사용하였습니다.

257) 지금 이 순간에도 순간순간 위기일발의 촉각 속에서 생명의 위협을 당하고 있는 사람들이 있습니다. 하나님께서 그들에게 가장 먼저 은총을 베풀어 주시기를 기도합니다.

더욱이 당신은 온 인류에 생명과 사랑을 주었고 그 외에도 어려운 이웃에 대한 보살핌을 주었습니다.

불쌍한 이웃을 긍휼히 여기는 마음을 가졌으며 그래서 그들을 도와주는 천부적인 인격이 있었습니다.

당신은 하나님이 주신 은혜를 당신의 안일을 위해 사용하지 않았습니다.

그러므로 하나님이 주신 생명 모두를 어떤 처지와 환경에 있는 생명이라도 천하게 여기지 않았고 사랑으로 감싸주었습니다.

그래서 이들을 최선으로 돕고 또 돕고 평화와 진리를 위해서 몸을 불살랐습니다. 그 열정과 사랑 앞에 감사의 마음을 전합니다.

당신은 더 불쌍한 아프리카에 당신의 양식과 물질을 공평이 나누는 정신이 있었고 인격이 있었고 최고의 리더십이 있는 국가였고 하나님의 복음과 인격을 전파해 주는 나라였습니다.

하나님! 하나님의 영이 미국인의 방패가 되어 지키고 보호해 주셔서 미국인 마음에 마귀 사탄이 틈타지 않고 족쇄를 차지 말고 오로지 복음을 위해 살게 해주기를 기도합니다.

당신의 위대한 재능으로 미국과 세계 인류에서 평화와 사랑으로 보답할 것을 기도합니다.

미국의 그림

당신 나라는 위대한 국가입니다. 세계 최강의 국가입니다. 정치와 경제 분야에서 세계를 리드하고 있습니다. 당신은 그런 나라에서 살고 있다는 것에 자부심과 긍지를 가져도 좋습니다.

비단 정치와 경제는 아니라도 학문과 기술, 외교, 국방, 비즈니스, 농업 등의 분야에서도 당신의 생각과 행동은 세계에 큰 영향을 끼칩니다.

예술 분야에서도 그렇습니다.

당신 나라의 음악은 얼마나 세계에 기쁨과 평화와 사랑을 전해주었는가요?

당신 나라의 가수나 음악가가 얼마나 위대했는가요?

그리고 얼마나 세계에 변화를 주었는가요?

당신은 이것을 마음속에 깊이 간직해야 합니다. 당신 나라는 거의 모든 분야에서 세계와 인류에 빛과 그림자를 던져주었습니다.

그림 분야도 그렇습니다. 당신 나라의 미술가들 중에 훌륭한 화가가 많이 있습니다.

최초의 아프리카계 미국인 미술가였던 제이콥 로렌스는 흑인들의 어려운 생활과 환경을 화폭에 담았습니다.

대표작으로는 〈흑인의 이주〉라는 그림이 있습니다.

그가 청년 시절을 보낸 1940년대에 그를 포함한 흑인의 삶은 춥고 배고팠습니다.

---

258) 한국전쟁 중 장진호 전투가 최악의 전투로 전해져옵니다. 지금 이 순간에도 지구촌에 벌어지고 있는 최악의 전투에 미국의 힘이 미치고 하나님의 은혜가 임하길 기도합니다.

그는 난방시설이 없어 추위에 떨며 수돗물도 나오지 않는 뉴욕시의 빈민가에 살았습니다.

20대 초반의 제이콥 로렌스는 세계적으로 격변의 시기였던 제1차 세계대전 기간에 전쟁으로 인한 미국 사회의 변화를 겪었습니다.

그리고 거기서 파생하는 흑인들의 거주 여건과 삶을 무겁게 표출해 내었습니다.

농촌 지역인 남쪽 아메리카에서 도시 지역인 북쪽 아메리카로 삶의 터전을 이전하는 이야기를 흑인의 이주라는 제목으로 다소 슬픈 감정으로 담았습니다.

그는 당시 흑인들의 처참한 생활과 먹고살기 위해 값싼 노동력을 필요로 하는 북부 아메리카로 이주하기 위해 살고 있던 땅을 버리고 짐을 싸야 하며 기차에 몸을 싣고 한없이 광야를 걸어가야 했던 흑인들의 인권과 자유와 평등과 그들의 마음에 있던 타향인의 슬픔을 그렸습니다.

당시 흑인들의 인간의 존엄성과 권리를 그렸으며 경제력 앞에 무너지는 처참한 인간의 실상을 그렸습니다.

당신은 어떤 어려움과 낙심이 있으며 그것을 어떻게 그림으로 표현하겠습니까?

또한 초현실주의 화가인 잭슨 폴록은 그가 원하는 캔버스의 위치에 물감을 마구 뿌려 그림을 그렸습니다.

이는 인간의 이성이 전쟁이나 갈등을 일으켜, 이성보다는 의식하

242

지 않는 내면 깊숙이 자리 잡은 초현실주의에 입각한 화풍입니다. 폴록은 어떤 그림을 그리는 기본 구상이나 특별한 배치 없이 그림을 그리거나 색깔을 입혀서 자신의 내면 깊숙이 있는 자아를 그려 냈습니다.

특히 그는 일상생활 속에서 사용하는 도구를 그림을 그리는 붓처럼 생각하여 거기에 물감을 묻히고 그 물감을 떨어뜨려 그림을 그렸습니다. 캔버스를 바닥에 펼치고 상업용 페인트를 뿌리거나 부으면서 원근법, 명암, 입체감, 대상의 사실적 표현 등 그동안 미술이 추구해 왔던 것을 모두 버리고 물감을 마구 뿌려서 나온 흔적들을 작품화하였습니다.

그는 이 작업을 통해 인간의 내면세계를 잘 분석하고 표현하고자 하였습니다. 어떤 인위적인 환경이나 조건 속에서는 인간의 심리는 굴절되기 마련이므로 환경을 조성하지 않고 무위의 상태에서 자신의 있는 그대로의 심리 상태를 화폭에 떨어뜨려 거기에 담겨 있는 인간의 심리와 내면을 드러내 보이는 데 크게 기여한 것입니다.

예를 들어서 그는 깡통에 뚫을 구멍의 크기나 색채를 면밀히 계산했으며 물감을 뿌리는 자세는 의도적으로 맞추어 감추어진 우연을 표현했습니다.

폴록의 작품 중 〈수렴(1952년 작)〉이나 〈No.6, 1949(1949년 작)〉에서 그 표현 기법을 잘 감상할 수가 있습니다.

폴록은 이러한 그림 그리는 작업을 통해 그림은 그가 그린 결과물이 아니라 자신을 표현하는 매개체라는 새로운 이정표를 세웠습니다.

---

259) 현재 미국에 대한민국의 재미동포가 3백만 명 정도 된다고 합니다. 이 이민자들이 그동안의 한을 뒤로하고 새 희망과 새 꿈으로 합쳐 미국 땅에서 미국 국민을 사랑하며 최선의 노력으로 성공하기를 기도합니다.

또 당신 나라의 위대한 화가 중 한 명은 앤디 워홀입니다. 그는 포스트모더니즘의 한 부류인 팝아트 예술가였으며 영화 제작자였습니다.

산업 디자이너로 출발하여 광고 회사에서 일한 그가 그린 〈캠벨 수프 통조림〉은 1960년대 초 미국인의 일상을 표현하였습니다.

당시 미국에서 가장 잘 팔리는 수프 통조림 중 대다수는 캠벨사의 제품으로 대부분의 미국인에게 이 그림은 친숙하게 느껴집니다. 당시 사람들을 당황하게 만든 것은 그림이라기보다는 광고처럼 보이는 그의 작품 제작 방식이었습니다.

그는 예술이 항상 시대를 반영했듯이 당시 미국 사회의 풍습을 반영해 화폭에 담았습니다.

〈마릴린 먼로(1964년 작)〉 같은 그의 그림에서 마릴린 먼로로 표현되는 당시 당신 나라 여성의 전형적인 모습을 그렸습니다.

그녀의 얼굴에는 자유와 아름다움과 기품과 세련됨이 있었고 당시 당신 나라 여성들의 모습과 추구하는 방향을 잘 표현되어 있습니다.

당신은 취미로 그림을 그리십니까?

아니면 상업적으로 그림을 그리십니까?

당신의 그림이 어떤 가치와 영향을 끼친다고 생각하십니까?

또한 에드워드 호퍼 같은 화가는 〈밤샘하는 사람들(1942년 작)〉에서 당시 미국의 현실을 단조롭지만 깔끔하고 우아하게 표현하기도 하였습니다.

　이처럼 당신 나라 화가들은 작품을 통해 사랑과 평화, 이미지를 그렸으며 또한 가슴속에 스며드는 고난을 삶으로 펼치는 애정을 그렸습니다.

　이러한 그림의 메시지는 대개 평화, 희망, 애정, 인간의 본성, 인간의 존엄, 삶의 위대한 꿈을 담고 있으며 이러한 당신 나라 미합중국의 예술은 세계적인 명성을 갖기에 충분하며 세계 미술을 리드하고 있습니다.

　당신은 그림을 그려보신 적이 있지요?

　학창 시절에나 사회생활에서 한 번이라도 붓을 손에 쥐고 손가락으로 구도를 재며 아름다운 대자연의 모습이라든가 정물, 풍경, 인물, 미래의 꿈, 당신의 마음 등을 그려보셨지요?

　아니면 예쁜 작품을 손으로 만들어 보신 적이 있지요?

　그리고 무슨 목적으로 그림을 그리시고 작품을 만드셨나요?

　아마도 그것은 혼자 보기에 그 경치가 너무 아까워서 아니었습니까?

　어떤 주제를 가지고 그림을 그리셨나요?

　앞으로 당신은 과학적이고 창조적이며 발명적인 위대한 그림을 그릴 것입니다.

　당신 나라 전체 3억 3천 인구가 한 폭의 그림을 그리면 자유와 평화와 정의가 살아날 것입니다.

　그러면 당신의 마음은 너무 순수해질 것입니다.

---

260) 나의 교포가 미합중국에서 열심히 노력하여 미국을 제2의 조국으로 삼고 헌신과 봉사와 사랑으로 이바지하여 새 역사 창조의 주인공이 되길 기도합니다.

또한 미합중국 가족이 한마음으로 그림을 그려서 식탁 옆 벽에 걸어 두면 당신 나라 사회의 죄가 25% 이상 감소할 것이라 생각합니다.

당신의 마음속이나 환경에 어떤 것이 스칠 것입니다. 그러한 당신의 희망과 꿈과 기도 등의 한마음의 세계를 그림으로 표현해 보세요.

혹시 슬픔이나 고독, 쓸쓸하다면 자신의 마음속에 있는 그대로 화폭에 담아보세요.

그 화폭이 당신의 마음을 위로할 것입니다. 당신이 그리면 위대한 그림이 될 것입니다.

그림 한 폭의 가치는 인간의 마음을 위로하며 그 위로는 낭만과 정열과 희망, 자연을 불태우는 마법이 있습니다.

그리고 그림을 통해 당신은 당신 나라 미국의 정의를 발휘해야 합니다.

미술관이나 전시회장, 가정에 있는 그림을 감상하는 것도 당신의 몫입니다.

아름답고 멋지며 고혹적이고 기발하며 감동적인 그림을 즐기면서 기쁘게 감상하세요.

그러한 그림을 감상하시면서 당신의 마음이 순화되고 정서가 안정되고 또는 희열을 가져다줄 것입니다.

그러므로 나는 또 당신 나라의 미술가를 비롯하여 세계의 예술가를 위해 기도합니다.

하나님! 미국의 미술가들이 인류에 귀한 꿈을 주는 거룩한 그림, 사랑과 평화, 자유와 인권, 박애의 정신을 잘 표현한 그림을 그려 세계를 알록달록한 여러 가지 색채로 아름답게 황홀하게 눈이 부시게 색칠하게 해주세요.

미국의 미와 감각

당신 나라는 미의 나라입니다. 당신 나라의 도처에 아름다움을 간직하고 있습니다. 당신 나라의 자연, 천연 계곡, 협곡, 높은 산, 해변, 거리, 집, 그림이나 영화 속의 매력과 위대한 능력의 힘, 호수, 아기, 어린이, 청년, 청소년, 장남, 장녀, 노인, 정치가, 예술가, 박사, 배우, 군인, 회사원, 자동차, 건설, 빌딩, 꽃의 화려함, 기술자 등 모두 아름답습니다.

그리고 그것을 보고 인간이 살아가는 데 얼마나 아름다움을 제공하는지 모릅니다.

당신은 당신 나라에 이런 아름다움이 있는 것을 기뻐해야 합니다.

당신 나라의 미국은 세계의 미래를 향한 소망 국가입니다.

그리고 기쁨의 활력소를 주는 국가입니다.

당신은 혹시 당신 나라 미국을 불평하면서 마음속으로 욕한 적이 있습니까?

261) 당신의 나라 미국 선교사는 내가 핍박받고 매를 맞고 인권과 자유를 유린당하고 고난을 당할 때 나를 살려주었습니다. 그런 형제의 나라에 새 생명과 성령의 은총이 임하여 더 큰 의인으로 거듭나길 기도합니다.

당신 나라의 아름다움을 느껴본 적이 있습니까?

혹시 당신 마음에 안 든다 해서 대통령과 아버지를 마음속으로 욕해본 적이 있습니까?

나는 당신을 위해 당신이 그 아름다움을 보고 기뻐하며 거기서 느낀 감정을 그 아름다움으로 잘 펼쳐주길 바라며 기도합니다.

그래서 당신 나라의 미를 보고 말하며 풍성한 감각을 느껴 전 세계에 더 큰 것을 이바지하고 더 보람 있기를 기도합니다.

나의 나라에서는 학창 시절에 수학여행을 보냅니다.

또한 외국으로 자녀를 유학을 보냅니다.

특히 사랑스러운 아들을 해외에 나가 더 큰 학문을 배우고 견문을 넓히라고 부모는 열심히 땀 흘려 일해 그 수고의 대가로 보냅니다.

부모는 그 아들이 공부를 잘해 가정을 잘 이끌고 사회를 잘 이끌기를 바라며 탈선하길 바라는 부모는 없습니다.

그래서 나의 나라에서는 당신 나라에 많은 유학생을 떠나보냅니다.

그리고 그들은 당신 나라의 아름다움에 푹 적셔집니다. 당신 나라의 국제질서, 예술, 학문, 꿈, 전통, 꽃, 사람이 아름답기 때문입니다.

당신 나라는 미의 나라입니다. 전 세계의 꽃입니다.

거기에는 위대한 미국의 꿈이 있습니다.

당신은 아름다운 당신 나라를 어떻게 생각하십니까?

나도 아들의 미래 꿈을 위해 돈을 사용하는 것을 줄이고 아껴서 당신 나라에 유학을 보내놓고 얼마나 당신 나라의 거룩함과 위대함을 위해 기도하였는지 당신은 아십니까?

하나님! 미국 그리고 미국인의 가정이 미적인 감각을 잘 발휘하여 전 세계에 큰 아름다움과 정의와 인간미를 선사하길 기도합니다.

나는 또한 인간에게 미를 바라볼 수 있는 감각을 주신 하나님을 찬미합니다. 아름다운 미는 보는 것만으로 만족하지 않습니다.

인간의 오감으로 느끼는 모든 것이 아름다움이며 생각하는 것도 아름다운 미이고 감각입니다.

누구나가 아름다움을 보는 미각, 또 청각으로 느끼는 음의 조화, 새로운 생명을 잉태하는 생명력, 또 남의 마음을 사로잡는 매력, 건강, 연속적인 창조적인 미, 철학적인 미, 현대와 고전적인 미, 큰 빛나는 풍경의 미, 성난 듯 거칠고 세차게 끊임없이 밀려오는 큰 물결인 노도, 미의 공간적 매력, 인간이 느끼는 것, 숭고미, 영원한 힘의 상징, 감각을 배우고 느끼고 싶어 합니다.

또한 인간은 누구나 어마어마한 숭고미 등 영원한 힘의 상징에 매혹 당합니다.

전 세계의 미, 찬미, 경률, 피라미드 등 고대 역사의 미, 감각의 도취, 미의 깊은 감각이 당신에게 있기를 나는 하나님에게 기도합니다.

좋은 것을 보고 좋아하고 슬픈 것을 보고 슬퍼하는 감각이 당신에게 있기를 기도합니다.

백설 옷을 입은 로키 산, 비행기의 1만 km 무제한 상공에서 그

---

262) 형제여~ 아름다운 마음이 모여서 협력하면 세상에 밝은 빛을 냅니다. 그리고 그 빛은 사랑의 빛으로 변하여 어두운 곳을 비춰 밝게 만들어줍니다. 이처럼 인류가 이웃을 내 몸과 같이 사랑하여 시기와 질투가 사라지기를 기도합니다.

아래에 펼쳐지는 구름바다를 보았을 때 숭고미를 느낍니다.

그 높은 하늘에 비행기는 날아가고 아래로는 구름이 멋있게 깔려 있을 때 숭고미를 느끼며 나의 영혼과 마음은 하나님의 전지전능하심과 놀라운 능력에 전율을 느끼며 나는 두 손이 모아지고 입에서는 찬미가 나오며 내 영혼이 주님을 찬양합니다.

밀레의 〈만종(1857~1859년 작)〉이나 〈이삭줍기〉, 〈씨 뿌리는 남자〉라는 그림을 당신은 보았을 것입니다.

당시 19세기 유럽인들은 농업에 종사했습니다. 그는 땅과 소통하는 농부의 노동의 의미를 표현하는 그림을 그렸고 끊임없이 농부들의 삶을 관찰하면서 이것을 화폭에 담았습니다.

멀리 마을 교회에서 울리는 종소리에 두 사람은 일손을 멈추고 고개를 숙여 묵상을 하고 있습니다.

그들은 삼종기도를 드리고 있는 것입니다.

하루에 세 번 하는 일을 멈추고 찬양 기도를 드리는 일은 아주 일상적으로 오래전부터 해오던 것이었습니다.

두 부부의 신앙심이 잘 표현되어 있습니다.

그림에 경건함이 배어 있습니다.

또한 〈만종〉에는 자연에 대한 깊은 관찰과 감사가 있습니다.

그러므로 낮과 밤의 시작이 있고 어둠은 정막과 평화를 표현하였고 일손을 멈추게 하는 석양은 깊은 쉼이 있습니다.

당신은 무엇을 묵상하고 희망하고 싶습니까?

거기에 그려진 두 부부는 서로의 약속과 희망이 있고 숨 쉬는 화폭 속에 그림을 보는 관람객을 빠져들게 하는 매력이 있습니다.

곡식에는 뿌려진 씨로 가족의 화평과 자연이 있으며 이것은 마치 당신 나라의 오곡백과의 씨앗의 축복과도 같습니다.

만종에는 깊은 느낌이 있으며 그것은 바로 사랑과 평화가 있는 것입니다.

하나님! 온 세상과 인류가 미와 감각, 오감을 맛볼 수 있기를 당신에게 기도합니다.

그리고 당신과 인류 전체가 아름다운 미를 가지고 있으며 그것을 느끼기를 기도합니다.

만년의 세월이 흘러도 그 매력을 느끼기를 나는 기도합니다.

그리고 부족하지만 나에게도 깨달을 수 있는 눈을 허락해 주시기를 기도합니다.

미국의 위대한 정신

오후 6시 3분 전입니다. 당신 나라는 오전 5시경으로 땅은 이른 새벽이고 곧 동이 틀 것입니다.

당신 나라의 새벽과 동이 트는 아침을 위해서 기도합니다.

당신 나라 사람이 단잠을 자고 새벽에 힘차게 일어나서 큰일을 하기를 기도합니다.

---

263) 미국은 세계의 중심 국가이므로 온 세상 사람을 사랑하고 고난을 위로하며 애통해 하는 자에게 천국 문을 가르쳐주고 굶주린 자에게 양식을 주며 병든 자에게 새 생명을 인도할 사명을 가지고 있습니다. 당신의 이 사명을 위해 기도합니다.

당신 나라 미국은 전 세계의 다양한 인종이 모여 사는 주의 연합체이며 그래서 미합중국입니다.

그리고 전 세계에 인권과 권력과 그것을 근본적으로 지탱하는 정직함을 자랑하는 공동체입니다. 이런 점에서 당신 나라는 위대한 나라이고 당신은 위대한 국민입니다.

당신 나라는 전 세계의 문화, 종교, 예술, 과학, 지식을 합쳐서 하나로 뭉쳐 공동의식으로 살아갑니다.

또 당신 나라 사람 서로 간에 존경하고 서로 도우며 의지하면서 정의롭게 살아갑니다.

또한 훌륭한 공공 정책을 입안하고 시행하며 개개인은 자신의 행위에 대한 책임성, 직업에 대한 사명감을 지키고 살아갑니다.

그중에서 제일 위대한 것은 정직과 함께 타인을 배려하는 정신입니다.

당신 나라 사람은 배려를 잘합니다. 소수민족을 배려하고 부족한 사람을 무시하지 않고 그 사람을 배려하고 어리석은 사람을 지혜롭게 대합니다. 또한 판단의 기준으로 정의와 공의가 중요시되고 사람들은 이 기준을 지킵니다.

이 얼마나 아름답고 놀라운 일인가요?

나아가 마음의 양심과 진실, 신용을 중요시 여기며 이를 지키는 데 앞장섭니다.

이렇게 사랑과 관용, 용서와 화해의 정신이 강하다 보니 당신 나라에 어떤 악용의 소지가 있을 수가 있습니다.

범죄인들의 도피처로 이용될 수 있다는 것입니다.

전 세계의 사람들이 그가 속한 나라에서 정치나 경제, 사회적으로 또는 조직적 배신과 사기의 죄 등으로 잘못을 저지르거나 문제를 일으켰을 때 타국, 특히 당신 나라로 피신하는 일이 있습니다. 나의 나라에서도 정치+경제 사범이나 범죄 사범들이 당신 나라로 도피했는데 당신 나라가 넓어서 그들을 잡지 못했습니다.

특히 나의 나라에서는 개인이 잘못을 저질러 그 잘못으로 사회가 시끄러워지면 외유라는 명목으로 당신 나라에 잠깐 나갔다가 사회 여론이 잠잠해지고 사람들이 잊을 만하면 조용히 들어오는 일이 반복되곤 했었습니다.

주로 거물급 인사들이 죄를 짓고 당신 나라로 피신했습니다.

그러나 부당하게 피신하는 것은 잘못이고 당신 나라에서 받아주는 것도 잘못입니다. 범죄자를 보호해서는 안 됩니다.

이러한 점에 대해서 당신은 어떻게 생각하십니까?

당신의 정의와 공의 관념에 합당하다고 보십니까?

범죄자를 피신시켜주고 받아주는 것은 결코 정당한 일이 아니잖습니까?

하나님! 미국에 정의와 공의와 위대함이 손상되지 않게 해주세요. 또한 미국 사람들의 마음속에 양심과 정직, 신용, 위대한 정신이

---

264) 미합중국이 하나님을 찬송하고 서로 기뻐하며 사랑하고 봉사하며 칭찬하고 협력하는 모습에 감동하였습니다. 나도 이런 당신의 모습과 마음을 닮기를 기도합니다.

가슴마다 파도치게 해주세요.

별이 빛나는 깃발

당신 나라의 국기인 성조기는 7개의 붉은 줄과 6개의 흰 줄을 합해 13개의 가로줄이 그려진 부분과, 푸른색의 캔턴 천위에 흰 별들이 그려진 부분으로 구성되어 있습니다.

1959년 8월 21일 이후 흰 별의 수는 50개가 되었습니다.

성조기를 부르는 다른 이름으로는 1824년에 표면상으로 처음 쓰인 '올드 글로리'와 1814년 프랜시스 스콧 키가 쓴 시에서 유래된 '스타스 팽글드 배너'가 있습니다.

국기에 그려진 50개의 별은 미합중국의 50개 주를 나타내며, 13개의 가로줄은 건국 초기의 13개 주를 의미합니다.

성조기는 1777년 6월 14일에 미국의 국기로 채택되어 대영제국의 국기를 대신해 사용되었는데 당시 대영제국의 국기는 영국 상선기를 부분적으로 변형시킨 것이었습니다.

1777년에 채택된 최초의 성조기에는 13개의 별이 그려져 있었는데 당시에는 13개의 주만 있었기 때문입니다.

1795~1888년에 버몬트 주와 켄터키 주가 미합중국의 주로 승인을 받아 공식적으로 편입된 후 15개의 별과 15개의 가로줄이 그려졌습니다.

254

그러나 1818년 의회는 처음에 13개의 주만 있었기 때문에 국기에는 13개의 가로줄만 그려져야 하며 새로운 주가 승인되면 독립기념일인 7월 4일에 새로 승인된 주의 수만큼 별을 더 그려 넣도록하자는 안건을 내놓아 승인되었습니다.

이후 13개의 가로줄과 50개의 별이 새겨진 오늘날의 성조기가 완성되었습니다.

이 성조기의 의미를 잘 표현하며 미국에 대한 단결심과 애국심, 용맹을 고취하는 승전가의 내용을 담은 것이 '별이 빛나는 깃발'이라는 당신 나라의 국가입니다.

법률가인 프랜시스 스콧 키가 미국과 영국이 전쟁 중이던 1814년 영국의 메릴랜드 맥헨리 요새에 대한 공격을 보고 가사를 썼고 영국의 작곡가 존 스탠퍼드 스미스가 작곡한 런던 아나크레온 협회의 축배의 노래 '천상의 아나크레온에게 (To Anacreon in Heaven)'에서 선율을 가져왔습니다.

전체 4연으로 된 이 노래는 1세기 동안 불리다가 1931년 의회에서 국가로 공식 제정되었습니다.

오랫동안 수차례 출판되면서 가사와 음악 모두 조금씩 바뀌었습니다. 존 필립 수자가 미국 육·해군을 위해 편곡했고 그 밖에도 여러 음악 교육가들이 공식적인 편곡을 남겼습니다.

여기에 당신 나라 미합중국 국가를 한 번 적어 보며 그 빛나는 성조기와 영원함을 느끼고자 합니다.

---

265) 미합중국 국민이 좋은 감정+기쁜 감정+사랑의 감정+평화의 감정+온유의 감정+이해+젠틀맨 매너+바른 행동+실천하는 행동을 발휘하여 전 세계의 활력소가 되기를 기도합니다.

The Star—Spangled Banner

1절

O say, can you see, by the dawn's early light,

What so proudly we hailed at the twilight's last gleaming,

Whose broad stripes and bright stars, through the perilous fight,

O'er the ramparts we watched, were so gallantly streaming?

And the rockets' red glare, the bombs bursting in air,

Gave proof through the night that our flag was still there;

O say, does that star—spangled banner yet wave

O'er the land of the free and the home of the brave?

2절

On the shore, dimly seen thro' the mist of the deep,

Where the foe's haughty host in dread silence reposes,

What is that which the breeze, o'er the towering steep,

As it fitfully blows, half conceals, half discloses?

Now it catches the gleam of the morning's first beam,

In full glory reflected, now shines on the stream

'Tis the star-spangled banner. Oh long may it wave

O'er the land of the free and the home of the brave

3절

And where is that band who so vauntingly swore

That the havoc of war and the battle's confusion

A home and a country should leave us no more?

Their blood has washed out their foul footstep's pollution.

No refuge could save the hireling and slave

From the terror of flight, or the gloom of the grave,

And the star-spangled banner in triumph doth wave

O'er the land of the free and the home of the brave.

4절

Oh thus be it ever, when freemen shall stand Between their loved homes and the war's desolation, Blest with vict'ry and peace, may the Heav'n rescued land Praise the Pow'r that hath made and preserved us a nation Then conquer we must, when our cause it is just, And this be our motto: In God is our trust. And the star-spangled banner in triumph shall wave O'er the land of the free and the home of the brave.

---

266) 하나님께서 온 인류에게 전능과 권능의 왕이심을 찬양하고 온 천지를 창조하심을 찬양하며, 무엇보다 복의 근원이 된 당신의 나라에 감사드리며 기도합니다.

이 같은 당신 나라의 국가에서는 전쟁의 승리, 단결, 용맹, 평화의 영원성을 표현하고 있습니다.

당신 나라에 아름다운 축복이 임하기를 기도하면서 당신 나라의 성조기가 하늘의 별같이 태양같이 빛나기를 기도합니다.

또한 당신 나라의 성조기와 국가인 '별이 빛나는 깃발'이 하나님의 축복 속에서 세상에 빛나며 인간의 눈동자에 임하기를 의롭게 기도합니다.

당신 나라의 정신은 인류에게 사랑을 베푸는 정신이며 그것은 참으로 거룩합니다.

또 성조기가 펄럭이면 당신 모두는 한마음 한뜻이 됩니다.

성조기에는 당신 나라의 자유와 용맹함과 거룩함과 정의가 그대로 숨 쉬고 있습니다.

성조기는 당신 나라의 국민의 힘을 나타내며 단결+힘+지도자의 힘을 표상합니다.

당신 나라에는 정직, 공의, 정의가 있기 때문이며 그것은 성조기처럼 영원함을 기도합니다.

나는 세계 여러 나라를 다녀보았는데, 어느 나라를 가더라도 성조기가 없는 나라가 없었습니다. 여러 나라의 성조기를 볼 때마다 나는 하나님이시여 성조기 아래에 인류의 평화를 주옵소서,라며 나도 모르게 기도하였습니다.

당신 나라가 위대하기를 바라는 기도입니다.

그때 나는 당신 나라를 위해 밤을 맞으며 기도했습니다.

미국의 군인

당신 나라의 군대는 약 7백여 미군 기지가 40여 개 국가에 주둔하고 있습니다.

대표적인 주둔 국가로는 한국, 일본, 필리핀, 독일, 벨기에, 호주, 아프가니스탄 등에 있고 한국은 북한과의 전쟁 위협으로 일본은 중국과의 대립 등 세계 평화를 위해서 주둔하고 있지만 미군은 기본적으로 자기 방위 역할을 합니다.

나는 서울 거리를 지나다가 당신 나라 군인을 보면 어깨나 허리, 팔, 머리를 안마해 줍니다.

그리고 나는 나의 나라 한국에 주둔해 있는 미군을 가슴으로 사랑하며 그들을 위해 기도합니다. 당신의 거룩함을 사랑하며 기도하는 것입니다.

세계 곳곳에 사랑하는 자녀를 보내놓고 당신 나라 부모는 얼마나 가슴을 졸이며 콩닥콩닥 조마조마한가요?

혹시 먼 나라에서 좋지 않은 소식이 들려올까 잠을 제대로 이루지 못한 적이 여러 번 있었을 것입니다. 하지만 자신의 아들들을 외국으로 보낸 당신 나라의 부모는 생명을 존중하고 사랑하는 사람들입니다. 당신들은 세계 평화를 지키고 있는 것이기 때문입니다.

미군의 주된 업무는 첩보와 정보 수집을 비롯하여 분쟁지역의 안

---

267) 제2차 세계대전 당시 평화로운 진주만에 일본의 가미가제 특공대 전투기가 선전포고 없이 폭격함으로써 많은 생명이 무참하게 죽음을 당했습니다. 그때도 인류는 전쟁보다 평화를 원했기에 하나님께 기도하였습니다. 나는 지금도 더 이상의 전쟁이 일어나지 않기를 위해 기도하고 있습니다.

전과 평화의 수호입니다. 일본의 오키나와에는 미군의 화력 창고가 있으며 그 화력은 대단합니다. 또한 전쟁에 사용하는 전차, 전함, 스텔스, 로켓, 총, 전투기 등 무기가 전 세계의 군사 무기를 합쳐놓은 것과 비슷할 정도로 막강합니다.

하나님! 을 부르며 당신 나라의 군인을 위해 기도합니다.

7백여 미군 기지의 평화와 그 지휘관과 참모, 부대원의 건강, 그 부모 형제, 본국의 가족을 위해 기도합니다. 그들이 자유와 용맹을 갖춘 늠름한 자세로 전 세계 평화를 수호할 수 있도록 인도해 주옵소서.

또 미국의 백악관,

국방부,

CIA 외 정부기관,

첨단+기술+안전+전투의 힘+군인 교육 등을 위해서도 기도합니다.

또한 그들을 지휘하는 본토 사령관들의 정의로운 관리를 위해서도 기도합니다.

미군이 사고가 없이 정당하게 세계 평화를 위해 일하도록 기도합니다.

지휘자

당신 나라의 강산에 태양빛이 밝아옵니다. 태양이 태평양 쪽 나의 나라 동쪽에서 물결을 타고 서서히 떠서 이제 상공으로 향하고 있습니다.

아침에 일어나니 새 하늘과 새 땅에 거룩함이 있습니다.

매일 맞이하는 아침이지만 항상 새롭습니다.

지금 지구는 태양의 좌측일지 아니면 우측일지, 아니면 저 넓은 우주의 태양 상하 어딘가에 있을지 모르겠습니다.

나의 나라는 태양으로부터 가까워져 벼 이삭이 뜨거운 태양을 쬐며 황금물결로 변모할 채비를 하느라 분주합니다.

나의 마음도 가을을 맞을 준비를 하며 이리저리 오가는 것도 때를 따라 분주하기만 합니다.

눈물로써 씨를 뿌리는 자는 기쁨으로 단을 거둘 것입니다.

당신은 음악을 좋아하십니까?

당신은 음악회에 가보신 적이 있지요?

가장 감동 깊게 들어 본 음악회는 무엇이었나요?

영화도 잘 보시고 감상하셨지요?

당신 나라 국민이 좋아하는 야구의 월드시리즈 결승전을 구경한 적이 있지요?

음악의 연주에는 독주회, 관현악단, 4중창단 등 여러 형태가 있습니다. 특히 교향곡 같은 경우는 오케스트라 80~100여 명 등이 하모니를 이루며 지휘자가 연미복을 입고 단원과 호흡하며 청중을

---

268) 미국 온 국민이 열심히 일했지만 정치+법률+교육 구조+사회적 암+사기꾼 조직+배신+위험한 함정 등으로 인해 목숨을 잃는 억울한 사람이 많이 있습니다. 이런 일이 일어나지 않도록 사전 예방을 위하여 기도합니다.

몰입시킵니다. 합주하는 데는 하모니가 필요하고 이러한 하모니를 이루게 하는 것은 음악의 지휘입니다.

당신은 혹시 음악을 연주하려고 준비하십니까?
아니면 음악 연주가입니까?

당신 나라에서 직업에 종사하는 한 사람 한 사람의 모든 업종이 그 한 사람 한 사람을 합쳐서 한 사람으로 만들어 하모니를 내어 지휘하듯이 3억 3천만 명이 모두 지휘자가 되기를 기도합니다.

직업에 종사하는 당신 나라 사람 각자가 지휘봉을 쥐고 지휘해 보세요.

당신이 직업에 종사하면서 가지고 있던 베테랑으로서의 감각, 리듬, 느낌, 배움, 영감, 달란트… 모두 음악 연주에 양념을 쳐서 멋지고 아름다운 지휘를 해보세요.

당신 나라의 예술+학문+사회+국방+유엔+교육의 지휘자가 얼마나 위대하고 중요한지는 알고 있으며 그래서 지휘자들께 존경과 경의를 표합니다.

이런 분야의 단원들은 지휘자의 깊은 뜻을 이해해야 하며 순종하고 잘 따라야 합니다.

당신들 각자가 청중의 맺혀있던 가슴의 갈증을 시원하게 뚫어주는 세계적인 하모니의 지휘자가 되어달라고 하나님께 성령님의 은총을 기도합니다.

당신 나라의 음악도 대단합니다. 뉴욕의 골목이 낙서 박스입니다.

음악에 미쳐 낙서한 것입니다. 전 세계인이 음악에 도취하여 낙서한 것입니다. 그들의 마음에서 느끼는 감정을 적나라하게 진솔하게 낙서한 것입니다.

통기타를 치고 북을 치고 노래를 부르는 음악 감각이 나의 나라와 다릅니다.

음악 수준은 세계 최고 수준입니다.

하지만 거룩한 음악은 예수 그리스도, 하나님을 찬양하는 것입니다.

팝 음악은 흥미 본위입니다. 마음속에 우러나는 하나님 찬양, 영광을 노래해야 합니다. 음악으로 마귀 사탄을 조작하고 자기가 마귀 사탄이 되어서는 안 됩니다.

나쁜 노래가 사회에 죄를 만들어 냅니다.

하나님! 미합중국의 음악과 미술은 위대합니다. 음악과 미술의 화합으로 세계의 평화와 사랑이 이루어지기를 기도합니다.

그 속에 하나님을 찬양하고 인간에 희망을 주고 성령이 내주 감동, 감화하게 하소서.

신종바이러스 에볼라

2014년 3월, 아프리카 기니에서 출혈과 열을 동반하는 환자가 발생했습니다. 의료진들은 이 환자가 에볼라 바이러스에 감염되었

---

269) 만약 당신이 참으로 억울한 일을 당하여 원수에게 복수를 한다면 세계에는 온통 복수의 칼날이 번질 것입니다. 이런 경우에도 하나님께서는 용서를 명령하였습니다. 당신의 용서를 위해 기도합니다.

음을 진단했습니다.

에볼라 바이러스 감염증은 1976년에 처음 등장했습니다.

콩고민주공화국에서 처음 나타난 이 질병은 약 1년에 걸쳐 콩고 민주공화국과 수단에 6백여 명의 환자를 발생시키면서 새로 등장한 강력한 바이러스 질병의 하나로 자리매김했습니다. 에볼라라는 이름은 처음 환자가 발생한 지역에 흐르고 있던 강 이름에서 유래했습니다.

이후 에볼라 바이러스는 치사율 50%가 넘는 무서운 전염병으로 수많은 인류의 목숨을 앗아갔습니다.

당신 나라에서 온 뉴스를 들으니 에볼라 바이러스에 감염된 라이베리아 국적의 흑인이 사망했다 합니다. 감염이 되어 미국 본토로 바로 이송했으나 그 환자가 오는 것을 일부 단체는 꺼렸다고 합니다. 그렇게 무서운 병입니다. 당신 나라에 첫 사망자가 발생했습니다.

전 세계의 방송들이 에볼라 뉴스로 난리입니다.

특히 라이베리아에서 수천 명의 흑인이 이 병에 감염되어 죽어가고 있다 합니다. 뚜렷한 치료제나 백신도 없다고 합니다.

나의 나라에서도 아프리카 등 이 에볼라 바이러스에 감염된 나라의 대학생이 들어오면서 바이러스가 전파되는 우려가 생기고 있습니다. 과거 나의 나라는 이러한 전염병이 생기면 격리하고 태워 죽였습니다. 그러나 지금은 인도주의 차원에서 격리하여 차단하고 있습니다.

이런 생명을 위협하는 병을 마다하지 않고 아프리카에 가서 사역하다 전염되었던 선교사들을 위해 기도합니다.

이처럼 선교와 봉사를 목적으로 아프리카에 목숨을 걸고 하나님의 복음을 전하러 가는 당신 나라 선교사와 봉사자는 대단합니다. 그들의 신병에 관한 소식을 들을 때마다 안타깝고 애가 탔습니다.

그 선교사가 무슨 죄가 있는가요?

또 선교사님께서 전염이 되었다니….

하나님이시여, 하나님이시여!

악인은 잘도 사는데 세계의 인류를 위한 봉사를 목적으로 목숨을 거는 의인은 무슨 죄를 받아서 에볼라에 걸리는가요?

한 사람으로 인해 죄가 들어와 온 인류가 죄 가운데 있게 되었으며 그 한 사람의 죄로 인해 사망이 들어왔고 온 인류는 사망 가운데 있습니다. 마치 죄가 바이러스처럼 퍼지는 것이 염려됩니다. 바이러스가 자신의 몸에 들어와 있는 것도 모르거니와 또 그것을 전혀 모르는 다른 사람에게 감염을 시키듯이 자신도 모르게 죄가 들어오고 남을 감염시킵니다.

그러므로 온 인류가 사망 가운데 에볼라 바이러스처럼 백신을 찾지 못하고 고통 속에서 신음하다 죽는 것입니다.

이러한 신종 바이러스는 현재와 미래의 재앙입니다. 그러한 재앙으로 위기나 전쟁의 위험이 있고 또 누가 막느냐 하는 문제가 있습니다.

---

270) 당신이 약할 때 하나님께서 성령으로 강하게 하시고 당신이 가난할 때 은총으로 부하게 하시며 당신이 죽임을 당하려 할 때 새 생명으로 보호하시는 하나님의 은총이 임하기를 간절히 기도합니다.

바로 당신과 당신 나라가 용기를 가지고 준비하여야 하며 지금 위대한 일을 계획하여야 합니다.

미국 영화의 영향력

밤이 되어 10시 40분입니다. 밤이 된 것을 기쁘게 생각합니다. 당신 나라는 아침 9시 경입니다.

영화가 얼마나 인류에게 커다란 영향력을 끼치는지 모두가 잘 알고 있습니다.

당신 나라가 그런 세계 영화 시장에서 당당히 1위를 차지하고 있습니다. 그만큼 세계 영화 시장에서 차지하는 영향력이 크다는 이야기입니다.

이처럼 당신 나라의 영화가 발달한 이유는 그만큼 시나리오 작가, 감독, 배우, 제작자 등의 수준이 높고 이를 뒷받침하는 막대한 자본이 있기 때문입니다.

그래서 당신 나라의 영화산업은 단연 세계 1등입니다. 또한 그 제작부터 배급까지 당신 나라를 따라갈 나라가 없습니다.

당신은 혹시 영화 산업과 관련된 회사의 대표입니까?

아니면 감독, 배우, 조명, 의상 담당, 촬영감독, 아니면 세트 담당자입니까?

아니면 투자하고 배급하는 회사의 책임자입니까?

아니면 당신은 영화를 즐겨 1주일에 한 번 이상은 새로운 영화를 보기 위해 영화관에 찾아가는 영화광입니까?

당신 나라의 영화가 세계에 미치는 영향이 지대합니다. 그리고 그 유행은 급속도로 세계에 전파됩니다.

하나님! 미국에서 이루어지는 영화 제작의 열매, 열매를 맺기 위한 가지, 뿌리, 잎사귀까지 하나님이 사랑해 주세요.

그리고 전 세계에 좋은 영향을 끼치게 해주세요.

당신 나라의 유명 영화배우가 1년에 1억 달러를 번다고 합니다. 정말 대단합니다.

당신 나라의 영화는 전 세계에 인기몰이를 하고 그로 인해 파생되는 영향은 엄청납니다.

그러나 그 영화 속으로 들어가 보면 흥행 목적이 많습니다.

총을 쏘고 사람을 죽이는 영화가 많습니다.

그 영화는 흥행하는 것이 목적이고 스토리는 가치가 있으나 정당성은 없습니다.

잘못하면 영화가 인간을 망치게도 합니다.

영화를 만들되 거룩하고 의미 있게 만들어야 하는데 지금은 흥미 위주입니다. 흥미보다 정서를 함양시키고, 그 주제가 정의와 공의, 삶의 진실이 스크린에 펼쳐져야 합니다.

또한 어린이, 청소년, 장년을 변화시키는 가치 있는 내용이 담겨

---

271) 과거 나의 선조가 당신 나라 하와이 노동자가 되어 일한 적이 있습니다. 그때 나의 선조 중 한 분인 소녀 신부의 남편이 노동 관리자에게 모진 매와 중노동에 지쳐 죽고 말았습니다. 그 소녀 신부는 결국 미국인과 결혼하여 아들을 낳고 열심히 가르쳐 훗날 하와이 경찰청장으로 키워냈습니다. 이 모든 거룩한 역사에 감사드리며 기도합니다.

야 합니다.

당신 나라 영화를 보면 단지 흥미 본위인 경우가 많습니다. 돈이 목적이다 보니 흥행을 시켜야 하는 이유는 알겠지만, 자칫 영화가 인류를 병들게 하고 있는지 돌아봐야 합니다.

세균보다 더 무서운 것이 나쁜 영화나 음악입니다.

인류는 영화가 악으로 끌어들일 수 있는 흥분제적인 독소가 있다는 것을 명심해야 합니다.

영화감독은 인간의 마음을 지휘합니다. 감독이나 각본가는 중요합니다. 그러므로 당신 나라의 영화제작자들은 인류를 교육하고 가치 있고 의미 있으며 당신에게도 보람이 있는 영화를 만들어야 합니다. 희망과 용기를 주는 영화를 만들어야 합니다.

희망에는 거룩함, 정의, 공의가 있어야 합니다.

언젠가 허리우드의 영화 촬영장을 방문한 적이 있는데 세계의 영화산업을 위해 기도했었습니다.

하나님! 미국의 영화산업을 위해 기도합니다.

십계와 벤허를 내 생애에 감동 있게 20번 이상 봤습니다. 세계에서 가장 빠르고 직접적으로 영향을 주는 세계와 미국의 영화산업이 거룩하고 정의와 공의가 있고 사람을 변화시키는 가치 있는 산업으로 발전하게 해주세요.

미국의 영화 종사자가 먼저 이러한 뜻을 마음에 새길 수 있도록 인도해 주세요. 세상에 사랑과 평화, 진실과 정의를 알리는 도구가 되게 해 주세요. 그리고 그것이 당신의 보람이 되게 해 주세요.

미국의 리더십

당신 나라에는 전 세계 사람이 모여 있습니다. 당신 나라 사람, 시민권, 영주권이 있는 사람, 거주하는 사람 등입니다. 그래서 세계의 다양한 전통과 관습, 풍습, 종교, 철학, 문화, 예술 등이 모여 있습니다.

당신 나라에는 이처럼 각 나라 사람들이 모여 구성되어 있지만 모두 당신 나라가 어려울 때 힘을 발휘해야 합니다.

당신은 당신 나라가 위기에 처했을 때 어떻게 하시겠습니까?

당신 나라 미합중국의 위기는 세계의 위기입니다.

당신은 또 어떻게 그 위기를 리더십과 거룩함으로 극복할지 한 번이라도 생각해 보셨나요?

세계는 지금 다급하고 위태롭고 위급합니다.

당신이 어떤 자리에 어떤 직업에 종사하든지 세계의 위기를 이겨 낼 자신감과 용기를 가지고 있나요?

또 당신은 세계 초일류 국가의 위대한 국민이라는 것을 잠시라도 잊으신 적이 있으신가요?

바로 당신과 당신 나라에서 해내야 합니다. 그래서 나는 철들기 전부터 노년이 된 지금까지 당신과 당신 나라를 위해서 하나님을

---

272) 시온의 영광과 새 에덴의 축복을 받은 당신이 오직 인류 사랑의 사명으로 살아가길 위해 기도합니다.

찾고 부르짖고 있습니다.

당신은 용기 그리고 지식, 소망이 있든 없든 위대함과 거룩함, 사명감을 가지고 당신 나라를 위기에서 살려야 한다는 자신감과 자존감을 가져야 합니다. 그렇기 위해서는 리더십과 거룩함을 가져야 하며 이것을 위해 나는 기도합니다.

당신 나라의 리더십으로 인류의 재앙을 막아야 합니다.

지구가 위기에 처했을 때 인류 한 사람 한 사람이 목숨을 바쳐서 위기를 구하고 국가나 민족을 구원해야 합니다.

하나님! 미국이 위태롭고 위기에 처하고 어려울 때 미국에 있는 전 미국인 한 명 한 명의 리더십과 거룩함이 되살아나게 해 주세요. 미국인 각자가 미국과 세계를 살릴 수 있는 그런 능력 있는 사람이 되게 하여 주세요.

미국을 위기에서 건질 수 있는 꼭 그 한 사람, 한 사람이 되게 하여 주세요.

미국의 자동차 문화

당신 나라는 워낙 넓은 땅이다 보니 자동차 없이 살아갈 수가 없는 문화입니다. 자동차가 없으면 그 넓은 땅에서 사람이 이동할 방법도 없고 물건을 이동할 방법도 없습니다.

그래서 헨리 포드의 자동차 발명은 위대합니다.

이처럼 자동차는 거룩하고 위대한 것인데 그것을 다루는 운전사에 문제가 있습니다.

세계적으로 교통사고가 전쟁 못지않게 무섭습니다.

당신 나라에서 차를 몰고 가는데 뒤와 옆 차가 경적을 울립니다. 무엇인가 나에게 알려주는 신호를 보내는 것입니다.

나의 나라는 빵하고 한 번이면 상대방은 "알았어"이고 두 번째는 "알았다니까 새끼야", 세 번째는 "너 죽을래?, 네 번째는 "까불지 마라", 다섯 번째는 "누구야? 나와 싸움을 해보자는 거야", 여섯 번째는 "나와 한 판 붙어 누가 이기나 해보자", 일곱 번째는 싸움이 붙어 그 도로가 정체가 일어나 난리입니다. 경찰이 와도 해결이 안 됩니다.

그러나 당신 나라의 경적은,

첫 번째는 경적 소리가 감사합니다,

두 번째 경적은 알려주니 더욱 감사합니다,

세 번째 경적은 나를 사랑합니다,

네 번째 경적은 위기입니다,

다섯 번째 경적은 위험의 경고입니다,

여섯 번째 경적은 내 목숨이 위험하다는 경고입니다.

일곱 번째 경적은 나의 목숨을 살려주니 감사하다는 뜻입니다.

나는 당신 나라 운전자의 애정 표현에 감사하며 하나님께 기도합니다.

당신 나라 운전자가 호수같이 마음이 넓기를 기도합니다.

---

273) 이 더러운 죄인을 품어주시는 하나님의 참 사랑은 생각만 해도 감격스럽습니다. 그 하나님의 참 사랑을 미국의 전 국민과 온 인류에게도 베풀어주시기를 위해 기도합니다.

미합중국 교통사고 51%가 감소할 것을 기도합니다.

당신의 운전하는 마음이 나의 나라 운전하는 사람보다 일곱 배나 넓어서 호수 같기를 기도합니다.

나의 나라에서 당신 나라의 뉴스를 들으면 1년에 몇 번씩 안개로 차량이 충돌하고 연쇄 충돌하였다고 합니다. 이 소식을 접하면서 나는 깜짝 놀랐습니다. 당신 나라는 교통사고가 너무 많습니다.

나는 이 점에 대해 안타까운 마음을 가지고 있습니다. 앞으로 교통사고가 나지 않아야 합니다.

당신 나라 운전자의 마음이 호수같이 넓고 잔잔하고 고요하고 아름다운 마음이 되어 사고가 줄어들어야 합니다.

세계 각 나라의 비행기 조종사를 포함하여 배, 자동차, 기차, 요트, 전철 등의 어떤 운전이든지 바다에서 항해하고 운전하는 모든 사람에게 나는 호수의 마음을 갖고 운전하길 바랍니다.

운전하는 당신 속에서 하나님이 운전하기를 기도합니다.

남북전쟁의 의미와 가치

2014년 11월 4일 치러진 미국 중간선거에서는 1860년대 남북전쟁 이후 처음으로 남부 지역에서 흑인 연방 상원 의원이 탄생했습니다. 사우스캐롤라이나 주 연방 상원 의원으로 당선된 팀 스콧(Tim Scott, 공화당)이 주인공입니다.

스콧은 2013년 1월 짐 드민트 상원 의원의 사퇴 후 후임으로 지

명됐다가 보궐선거에 출마했습니다. 이 뉴스를 접하고 나는 남북전쟁이 가져다준 거룩함에 대해서 생각해 보았습니다.

1860~61년 사이에 당신 나라는 남부 주들의 연방 탈퇴(탈퇴 순서는 사우스캐롤라이나 · 미시시피 · 플로리다 · 앨라배마 · 조지아 · 루이지애나 · 텍사스 · 버지니아 · 아칸소 · 테네시 · 노스캐롤라이나)와 잇따른 무장 소요 및 노예제 · 무역 · 관세 및 주권(州權)에 관련된 문제들로 몇 십 년을 끌어온 지역 간의 불화는 최고조에 달했습니다.

이 불화는 근본적으로 남부와 북부의 경제적 차이 때문에 생겨난 것이었습니다.

남부 경제가 노예 노동에 의한 플랜테이션을 기초로 하는 반면 북부에는 자유민의 노동에 의한 작은 농장들과 날로 발전하는 제조업을 기초로 하고 있었습니다.

1840~50년대 북부 주들은 언젠가는 새로운 주가 될 서부 지역에서 노예제를 금지하기를 바랐습니다.

남부의 주들은 노예제를 저지하려는 모든 노력에 반대했으며 북부의 태도가 결국에는 남부 자체의 노예 소유를 위태롭게 하지 않을까 두려워했습니다. 1850년대 무렵 몇몇 북부인들이 노예제도의 완전한 폐지를 요구하기 시작했습니다.

이에 맞서 남부의 몇몇 주들은 노예를 소유할 권리를 지키기 위

274) 6.25 한국전쟁으로 인해 청춘의 생명을 바친 모든 미국 군인과 연합군 군인들의 영혼에 감사드리며 기도합니다.

해 연방에서 탈퇴하겠다고 위협했습니다.

노예제를 반대하는 공화당 후보 링컨이 1860년 말 대통령으로 당선되자, 남부의 주들은 이러한 위협을 실천에 옮겨 연방에서 탈퇴했습니다.

제퍼슨 데이비스 대통령이 이끄는 남부 연합(Confederate States of America) 정부는 남부가 북부보다 애국적 정열 면에서 앞서고, 전략상 유리한 내륙 수송로를 가지고 있었으며, 국제적인 중요성을 갖는 작물인 목화를 생산하고 있으므로 남북전쟁을 빨리 끝낼 수 있으리라고 생각했습니다.

반면 링컨 대통령이 이끄는 북부 연방은 남부보다 인구가 2배 이상 많았으며 제조력·수송력에서 남부를 훨씬 능가했습니다.

1861년 4월 12일 사우스캐롤라이나 주 찰스턴에 있는 섬터 요새에 대해 남부 연합 정부의 포가 발사됨으로써 전쟁이 시작되었습니다.

양측은 신속하게 군사를 모집하고 전군은 전투체제로 편성하기 시작했습니다.

1864년 3월 링컨은 그랜트를 북군 총사령관에 임명합니다. 그랜트는 병력과 물자에서 북부 연방이 압도적으로 우세한 것을 기초로 곧 지구전(持久戰) 전략을 세웠습니다.

그는 5월에 전진하기 시작하여 버지니아 주의 윌더 니스·스폿실베이니아·콜드 하버에서 벌어진 전투로 어마어마한 사상자를 냈으나 6월 중순 무렵 피터즈버그(Petersburg) 전방의 요새에 남부의 총사령관인 리를 묶어 두었습니다.

거의 10개월간 북군의 피터즈버그 포위 공격이 계속되었으며 그 동안 그랜트는 서서히 포위망을 좁혀갔습니다.

한편 셔먼은 조지아 주에서 남부 연합의 또 다른 주요 병력과 맞섰습니다. 셔먼은 9월 초 애틀랜타를 점령했으며 10월에는 전쟁의 참화를 뒤로 남기며 조지아 주를 가로지르는 480㎞의 행군을 시작했습니다.

12월 10일 서배너에 도착한 그는 곧 그 도시를 점령했습니다.

1865년 3월 무렵 리의 군대는 사상자와 탈주자들 때문에 수가 줄어들었고 물자도 크게 부족했습니다.

그랜트는 4월 1일 파이브 포크스에서 마지막 진격을 개시하여 4월 3일 리치먼드를 점령하고 4월 9일 애퍼매턱스 코트하우스 근처에서 리의 항복을 받아냈습니다. 셔먼은 북쪽으로 이동하여 노스캐롤라이나 주까지 들어갔으며 4월 26일 J.E. 존스턴의 항복을 받았습니다.

이로써 전쟁은 끝이 났습니다.

남북전쟁에서 북부가 승리한 결과, 연방은 보존되었으며 아울러 노예제가 폐지되고 해방 노예에게 시민권이 주어졌습니다. 또한 전쟁으로 급속히 산업구조가 공업화되고 점점 도시화하고 있던 북부의 주들이 정치적 · 경제적으로 새롭게 등장하는 경향이 뚜렷해졌

---

275) 맥아더 총사령관의 인천 상륙작전은 성공할 수 있는 조건이 1%도 안 된다는 설이 있었지만 하나님의 은총으로 성공하였고 우리나라 대한민국의 수도를 수복할 수 있었습니다. 이 사실에 하나님께 감사하며 오늘도 기도를 드립니다.

습니다.

  지금 당신 나라 민주화의 역사를 돌이켜 보고 남북전쟁을 기억하자면 링컨 대통령이 이끈 북군이 이겨 다행이지 남군이 이겼다면 어떻게 되었을지 인류의 대전환점이 아슬아슬하게 느껴집니다.
  만약에 남부 연합이 이겼더라면 인류의 인권이 어떻게 되었을까요? 노예는 노예로 살아가야 했을 것입니다. 하지만 신의 뜻으로 인간이 진리를 찾았습니다.
  노예에게 자유가 선포되어 인권이 살아났습니다.

  정말 다행스러운 북부 군 승리의 개가입니다. 진리가 승리하고 정의가 이기는 전쟁이 되어야 합니다.
  공의가 지는 전쟁은 돌이킬 수 없습니다.
  한 번 공의가 지면 세계는 암흑과 핏빛으로 물들게 됩니다.
  20세기 전만 하더라도 강자만 사는 세상이었습니다. 약자는 빼앗기더라도 그 억울함과 분노를 누구에게 탄원할 수도 없었습니다. 그런데 이 남북전쟁으로 이러한 불균형이 깨지고 균형이 이루어졌습니다.
  만인은 평등하고 존엄하며 자유를 누리는 인간 평등의 정의와 진리의 역사의 한 페이지가 새롭게 쓰였습니다.
  만약 남군이 이겼다면 노예제도는 계속해서 존재할 것이었습니다. 그런 면에서 북군의 승리와 노예 해방은 위대한 결정이었고 하나님의 보살핌과 은혜가 내려온 것이라 아니할 수 없습니다.

지금은 밤 12시를 가리키는 자정입니다.

당신 나라와 나의 나라를 포함하여 전 세계를 위해 기도합니다.

남북 전쟁 후로 한 세대가 가고 왔습니다.

지금의 세대 가운데는 문명의 발전과 윤택함이 가득하지만 여전히 슬픈 사람, 억울한 사람이 많아지고 있습니다.

그래서 나는 매일 기도해도 행복해지지 않습니다. 왜 이런 역현상이 일어나는 것일까요?

인류에 비춘 한줄기 빛은 하나님의 음성이자 말씀입니다.

당신 나라에서 나의 나라에 한줄기 빛을 비추었습니다.

그래서 나의 나라가 광명의 나라가 되었습니다. 내가 기도하는 당신 나라는 한줄기 빛입니다.

빛은 말씀이고 진리입니다.

그래서 한줄기 빛 뒤에는 영광, 힘, 새 생명, 꿈, 소생, 무언가 다시 만들어 내는 것이 있습니다.

그래서 나는 당신 나라가 이 죄의 문제를 해결할 수 있으리라 믿습니다.

아! 하나님! 미국과 미국인을 긍휼히 여기소서.

나의 정기와 혼을 담아 신령과 진실한 마음으로 기도합니다.

---

276) 어두운 밤에 캄캄한 밤중에 미군 연합군이 여명을 열어주셨음에 감사드립니다. 새벽에 만나는 주님의 눈빛에서 여명을 느낄 수 있었습니다. 오 주여! 나 여기에서 미국의 여명을 위하여 기도합니다.

미국의 국화

나의 나라 찬송가 89장이 '샤론의 꽃 예수'입니다. 1922년 Guirey라는 이름의 당신 나라 사람이 시를 쓴 찬송입니다. 예수님을 샤론의 꽃에 비유해 그의 기쁨과 소망을 찬양하며 마음에 예수님을 담고 그의 나라를 소망하면서 부르는 찬송입니다.

나는 특별히 이 찬송을 기뻐하고 즐겨 부릅니다. 나는 눈을 감고 이 찬송을 부를 때마다
당신의 선조와 청교도 정신을
기도하고 그리움에 감미롭게 잠기는 때가 있습니다.

나라마다 국화가 있습니다.
영국은 장미이고 중국은 매화이고 나의 나라는 무궁화입니다.
그리고 일본은 벚꽃입니다.
당신 나라의 국화는 주마다 다릅니다.

오하이오 주는 카네이션의 향기가 세상에 피어나고
네바다는 양쑥 꽃이 거룩하고 아름답게 피고
와이오밍은 인디언 페인트 부시가 사랑으로 가득하고
테네시는 붓꽃이 참 사랑의 향기로 간 데마다 풍겨나고
콜로라도는 매 발톱꽃이 사랑으로 가득하고
캔자스는 해바라기가 큰 키로 세상을 비추고
미주리는 양산사 나무가 열매 맺고

웨스트버지니아는 만병초가 길이 피고
미시간은 사과가 나의 맘에 사랑으로 피고
워싱턴은 만병초가 온 세상에 사랑으로 피고
버지니아는 미국산 딸 나무가 길이 피고
애리조나는 기둥 선인장이 가득하고
뉴욕은 들장미의 향기가 풍기고
인디애나는 튤립이 탐스럽게 피고
플로리다는 오렌지가 시원하게 피고
캘리포니아는 캘리포니아양귀비가 온 세상에 사랑으로 피소서

하나님의 은총으로 기도합니다.
당신 나라의 이러한 국화의 향기가 가는 곳마다 악취가 나는 곳을 향기로 변하게 하소서.
예수님이 가는 곳마다 샤론의 꽃향기가 넘치게 하옵소서.
그리고 미국인들 당신들이 어디를 가든지 가는 곳마다 샤론의 꽃인 예수님의 향기가 임하옵소서.

당신 나라의 꽃은 세상의 그 어떤 아름답고 탐스러운 꽃과도 비교할 수가 없습니다. 마찬가지로 당신들이 가서 발 디디는 땅마다 거룩하고 아름답게 변합니다.
가는 곳마다 병원과 교회를 세우고 질병이 퇴치되고 학교가 생기는 것에 감사합니다.

---

277) 오 하나님, 미합중국에 하나님의 나라와 시온의 영광과 새 에덴의 축복이 임하게 하여 주세요.

배를 타고 2만 3천 리 머나먼 태평양 건너 나의 나라 땅에 예수님의 선교사로 당신 선조께서 이 땅에 기쁨과 거룩한 마음을 심었습니다.

하나님!
미국의 꽃과 향기가 대대손손 거룩하고
전 세계에 향기가 피어나기를 기도드립니다.

미국의 세대 별 기도문

2014년 8월 10일 아침입니다. 인생은 매우 느리게도 또 빠르게도 지나갑니다.

매일 하루하루를 살아가지만 그것이 모여 1년이 되고 10년이 되고 한 세대가 되고 세월이 흘러 노년의 영광인 백발의 황혼기를 맞습니다.

인생은 산 넘어 산이지만 또 태산을 넘으면 평지가 나옵니다.

인생의 시기별로 주로 고민하고 살아가는 것에 대해 이야기해 보려 합니다.

10대에는 주로 부모의 양육과 교육의 시기입니다. 건강, 학업, 부모의 관계, 부모와 자녀의 관계, 사춘기의 일탈, 부모의 금전과 생계, 진로 문제, 열등의식, 일등과 꼴등의 순위, 친구와의 우정, 이성 교제 등이 이루어지는 시기입니다.

20대에는 사회로의 진입 시기입니다. 이성 교제, 취업, 친구, 건강, 경제활동, 배우자, 가치관, 인간관계 등의 생활로 이루어집니다.

당신의 진실하고 가까운 친구는 누구입니까?

당신은 앞으로 어떤 목적지를 향해 살아가시렵니까?

또 무슨 지식+사명+기술로 목적지에 도달하시렵니까?

더 세월이 흘러 30대가 되면 주로 배우자와 경제생활에 골몰해지는데 직장, 회사 생활, 조직생활, 경제와 건강, 사회 문제 등으로 살아갑니다.

40대에는 경제생활과 인간관계의 시기입니다. 주로 직장의 금전 문제, 자녀와의 관계, 형제자매의 관계, 조직생활, 건강 등의 문제로 살아갑니다.

50대에는 가족생활이 중심이 되며 사회의 문제, 국가의 문제, 국가 간의 문제, 전직과 이직, 부부간의 소통을 비롯하여 관계, 세상의 문제, 이웃, 친구, 집안, 인류 등의 문제로 살아갑니다.

당신 가족의 경제생활은 어떻습니까?

당신 가족은 화목합니까? 아니면 불화가 있습니까?

60대에는 자녀의 독립 시기입니다. 자녀의 결혼, 건강, 양육, 인생의 성공과 실패, 세계, 국가, 인류 등의 요소를 주로 고민하며 살

---

278) 세계 1등 국가인 미국에서 아동학대. 폭력, 폐륜 사태가 일어나지 않게 하여 주세요. 이를 위해 부모 세대가 책임을 통감하고 대물림되지 않기를 위해 기도합니다.

아갑니다.

70대의 기도는 성공과 실패를 정리하는 시간입니다. 종교, 인생의 정리, 건강, 후손, 삶의 정의, 남겨진 일, 인생의 희로애락과 시시비비의 문제를 판단하고 고민하며 결정하고 살아갑니다.
당신은 남은 인생 무엇을 위해 사시렵니까?
당신은 당신의 인생에 대해 어떻게 정리하고 계십니까?

하나님! 미국인이 이러한 인생의 각 시기마다 먼저 하나님을 알고 믿고 부모를 공경하며 정직하고 남의 것을 탐내지 않고 선한 사업으로 경제활동을 하며 순종하며 주의 교양과 훈계로 주의 말씀을 자녀에게 가르치며 이웃과 나누며 베풀 힘이 있거든 누구에게든지 다음에 오라 하지 않고 후히 주는 나라와 국민이 되게 하소서.
그래서 당신 나라와 당신 나라 사람의 곡간이 넘쳐나고 들어와도 복을 받고 나가도 복을 받는 하나님의 축복과 은혜가 충만하게 하시고 그 후손이 대대손손 복을 받기를 기도합니다.

미국의 기업인
오늘은 주일날 새벽 2시 45분입니다.
당신 나라는 자정 12시를 지났습니다.
세계 어느 나라의 기업이나 제일 높은 자리에는 그 기업의 총수

282

가 있고 작은 가게를 포함한 자영업이나 중소기업이라도 주인이 있고 그 밑에는 각 부서에 나뉘어 직원이 일하고 있습니다. 그러한 회사의 종류는 너무 많아 그 수를 정확히 헤아릴 수가 없습니다.

나의 나라의 정주영 회장은 가난한 농부의 아들로 태어나 1930년 송전 소학교를 졸업했으며, 막노동으로 출발하여 한국 최대의 재벌이 된 인물입니다.

그는 쌀가게 종업원으로 자전거를 타고 쌀을 배달하는 것으로 사회생활을 시작하였고 주인의 신임을 받아 1937년 9월 경일상회라는 미곡상을 인수하는 것으로 사업을 하며 지속적으로 사업 영역과 규모를 확장하였습니다.

1940년 아도서비스공장 대표, 1946년 현대자동차 공업사를 설립했습니다. 1950년에는 현대건설(주) 및 현대 상운(주) 사장 등을 거쳐, 현대가 그룹 체제로 전환한 1971년부터 현대그룹 회장을 지냈습니다.

한국전쟁은 정주영 회장에게 성장의 발판을 마련해 주었습니다. 전시에 그는 미군이 발주하는 긴급공사를 대거 수주했고, 전쟁 이후에는 도로 · 교량 · 항만 등 파괴된 국내 사회 간접시설 복구 사업을 떠맡아 비약적으로 회사를 키웠습니다.

1961년 군사정부의 수립 이후 경제개발계획이 본격 추진되면서 그의 회사는 더욱 번성했습니다.

그 후 그는 해외시장으로 눈을 돌려 한국 업체로는 처음으로 해

---

279) 오 하나님. 미합중국이 하늘의 별과 같은 기쁨과 참 소망과 평강으로 넘치게 하여 주시기를 기도합니다.

외 건설에 진출했는데, 중동 붐을 일으키며 오일 달러를 벌어들였습니다.

60년대 후반에는 자동차 산업으로 뛰어들었습니다.

당신 나라 포드 자동차 회사와 합작했던 그는 포드사와 결별하고 국산 고유 모델 생산에 나섰습니다.

자동차 산업에 뛰어들어 1976년 마침내 최초의 국산 모델인 포니를 개발하는 데 성공했고 1986년에는 자동차의 본고장인 미국 시장에 차를 수출했습니다.

이 밖에도 그는 조선·전자·중화학·금융업 등 거의 모든 업종에 진출해 현대그룹을 성장시켰습니다.

특히 그는 1989년 1월 기업인으로서는 최초로 북한을 방문했고 그 뒤 1998년 6월 16일 판문점을 통해 북한 방문길에 올랐습니다. 그는 분단 이후 정부 관리의 동행 없이 판문점을 통과한 최초의 민간인으로 기록되었습니다.

그는 2번에 걸쳐서 1차에 5백 마리, 2차에 5백1마리 하여 통일소라고 불린 소 1천1마리와 함께 판문점을 넘는 이벤트를 연출해 국제적인 주목을 받았습니다. 그는 이후 몇 차례 더 방북하며 남북 민간교류의 획기적 사건인 금강산 관광을 성사시켰습니다.

나는 중년 시절에 지금은 고인이 된 정주영 현대건설 회장에 금일봉을 전달한 적이 있습니다.

그는 청년 시절 고향을 떠나 일용직 근로자 생활을 하며 직접 벽
돌을 나르는 등 열악한 환경 속에서도 맨손으로 현대그룹을 세계적
인 기업으로 키워 한국 기업의 위상이나 경부고속도로 건설 등 경
제발전에 크게 기여한 20세기 한국을 대표하는 대표적인 재벌기업
가였습니다.

나는 정주영회장에게 양복은 돈이 적어 못해드리고 구두, 넥타
이, 내의, 셔츠, 양말을 사고 또 목욕과 식사도 하시라고 금일봉을
여러 번 보낸 적이 있습니다. 이유는 우리 민족의 배고픈 설움을
해결한 장본인이라는 감동을 받았기 때문입니다.

특히 건강식품+꿀+인삼+떡+다과+성경 책+예배 탁자를 보냈으며
통일 소를 싣고 북한을 방문할 때도 두 차례 금일봉을 보냈습니다.

나는 정주영 회장의 불도저 같은 추진력과 솜씨와 일처리 능력,
근면과 성실 할 수 있다는 불굴의 의지와 이를 끌어가는 신념 등을
좋아했습니다.

그는 어려운 가운데 정직과 신용으로 한국 기업을 세계적인 기업
으로 발돋움시킨 장본인입니다.

그리고 나의 나라의 가난과 궁핍을 해결한 장본인입니다.

어느 기업이나 거기에는 창업하였거나 창업주를 승계하는 기업
인의 정신이 기업에 들어 있고 배어 있습니다. 정주영 회장님으로
부터 감사의 편지를 두 번이나 받았습니다.

또 나는 삼성그룹의 재벌 2세인 이건희 회장에게도 한국 경제의
새역사를 만들라고 금일봉을 여러 번 보낸 적이 있습니다.

---

280) 당신은 알고 있나요? 우리나라 독립을 위하여 하와이 땅에서 조선 여인이 조선의 떡을
팔아 독립자금을 만들었다고 합니다. 그 작은 돈이 독립의 밑거름이 되었음에 감사 기
도를 드립니다.

그 외 LG 그룹 구본무 회장,

SK 그룹 최태원 회장,

현대자동차그룹 정몽구 회장,

포항제철 이구택 회장,

현대 상선 그룹 정몽헌 회장 등에게도 똑같은 마음으로 금일봉을 전달했었습니다. 최태원 회장님과 정몽헌 회장님으로부터 답장을 받았습니다.

이건희 회장은 삼성그룹 창업주 고 이병철 회장의 아들로 창업주의 사후에 삼성그룹 회장에 취임했습니다.

그룹의 경영혁신을 추진했으며 삼성전자를 세계적 기업으로 성장시켰습니다.

그는 삼성그룹 창업자인 이병철 회장의 셋째 아들로 태어났으며, 1965년 일본 와세다대학 상과부를 졸업했습니다.

그리고 1966년에는 미국 조지워싱턴대학교 경영대학원을 수료했습니다. 같은 해인 1966년 동양방송에 입사했으며, 1968년에 중앙일보사 · 동양방송 이사에 취임했습니다. 1979~87년 삼성그룹 부회장을 거쳐 1987년 12월 삼성그룹 회장에 취임했습니다.

1993년 이건희 회장은 "가족만 빼고는 모든 것을 바꾸라"라는 신경영을 선포하며 획기적인 경영혁신을 추진해 나갔습니다.

1998에는 삼성전자 대표이사 회장에 취임했습니다.

그는 삼성그룹 회장을 비롯하여 삼성 공제회 이사장, 프로 야구

삼성라이온즈 구단주, 삼성복지재단 이사장, 한일경제협회 부회장, 한국 올림픽 위원회(KOC) 부위원장 등을 역임했으며, 1996년 7월에는 국제 올림픽 위원회(IOC) 위원으로 선출되었습니다.

이건희 회장은 반도체, LCD, 휴대폰 등 전자부문에 과감히 투자하며 삼성전자를 세계적인 기업으로 성장시켰습니다.

2010년 이후에는 평창동계올림픽대회 조직위원회 고문, 삼성생명공익 재단 이사장을 역임하였습니다.

이건희 회장은 창업주의 정신을 잘 계승하여 삼성의 문화를 확립하였고 경영을 안정화시키며 더욱 발전시켰고 신기술 개발로 반도체를 부품으로 하는 전자제품의 신기원을 이룩하였습니다.

훌륭한 기업인의 사상과 정신 또한 큰 뜻은 한 국가의 대통령 못지않은 귀한 역할을 합니다. 나는 이러한 기업인의 꿈을 가지려 애를 쓰고 노력하며 기도하고 있습니다.

당신 나라의 기업인 역시 당신 나라를 이끌어 가는 데 중요한 역할을 하며 그들의 방향과 목적, 방법은 당신 나라 사회에 끼치는 영향이 지대합니다.

그 기업인의 경영 노하우, 조직 질서, 기본 방향과 목적, 연구 분야 등은 매우 중요합니다.

기업이 크게 잘 운영되고 성공하여야 국민에게 일자리를 제공하고 분배하며 소비가 진작되는 등 저축이 늘고 투자가 일어나며 세

---

281) 이승만 청년이 임금제도 폐위를 주장하여 사형선고를 받고 복역 중 미국 선교사가 임금에게 탄원하여 석방되었던 적이 있습니다. 이 역사적 사실에 감사드리며 세상의 모든 선교사님들의 힘을 위해 기도합니다.

금이 늘어나 국가가 발전합니다. 나는 그러한 당신 나라 기업인에게 이 책을 통하여 희망과 소망을 주고 싶은 마음이 간절합니다.

그리고 당신 나라 기업 총수에게 부탁하고 싶은 것이 하나 있습니다. 나는 당신 나라 기업인과 함께 협력하여 사랑의 기업을 펼치고 싶은 꿈이 있습니다.

그 이유는 거기에서 생기는 이익금으로 당신 나라 미합중국을 위한 좋은 일에 쓰고 싶기 때문입니다.

만약 당신 나라 기업인이 당신 나라 기업의 신기술 아시아 판권을 나에게 준다면 나는 그 이익금으로 당신이 필요하고 당신이 원하는 목적에 부합하는 일에 100% 선용하려 합니다.

당신 나라 기업이 나에게 현대적인 첨단 신기술의 제품 판권을 하나만이라도 허락해 준다면 나는 그 이익금으로 당신 나라 사람들의 어려운 환경 속의 어린이를 돕고 싶은 마음이 있습니다.

물론 이를 위해서는 내가 능력이 있어야 하고 검증되어야 함을 잘 알고 있습니다. 나는 판매조직, 경영능력을 갖추어야 합니다. 리더십도 중요합니다. 사실 나는 과거에 이런 기업을 경영해본 경험이 있습니다. 그래서 자신이 있습니다.

당신이 나를 믿고 나의 협력을 허락하기만 해준다면 나는 얼마든지 이 일을 감당해낼 자신감으로 충만해 있습니다.

그런 점에서 나는 당신 나라의 세계적인 기업인을 존경했습니다. 또한 나는 당신 나라 사람들의 인품이 좋다고 배워 나도 그대로 따라 하며 살아왔습니다.

나는 당신 나라 사람을 존경하였고 닮고 싶었으며 그래서 당신 나라 사람에게 배운 대로 또 하는 것을 따라 했습니다.

그래서 이즈음에서 나는 당신에게 러브콜을 해보는 것입니다.

당신의 마음은 주님을 닮았습니다.

그리고 주님을 본받고 있으며 그 마음에 평강이 찾아옵니다.

왜냐하면 험악한 세상을 이길 힘이 당신 마음에 하늘로부터 임하기 때문입니다.

그리고 그분의 거룩한 사랑을 당신도 이루고 있습니다.

당신의 기업이나 혹 당신 나라 기업이 살아남기 위해 폭력배나 악당에 시달리신 적이 있나요?

하나님! 미국 기업인들이 기업을 경영하다가 나쁜 사람들에게 위협과 협박을 받는 때도 있습니다.

그렇지만 세계적인 미국 기업인이나 기업들이 앞으로도 더욱 귀한 역할을 하게 해 주시고

세계의 이웃을 위해 크게 들어 쓰셔서

그 작은 불꽃 하나가 큰불을 일으키게 하소서. 그리고 추위에 떨고 있는 소외되고 가난한 이들이 미국 기업인들이 일으킨 그 불에 따뜻하게 몸을 녹이게 하옵소서.

미합중국의 모든 기업들, 애플, 구글, 페이스북, 월마트, 엑슨모

282) 이승만 청년은 장차 먼 훗날 대한민국의 독립을 위하여 헌신하였고, 결국 초대 대통령이 되었습니다. 이승만 대통령은 미국에서 공부하여 미국과 위대한 관계를 맺을 수 있었습니다. 이 사실에 감사 기도를 드립니다.

빌, 제너럴모터스, 포드 자동차, 엔론, 제너럴일렉트릭… 등의 위대함을 위해 하나님께 기도합니다.

대한민국의 명절과 미국의 명절

나의 나라 큰 명절에는 설날과 정월대보름, 단오, 추석, 한식이 있습니다.

나의 나라에서는 명절을 통해서 떨어졌던 가족들이 고향으로 선물을 가지고 찾아와 가족 간의 정을 나누며 이웃 간에도 따뜻한 인정을 나눕니다.

명절을 통해서 부모와 자녀 간에 사랑과 효도를 합니다. 오랫동안 보지 못해서 만나면 반가움에 얼굴을 만지며 얼싸안기도 합니다.

설날은 나의 민족의 최대 명절로 음력 정월 초하룻날입니다.

설 이란 새해의 첫머리란 뜻으로 설날은 그중에서도 첫날이란 의미를 지니고 있습니다. 새로운 해가 시작하는 첫날입니다.

설날의 세시 풍속으로는 차례, 세배, 설빔, 덕담, 설 그림, 복조리 걸기, 윷놀이, 널뛰기 등 그 종류가 많으며 설날의 기쁨을 친지 간, 이웃 간에 함께 나눕니다.

단오는 설, 한식, 추석과 함께 나의 나라 4대 명절로 1년 중 가장 양기(陽氣)가 왕성한 날이라 해서 큰 명절로 여겨져 왔습니다.

추석은 음력 8월 15일로 우리나라 3대 명절 중 하나이며 민간에

290

서는 1년의 명절 중 가장 중요한 명절로 여겼습니다.

추석 명절에는 달이 휘영청 밝습니다. 추석 명절을 쇠러 민족의 대이동이 일어나는데 이로 인해 부모와 형제를, 자녀를 만나고 부부가 만나서 아름답습니다. 추석 명절에는 민족의 거룩한 조상님들에게 감사도 드리는데,

우리는 무엇보다 하나님께 먼저 감사를 드려야 합니다.

추석날 처음 하는 일은 아침 일찍 일어나 차례를 지내는 일입니다. 햅쌀로 밥을 짓고, 햇곡식으로 송편을 만들어 차례를 지냅니다.

또한 전통적인 명절로 12월 22일에 지내는 동지가 있는데 동지는 24절기의 하나로서 1년 중에 밤이 가장 길고 낮이 가장 짧은 날입니다.

이날에는 동지팥죽을 먹어 모든 병을 막으려 하기도 했습니다.

그 외 명절로 정월대보름 또는 대보름으로 이날은 음력 1월 15일로 대보름 전날인 음력 14일과 당일에는 각지에서 새해의 운수와 관련된 여러 가지 풍습들이 행하여집니다.

마지막으로 나의 나라 명절 중에 한식이 있는데 이날에는 불을 피우지 않고 찬 음식을 먹는다는 옛 관습에서 나온 것입니다.

요즘에는 성묘를 하는 날로서의 풍습만이 끊이지 않고 이어져 내려왔으며 농가에서는 이날 농작물의 씨를 뿌립니다. 나의 나라의 명절은 이처럼 여러가지로 전해져 내려오고 있습니다.

283) 이승만 청년은 청년 때 하와이에 학교를 세워 우리 민족의 정신을 깨우치는 공부를 가르쳤습니다. 참으로 미래의 꿈을 준비한 아름다운 실천이 아닐 수 없습니다. 이에 감사 기도를 드립니다.

나의 나라 국가 기념일은 크게 세 종류입니다.

첫 국경일은 삼일절(3월 1일)로 나의 민족이 일본의 식민통치에 저항, 독립선언서를 발표하여 나의 나라의 독립 의사를 세계만방에 알린 날을 기념하는 날입니다.

다음 현충일(6월 6일)은 나라를 위하여 싸우다 숨진 장병과 순국 선열들의 충성을 기리기 위하여 정한 날입니다.

마지막 광복절(8월 15일)은 나의 나라가 일본제국 주의자들에게 빼앗겼던 나라의 주권을 다시 찾아 해방이 된 날을 기념하는 날입니다.

당신 나라도 나의 나라의 추석에 해당하는 추수감사절과 새해 첫날의 명절이 있습니다.

당신 나라의 명절은 설날, 밸런타인데이, 부활절, 할로윈데이, 추수감사절, 크리스마스 등이 있습니다.

당신 나라의 명절을 보면 우선 설날의 새해 전날에, 사람들은 밤 늦게까지 계속되는 파티를 엽니다. 자정이 되면 새해 인사를 하고 친구들과 가족과 함께 새해의 첫 순간을 축하합니다.

춤도 추고 노래도 부르며 퍼레이드와 축구 경기를 지켜봅니다.

당신 나라 사람들은 새해 전날에 큰 파티를 가지는 데 이때 아이들에게 기다란 흰 수염을 가진 "Old Father Time"이 기저귀만을 차고 있는 "New Year's Child"로 바뀌는 자정 때까지 잠 자지 않고 있도록 허용합니다.

다음으로는 2월 14일로 밸런타인데이입니다.

밸런타인데이는 로마의 클라우디우스 2세 황제의 명령 하에 2월 14일에 처형당한 성자 밸런타인을 위한 축제입니다.

황제는 그의 부하들이 독신으로 남아있어야 그의 군대가 더 강력해질 것이라고 생각했습니다.

그는 그의 신하들이 가족들과 함께 머물러 있는 것을 원하지 않았습니다.

그 당시에, 밸런타인이 결혼이 금지되어 있는 사람들을 몰래 결혼시켰기 때문에 체포되어 처형당했습니다.

그래서 그는 연인들의 성자로 알려지게 되었습니다.

많은 사람들이, 밸런타인데이는 사랑과 낭만을 중요시한 성자에 대한 기억을 기념하기 위해 존재하는 것이라고 생각하면서, 사랑의 쪽지나 초콜릿을 주고받습니다.

4월 셋째 주 일요일은 부활절(EASTER SUNDAY)입니다. 부활절에 관련된 상징들 중에 비옥함과 새 생명의 상징인 달걀이 가장 잘 알려져 있습니다.

본래 부활절 달걀은 봄날의 햇빛을 의미하는 밝은 색깔로 색칠되었고, 부활절 달걀굴리기 대회에서 사용되었으며, 선물로 주어지기도 했습니다.

다양한 디자인으로 색칠되고 그림이 그려진 후에, 밸런타인데이처럼 연인들 간에 교환이 이루어졌습니다.

---

284) 이승만 청년은 미국이라는 세계의 중심국가에서 신학문을 공부하고 하나님의 신앙이 참으로 투철한 믿음을 간직하였습니다. 그때 이승만을 키워준 미국에 감사 기도를 드립니다.

중세에는 전통적으로 부활절에 하인들에게 달걀을 주었습니다.

부활절 달걀 찾기는 부활절 아침에, 집에서 아이들이 잠든 사이에 부활절 토끼가 숨겨 놓은 달걀들을 찾는 명절놀이입니다.

찾기는 형이나 누나들이 막냇동생을 도와주면서 집 전체를 뒤지며 계속할 수 있습니다.

가장 많은 달걀을 찾는 아이에게 때때로 사탕 상품이 기다리고 있습니다.

나의 나라도 부활절 주일날에 대대적인 행사를 합니다.

또한 10월 31일은 할로윈(HALLOWEEN)으로 온 동네 아이들이 제각각 이날을 위해 복장에 준비를 합니다. 예쁜 공주부터 시작해서 영화에 나오는 복장까지 특이할수록 좋습니다.

밤이 깊어지면 아이들은 제각각 준비한 의상에 가방 내지는 자루를 들고 동네를 수색하기 시작합니다.

모든 이웃들의 대문 앞에서 "TRICK OR TREAT"이라고 외쳐서 선물을 주지 않으면 조롱하겠다고 귀여운 협박을 합니다.

그러면 각 집에서는 사탕과 초콜릿을 가득 준비해서 방문하는 아이들에게 대접합니다.

그리고 11월 넷째 목요일은 추수감사절(THANKSGIVING DAY)입니다.

당신 나라에서는 추수감사절이 크리스마스 다음가는 두 번째로 큰 명절입니다. 사람들은 서로에게 감사 카드를 보내고 가족들은 식탁에 많은 음식을 차립니다.

11월의 마지막 목요일부터 다음 일요일까지 계속되는 4일간의 추수감사절 연휴를 즐기기 위해 당신 나라 사람들은 그들의 고향으로 돌아갑니다.

마치 나의 나라가 추석 때 그러한 것과 동일한 풍속입니다. 흩어졌던 가족들은 한자리에 모이고 멀리 대학에서 공부 중인 자녀들도 집으로 돌아옵니다.

추수감사절은 유럽인들이 처음 신대륙에 도착했던 때로부터 기원합니다.

그들은 이 신세계에서의 성공적인 정착을 자축하고 싶었고 또 그들을 도와주었던 당신 나라의 원주민 인디언들에게도 감사를 표하고 싶었습니다.

과거에 그들의 선조가 그러했듯이 오늘날 당신 나라 사람들은 구운 칠면조와 옥수수빵과 고구마 그리고 호박 파이로 이날을 축하합니다. 이 음식들은 그들의 조상들이 즐겼던 것입니다.

추수감사절 식탁에 올리는 모든 음식들은 뜨겁고 양이 푸짐하도록 되어있습니다.

나의 나라 교회에서도 이 추수감사절을 기념하여 지키고 있습니다.

마지막으로 당신 나라 최대 명절인 크리스마스(CHRISTMAS DAY)가 있습니다. 12월 25일인 크리스마스를 맞이하기 위해서 당신 나라의 가정들은 11월 말부터 단장을 서두릅니다.

---

285) 미국의 주일날에 예배하는 모습을 상상합니다. 자연스럽게 서로 사랑하고 배려하며 봉사하는 습관을 나도 닮을 수 있기를 위해 기도합니다.

어린아이들이 자기 전에 양말을 걸어 놓는 것은 성 니콜라스에 대한 오래된 전설로 거슬러 올라갑니다.

그 이야기에 의하면, 성 니콜라스가 결혼 선물이 없는 3명의 소녀들을 위해 굴뚝에 금 가방을 떨어뜨렸는데, 그 가방이 건조하기 위해 걸어 놓은 양말에 떨어졌다고 합니다. 이것에서 유래하여 아이들이 산타클로스로부터 선물을 받기 위해 양말을 걸어놓게 된 것입니다.

촛불을 창문에 켜 놓는 것은 옛 관습입니다. 사람들은 크리스마스 전날 밤에 어린 그리스도의 안내자로 촛불을 밝혀놓는 것입니다.

종을 울리는 관습은 악령을 몰아내기 위한 수단으로 시작되었습니다.

오늘날, 종은 그리스도의 탄생이라는 행복한 소식의 상징으로 크리스마스 때에 울립니다.

나의 나라에서도 크리스마스는 국가적 기념일로 지키고 있습니다.

그 외에도 당신 나라에서

2월 셋째주 월요일은 워싱턴 기념일이고,

5월 둘째 주 일요일은 어머니의 날이고,

5월 마지막 주 월요일은 현충일,

7월 4일은 독립기념일로 지정하여 기념하고 있습니다.

또 8월 첫째 주 월요일은 노동절,

10월 둘째 주 월요일은 아메리카 대륙 발견 기념일,

11월 1일은 모든 성인의 날,

11월 11일은 재향군인의 날로 지정하여 그날의 역사적인 의미와 교훈을 되새기며 오늘에 되살리고 있습니다.

나의 나라는 역사적 전통에 따라 명절이 있고 당신 나라는 그 고유하고 위대한 전통에 따라 고유 명절이 있습니다.

당신 나라 국경일을 경축하며 마음속으로 기도로 감사를 표합니다.

또한 7월 4일 독립기념일에는 나의 아들이 탄생하여 당신 나라에서 고등학교와 대학교를 공부했으며 이로 인해 나는 당신 나라를 오갔습니다.

당신 나라의 국경일에 하나님의 뜻이 임하여 세상을 변화시키는 가치가 있는 날이 되기를 기도합니다.

당신이 주고받은 선물과 선조의 수고한 사연이 당신을 축복으로 안내하며 축복이 임하고 있음을 아시기 바라며 나는 오늘도 당신 나라 국경일의 축복을 위해 기도하고 있습니다.

미국의 샘물

당신은 예수님이 우물에 물을 길으러 온 사마리아 여인에게 내가 주는 물은 그 속에서 영생하도록 솟아나는 샘물이 되리라고 하신 말씀을 기억하실 것입니다.

이 생명의 샘물 역사가 오늘날 당신 나라를 통하여 이어지고 있습니다.

---

286) 한국전쟁 당시 유엔 16개국 나라에서 연합군을 보내주어 북한을 물리칠 수 있었습니다. 당시 나의 나라에 도움을 준 UN과 16개 나라가 베풀어준 은혜에 감사 기도를 드립니다.

당신의 선조들은 이미 생명의 샘물의 선구자로서 온 세상에 이 같은 샘물을 전해준 축복의 역사가 있습니다.

그 샘물로 온 세상은 생명의 샘물을 맛볼 수가 있었습니다.

더불어 당신이 전해준 학문을 통하여 지식의 맛도 볼 수가 있었습니다. 또 당신이 열방에 세운 병원은 사람의 생명을 살리는 샘물이기도 했었습니다.

샘물에는 육신의 목을 축이는 샘물,

사랑의 샘물,

영혼의 샘물,

축복의 말씀의 샘물,

희망을 갖는 샘물 등이 있습니다.

당신 나라 사람은 전 세계 사람을 사랑으로 대하면서 하나님이 주신 샘물 곧 목마르지 않는 충만한 샘물, 복받는 샘물, 목을 축이는 샘물을 공급해 주었고 지금도 샘물을 맛보지 못해서 시들어가고 병들어가는 인류에게 샘물을 사랑으로 공급해 주고 있습니다.

하나님! 미국인은 생명의 샘물로 온 인류에 사랑을 베풀었습니다.

지금도 인류는 이 물로 목을 축이고 있으며 살아가고 있습니다.

나는 두 손 높이 들고 소리 높여 그 샘물을 찬양합니다.

미국인 모두에게 소중한 샘물 같은 축복이 있기를 기도드립니다.

그래서 하나님이 예비하신 크고 거룩한 일을 해주기를 기도합니다.

당신 나라 사람은 하나님이 주신 육신의 샘물,

하늘에서 내리는 샘물의 근원입니다.

그러므로 그 샘물은 깨끗하고 정결하고 거룩하며 생명을 살려내
야 합니다.

당신이 샘물의 근원이므로 그 물이 더러워져서는 안 됩니다.

그 물이 더러워지면 그 샘물을 마시는 사람들이 오히려 병이 들
기 때문입니다. 그래서 당신의 샘물은 깨끗하고 생명을 살리는 생
명수여야 하며 그렇기 위해서

당신 나라 사람들은 죄를 지어서는 안 됩니다.

당신 나라 사람이 죄를 지어 샘물이 더러워지면 그 샘물은 근원
이 막히게 됩니다.

당신의 깨끗한 샘물로 전 세계에 하나님이 허락한 생명수를 전달
해야 합니다.

이러한 샘물의 생명수가 없으면 인간은 흔들립니다.

너는 시냇가에 심은 나무라.

하나님의 사랑 안에 믿음 뿌리 내리고

주의 뜻대로 주의 뜻대로 항상 사세요.

주의 시절을 좇아 구원 열매 맺으면

주의 영화로운 빛 너를 보호하리니.

주의 뜻대로 주의 뜻대로 항상 살리라.

위의 〈너는 시냇가에 심은 나무라〉 가사처럼 하나님께 나도 시냇

---

287) 한국전쟁 당시 미국 병사가 혹독한 추위 속에서 아기 울음소리를 듣고 가보았더니 아
기 엄마가 자기 옷을 모두 벗어 아기를 고이 싸서 구사일생으로 목숨을 살린 모습을
보았습니다. 안타깝게도 그 아기의 어머니는 이미 싸늘한 시신이 되었지만 그 미국 병
사의 사랑에 감사 기도를 드립니다.

가에 심은 나무처럼 되게 해달라고 기도하였습니다.

나는 시냇가에 심은 나무처럼 믿음이 뿌리내려 열매를 맺으며 세상의 빛이 되고 싶습니다.

아직은 빛이 나지 않지만 거울이 빛을 받아 빛을 내듯이 하나님의 빛을 쬐면 빛이 날 것입니다. 그래서 언젠가는 세상의 빛이 될 것입니다.

당신도 나와 함께 세상의 빛이 될 꿈을 꾸지 않으시렵니까?

지금 나의 나라는 미래의 꿈을 꿉니다. 나는 책에 대해서 꿈을 꾸고 그 꿈을 실현하려는 생각으로 잠이 오지 않습니다.

한 번은 본교회가 아닌 다른 교회에 갔는데 그 권속들이 내가 장로인지 몰랐습니다. 그런데 어느 집사님이 내게 열정의 기도를 해 주었습니다. 그 기도하는 열의와 정의와 몸짓을 내가 따라가지 못할 정도로 대단했습니다. 나는 그 열의와 정의의 몸짓을 책에 쏟아 붓고 싶고 책을 펴내는 데 가르침을 받고 싶습니다.

또 당신 나라에 대한 나의 소망이 있습니다. 그것은 나의 나라에서 영어 잘하는 1천 명이상의 봉사단을 당신 나라에 파견하여 당신 나라의 고통+외로움+낙심한 자+도움을 필요로 하는 자에게 봉사할 수 있도록 하는 꿈입니다. 그래서 그들이 그 샘물을 맛보고 그 샘물을 전 세계와 인류에게 전해 주는 꿈을 꾸고 있는 것입니다.

인류 구원을
위한 나의 원대한
꿈과 이상 2

③ 하나님의 기도대회

하나님의 기도대회

내가 60년 넘게 기도생활을 해오면서 가진 꿈과 소망 중 하나가 미국에서 하나님의 기도대회를 개최하는 것입니다.

방식은 제가 쓴 '황무지와 장미꽃 시리즈' 5권을 읽고 그것을 바탕으로 하여 자신의 기도 제목을 쓰는 것입니다.

나는 하나님의 기도대회에 대한 이런 나의 꿈에 대해서 백 번, 천 번을 더 생각해 보곤 했습니다. 어떻게 기도대회를 활성화시킬 수 있을까?

당연히 기도 왕에게 커다란 상금을 내거는 방법이 있습니다.

물론 이를 위해 협력자를 모집해야 합니다.

기도대회 참가자는 상금을 받는 메리트가 있고 협력자는 광고효과가 있으니 모두가 동참하는 것입니다.

저는 하나님의 기도대회를 다음과 같이 진행하는 방식을 기도하고 있습니다.

---

288) 더 감동적인 일은 미국 병사가 그 아기를 자기 자식으로 입양하여 키운 일입니다. 그 아기는 60년 후 노인이 되어 고국으로 돌아와 어머님 묘에 자기 옷을 벗어 덮어줬다고 합니다. 이 아름다운 모성애와 사랑의 이야기에 감동의 기도를 드립니다.

먼저 〈황무지가 장미꽃같이〉 5권 시리즈의 책을 보면서 제가 지난 60년 넘게 기도했던 수많은 기도 제목을 보시고 그것으로 바탕으로 정성껏 당신께서 마음속에 평소에 꿈꿨던 희망을 상상하여 마음껏 하나님과 온 인류를 향한 당신의 기도 제목을 만드는 것입니다.

이것을 인적 사항과 함께 하나님의 기도대회 본부에 보내주시면 미합중국 3억 3천만 명 중 우수자 1명을 선정하여 크게 시상할 계획을 기도하고 있습니다.

이러한 하나님의 기도대회 주관은 미합중국 국민과 황무지가 장미꽃재단 법인 대표자 구성원과 협력하여 진행하기를 기도하며 기타 필요한 재정 및 관리, 운영은 모두의 협력으로 진행될 것을 기도합니다.

하나님의 기도대회에는 크고 은밀한 비밀과 섭리가 숨어 있기에 이를 열정적으로 진행하기를 기도하고 있습니다.

미국인을 대상으로 한 하나님의 기도대회

미국의 3억 3천만 명을 대상으로 전체 기도대회를 한다 하면 웃기는 대회라고 비웃을까요?

아니면 참으로 위대한 도전이라며 박수를 쳐줄까요?

이 대회의 목적은 미국에서 거룩한 의인을 찾아서

전 미국인에게 미래의 새 꿈과 새 희망의 하나님 융합을 심어주기 위함에 있습니다.

미국이 공동체의 마음으로 순결의 정신 속에서 정의의 힘으로 한 곳에 힘을 합치다면 미국의 위대한 새 역사가 시작될 것입니다.

미국의 희망과 큰 꿈을 합치면

새 평화와 사랑의 새 국민이 탄생하는 것입니다.

이렇게 미합중국 국민 3억 3천만 명이 새 마음 새 꿈으로 시작하게 되면 그 효과는 대단합니다.

오직 한곳에 모인 하나님의 힘은 스스로가

생각+욕망+정신+선행+도전의 꿈으로 승화되어 실제적인 실천으로 이어질 것입니다.

그러면 미국인의 유전자 속에 숨겨져 있는 공동체의 단결력+청교도 정신의 뿌리+사랑과 봉사+복음의 사명자+의인의 사명자+세계를 사랑하는 마음이 새롭게 되어 전 세계 각 분야에 의인 지휘자의 능력이 발휘되어 영혼 구원의 선구자가 될 것입니다.

미국의 미식축구와 월드시리즈 야구 결승전에서 열광하는 국민들 앞에서 우리의 정의와 사랑의 공동체가 정의롭게 힘을 합치자고 외치면 그 영향은 대단할 것입니다.

성경의 소돔과 고모라성에서 의인 10명이 없어서 멸망하였던 것처럼

미국의 의인의 사명자를 위하여 기도하는 것입니다.

3억 3천만 명이 공동으로 매주 한 번씩 한 주에서(미국의 50개

---

289) 세계의 인구 팽창 문제를 어떤 방법으로 해결할까 기도합니다. 인구가 매년 증가하는 만큼 사전에 준비하고 세계적인 문제로 인식하기를 위해 기도합니다.

주의 1개주)

하나님의 기도대회를 하자고 피켓을 들고 외치면
축제 운동처럼 그 효과가 대단할 것입니다.

각자가 감동되는 내용을 만들어 온 미합중국 국민에게, 나아가
세계에 전달하는 것입니다.

그 열기는 상상할 수 없을 정도로 큰 효과를 만들어낼 것입니다.

공동체가 합심하고 서로 융합하면 미합중국 전체의 활력소가 되
어 정의는 비로소 거룩하여지는 것입니다.

기도대회의 목적은 미합중국 국민 전체가 범죄와 타락으로 떨어
지는 원인을 찾고 사랑과 정의를 바로 세우며 스스로 새 희망의 꿈
에 도전하는 활력소를 만들어내기 위함에 있습니다.

그리고 이 기도대회를 통하여 공동체의 회개 운동과 각성 운동이
온 땅에 일어나게 하는 것이 바로 하나님의 기도대회의 목적인 것
입니다.

기도대회의 진행 방식

먼저 〈황무지가 장미꽃같이〉 5권 시리즈 책을 보면서 내가 지난
60년 넘게 기도했던 수많은 기도 제목을 보시고 그것으로 바탕으
로 당신께서 상상하여 하나님과 온 인류를 향한 당신의 기도 제목
을 만드는 것입니다.

이때 〈황무지가 장미꽃같이〉 시리즈 5권의 내용을 바탕으로 하되 그 속에 없는 것까지 예상하고 상상하여 기록하면 더욱 좋을 것입니다.

기도를 평생 동안 많이 하였지만 기록하지 못한 부분이 더 많이 있었을 것입니다.

그러므로 책 속에 없는 기도문을 창조하여 기록하여야 하는 것입니다.

이것을 인적 사항과 함께 하나님의 기도대회 본부에 보내주시면 1명의 우수자를 선정하여 크게 시상할 계획을 기도하고 있습니다.

〈심사과정〉

심사과정은 미합중국 정부와 국민 여론, 언론 협회, 종교 협회, 문화 협회와 연합하는 것을 기본으로 하여 주최 측에 일임하여 선정할 것입니다. 방법과 협의와 협력은 지속적으로 하고 당선자 선정 기준은 주최 측에서 요구하는 사항을 따르면 될 것입니다.

〈신청 방법〉

주최 측의 공지사항을 꼭 보셔야 합니다.

신청자는 A4 한 장에 자신의 인적 사항을 꼭 기록하시고 (누구나 꼭 필요한 사항임)

책 내용을 바탕으로 신청자 각자가 저자가 되어 기도문을 작성하시되 1~5문항은 〈황무지가 장미꽃같이〉 시리즈 5권의 책 1권당 1

---

290) 세계의 에너지 부족을 위해 기도합니다. 가면 갈수록 인류는 에너지를 더 많이 소비하므로 에너지 고갈은 피할 수 없는 문제로 다가옵니다. 속히 에너지 부족 문제의 해결책이 나올 수 있기를 위해 기도합니다.

문항씩 총 5문항을 작성하시면 됩니다.

그리고 마지막 6문항은 2개의 기도문을 작성해야 하는데

1개는 미합중국 국가와 국민을 위한 기도문,

나머지 1개는 전 세계와 인류를 위한 기도문을 작성하면 됩니다.

즉 1~5문항까지는 1개씩의 기도문,

6문항은 2개의 기도문, 도합 7개의 기도문을 작성하시면 됩니다.

그리고 주최 측에서 공지한 메일 번호로 보내주시면 됩니다.

⟨당선자 선정 방법⟩

주최하는 심사 측에서 정의롭게 선정할 것을 기도합니다.

⟨기도대회 신청 자격 및 조건⟩

미합중국 국민이면 누구나 참가할 수 있으며, 단 대회가 개최되기 위해서는 다음과 같은 조건이 있으면 좋겠습니다.

1) 미합중국 국민 95% 이상이 참여하여야 합니다.

2) 미합중국의 부부 이혼율이 51% 감소하여야 합니다.

3) 미합중국의 마약사건이 51% 감소하여야 합니다.

4) 미합중국에서 총기 사고가 51% 감소하여야 합니다.

(51%의 기준은 미국에서 이혼, 마약사건, 총기 사고가 가장 많이 일어난 해를 기준으로 51%가 감소하여야 한다는 뜻입니다.)

위와 같은 조건부 목적을 단 것에 대해 이해해 주시기를 바라며, 미합중국 땅 위에서 하나님의 기도대회를 잘할 수 있도록 새 도전 정신의 조언과 협력자가 되어 주시기를 기도합니다.

〈기도대회 조별 선정 및 당선자 선정 방법〉

하나님의 기도대회는 다음과 같이 조별로 나누어 진행하기를 기도합니다.

1조 : 0살부터~10세까지

2조 : 11살부터~20세까지

3조 : 21살부터~30세까지

4조 : 31살부터~40세까지

5조 : 41살부터~50세까지

6조 : 51살부터~60세까지

7조 : 61살부터~70세까지

8조 : 71살부터~80세 이상 전부

당선자는 미합중국 국민들의 여론과 여러 가지 방법에 의거하여 공정하게 선별할 것입니다.

처음에는 인적 사항 공개 없이 기도문만으로 공개합니다.

그러나 1등에 당선되면 당연히 자랑스럽고 위대하게 공개할 것을 기도합니다.

---

291) 세계 인류의 존엄과 인권과 협력과 평화와 질서를 위하여 기도합니다.

우선 각조에서 12명씩 선정하여 총 96명을 만듭니다. 이렇게 선정된 사람들은 인적 사항이 없는 상태에서(나이는 공지함) 각조에서 1명씩 8개조니까 8명의 기도 제목이 매달 월별로 언론과 방송국에 발표됩니다.

이렇게 매달 기도 제목을 1년 동안 발표하면

1년 동안 한 달에 각 조 1명씩하여 8명씩 12달 동안 총 96명 모두의 기도 제목이 다 공개됩니다.

이 모든 내용을 가지고 국가와 매스컴, 방송국과 신문사가 협력하여 미합중국 국민 전체가 여론에 의거하여 점차적으로 1등 당선자를 선정합니다.

심사위원은 미합중국 국민 3억 3천만 명 모두가 될 수 있으며, 심사기준은 위의 기도문을 읽어보시고 감동되는 마음으로 하면 됩니다.

〈신청자의 기도문 작성요령〉

미합중국과 국민 전체에게 미래의 사랑, 희망, 감동, 용서, 감격과 미국과 전 세계의 발전과 거룩한 변화를 전하는 뜻이 담긴 기도문이면 됩니다.

영어를 모르는 어린이나 어르신, 병원에 있는 자, 사정이 있는 자, 외국에 있는 자 모두 자격이 있습니다. 미합중국이 인정하는 국민이면 모두가 해당됩니다.

글을 쓸 수 없는 상태이면 관계자가 대필을 할 수도 있습니다. 보호자의 관리가 필요한 사람은 보호를 받을 수도 있습니다.

310

서로 권장하고 협력하여 미합중국 3억 3천만 명이 꼭 다 참여하기를 기대하며 신청자가 미합중국 전체 국민의 95% 이상이 되어야 합니다.

〈상금 내역〉

상금 총액은 11억불로 예상하고 기도하고 있습니다.

그중 1등에게는 10억불을 지급할 것이며 나머지 95명은 주최 측에서 별도로 정한 기준에 의해 상금을 지급할 것입니다.

또 대한민국 국민이 감동과 감격하는 마음으로 별도로 부상을 기증할 것입니다. 이때 상상할 수 없는 상품과 현물이 1등 당선자의 큰 저택에 넘치도록 가득 찰 것을 기대하고 있습니다.

(예문) 자동차, 냉장고, TV, 세탁기, 골프 용품 일체, 장롱, 식탁 및 주방에서 필요한 것 일체, 구두, 시계, 안경, 양복, 대한민국 방문 비행기 표, 호텔 숙박비… 등등. 상상 못할 정도로 예측하여 준비할 것입니다.

미합중국 정부와 협의하여 세금 감면을 의논하여 감면하도록 조정할 것이며, 상금 지불 방법도 미국 정부의 법에 준하여 협의하겠습니다.

상금액은 미합중국의 가치성과 명예성과 자존심에 근거하여 위대하게 지급할 것입니다.

---

292) 자녀의 양육+사랑+교육+인성 갖춤은 민족의 천년지 대계입니다. 미합중국의 자녀들이 천년지 대계에 따라 잘 성장하기를 위해 기도합니다.

감동, 감탄, 감격하는 마음으로 축제의 하나님의 기도대회를 미합중국 국민에게 바칠 것입니다.

〈상금의 준비〉

상금의 준비는 '황무지가 장미꽃같이' 5권 시리즈 판매대금과 책 뒷면의 후원 광고와 나머지 후원금에서 만들어 내겠습니다.

이를 위해 미국 3억 3천만 명 국민에게 제가 홍보하는 '한국에서 온 사랑의 편지' 벽보 5백만 장을 인쇄하되, 여기에 미합중국 땅 전 지역에 250개의 종류로 홍보대사 이름과 전화번호를 기재하여 홍보 및 협력할 것을 요청합니다.

다음은 주최 측 구성을 위한 제안입니다.

하나님의 기도대회 주체 측 준비 위원장님 및 위원님을 0000명이 세워지기를 기도합니다. 지원 자격은 목적과 꿈이 같고 기도의 명분과 열정이 같으면 됩니다.

준비 위원장님 신청을 환영합니다.

준비 위원장은 목적의 사명감과 자신감과 서로 뜻이 같으면 되고 1만 불 협력금과 위원 2명을 추천할 수 있는 조건만 갖추면 됩니다.

각자의 진실한 믿음에서 더 큰 꿈과 협력으로,

또 3억 3천만 명의 기도에 감격한 마음으로 세계의 최고 국가를 위해 기도하는 자는 준비 위원장님과 위원님으로 더욱 환영합니다.

〈하나님의 기도대회 목적〉

미합중국에서 하나님의 기도대회는 제가 하고자 하는 것이 아니라 오직 하나님의 뜻에 따라 하는 것입니다.

이때 하나님의 목적은 미국 3억 3천만 명의 새 마음과

새 꿈과 새 역사를 만들어가기 위함에 있습니다.

정직한 도전의 노력은 분명 봉사와 사랑의 청교도 정신이 살아나게 할 것이며 이와 더불어 양심도 정의도 진실의 뿌리도 살아날 것입니다.

이 기도대회로 인해 미국의 범죄 사건이 51% 이상 감소할 것입니다.

미국이 진리와 정의에 순종하고 새 정신과 한마음으로 통일하면 다시 청교도 정신과 미래의 희망이 살아나

죄의 근원에서 해방되고

새 역사 창조에 앞장설 것입니다. 궁극적 목적은 세계 최고 국가 미국의 공동체의 정의에 있음을 다시 한번 말씀드립니다.

미국의 정의, 인권, 진리, 양심, 청렴도, 사랑, 봉사, 회개 각성 운동을 혼자 하여도 대단하며 자랑할 만한 것입니다.

그런데 혼자가 아니라 열 명이 하고 백 명이 하고 만 명이 하고 공동체가 조직적으로 한다면 얼마나 위대한 일이 될까요?

저는 남녀노소, 어린이, 노인 불문하고 매주 공동체 각성 축제 운동을 하면 위대한 결과가 나타날 것이라고 확신합니다.

---

293) 온 인류의 부부들에게 애정+믿음+거룩함이 깃들 수 있도록 기도합니다.

과거의 모든 잘못과 고통은 사라지고

얼굴에 환한 미소의 밝은 해가 돋아날 것입니다.

자신만 알고 있는 은밀한 죄성을 이제는 어떤 사람 의식할 것 없이 공동체가 떠안아야 합니다.

그럴 때 미합중국 3억 3천만 명의 이름으로 본인의 자존심으로

성조기 펄럭이는 가운데 명예가 드높여지고 공동체의 정의와 인권과 새 양심이 되살아날 것입니다.

나아가 후대까지 이어지는 미합중국이 새 정신으로 다시 태어날 것입니다.

미국의 정의가 살아나면 세계의 각 나라의 정의는 자동적으로 살아납니다. 하나님의 기도대회를 통하여 미합중국 공동체의 각성 축제 운동이 마음에 불길처럼 일어나기를 기도합니다.

〈각 시기별 나의 기도제목들〉

나는 여섯 살에 불과했던 어린 시절부터

청소년 시절,

청년 시절,

장년 시절,

중년 시절

그리고 지금의 노년 시절에 이르기까지 60년을 넘게 당신과 당신 나라,

온 인류를 위해 기도해 왔습니다.

그것은 오직 전 세계에 하나님의 꿈을 펼치기 위한 기초 작업의 일환이었습니다.

전 세계가 정의롭게 세워지기 위해서는 세계 최강국가인 당신 나라가 먼저 바로 서야 하는 것은 기본이 아니겠습니까.

그래서 나는 60여 년 쉬지 않고 당신과 당신 나라를 위해 기도해왔던 것입니다.

60년 이상 계속해왔던 나의 기도를 시기별로 정리하면 대략 다음과 같습니다.

1. 어린 시절, 청소년 시절

① 때 거리를 잇지 못할 정도로 배고픈 시절에 당신 나라에서 옥수수 죽, 밀가루를 배급해 주어 감사드리는 기도를 했습니다.

② 미국과 소련의 전쟁이 무서웠던 그 시절, 성조기를 보며 미국을 상상할 수 있었고, 미국을 배울 수 있었으며 미국을 큰 집과 같은 마음으로 기도했었습니다.

③ 초등학교 1학년 때 배급 밀가루 포대 그림에 태극기와 성조기, 대한민국 대통령과 미합중국 대통령이 악수하는 그림을 보고 감격하여 기도했었습니다.

---

294) 세계의 보건 기구, 국제 협력 기구가 세계에게 매일 발병하는 바이러스 질병을 잘 대처하고 예방하는 데 서로 협력할 수 있기를 위해 기도합니다.

④ 또 초등학교 때 내가 다니던 교회의 여 전도사님께서 미국 이
  야기를 많이 하여 주셨는데 그때 미국을 신기해하며 들뜬 마
  음으로 기도했었습니다.

⑤ 교회 여 전도사님께서 미국이 좋은 나라이고 땅이 넓고 큰 나
  라이며 우리를 도와준다고 하여 더욱 기도하였습니다.

⑥ 하늘에 비행기만 보면 미국을 위해 기도하였습니다. 당시 미
  국과 소련이 전쟁 중에 있었는데 미국이 소련보다 더 세다고
  하여 전쟁에서 미국이 이기기를 기도하였습니다.

⑦ 그 당시 선생님에게 미국에 대하여 질문도 참 많이 하였고 상
  상하면 할수록 더욱 신이 나서 기도를 하였습니다.

⑧ 말만 듣고 미국을 그리면서, 또 그리워하면서 파란 눈에 금발,
  멋진 체격을 부러워하며 기도한 적도 많습니다.

2. 청년 시절

① 아름다운 미국의 봉사와 사랑의 정신에 감동하여 장차 성공하
  면 감사의 마음으로 미합중국을 돕겠다는 결심을 하며 기도했
  습니다.
  미국을 보고 싶고 가보고 싶어 기도하였습니다.

② 미국의 정치, 경제, 군사, 문화예술, 교육, 발전, 과학의 발명, 청교도 정신의 위대함을 상상하며 닮고 싶은 마음에서 기도하였습니다.

③ 미국의 선생님, 어머님, 발명가, 위인들을 위해 기도하였습니다. 미국 국민 3억 3천만 명이 새 정신 속에서 새 역사로 피어나기를 기도하였습니다.

④ 당신의 얼굴과 마음을 한없이 보고 또 보고 닮고 싶은 심정으로 기도하였습니다.

3. 중년 시절

① 미국의 미래의 꿈을 위해 기도하였고 더 깊은 상상 가운데 마음에 감동하여 끝도 없이 기도하였습니다.

② 매일 한마음으로 미합중국 만세 3번을 외치며 기도하였습니다. 혹 이런 나를 보고 미쳤다 할 사람이 있을지도 모르지만 나는 그저 마음에 우러나는 대로 기도하였습니다.

③ 아침에 희망으로 미국의 책임과 의무에 대하여 기도하며 미합중국 만세를 외쳤습니다.

---

295) 인간은 창조 때부터 1)자연사, 병마 2)전쟁, 사고 3)자살 4)인간의 범죄 등으로 죽어가고 있습니다. 당신은 이 중 어떤 죽음을 원합니까? 모든 인류가 하나님께서 허락하시는 평안한 죽음을 맞이하길 기도합니다.

④ 점심에 미국의 지식과 발명과 정의를 위하여 기도하며 미합중국 만세를 외쳤습니다.

⑤ 저녁에 미국의 평화와 사랑과 행복과 양심을 위하여 기도하며 미합중국 만세를 외쳤습니다.

⑥ 미합중국 백악관의 대통령, 의회의 상하의원과 의장, 법원과 법원장, 외교관, 주지사, 국무장관과 각부 장관님, 한국과 전 세계에 있는 미군과 외교관을 위하여 기도했습니다.

⑦ 미국인 3억 3천만 명의 마음에 꿈과 정직과 정의와 양심과 진실이 피어나 세계의 모범국가 모델로 거듭나기를 기도했습니다.

⑧ 미국이 청렴도 1위 국가로 높아지기를 기도했었고, 전 세계 인류와 미국인의 유전자까지 깨끗해지게 해달라고 기도했습니다.

4. 장년 시절
① 미합중국의 새 희망의 꿈과 위대한 발명을 위해 기도했습니다.

② 미합중국의 범죄와 여러 사건들을 보며 부정한 욕심으로 타락할까 봐 안타까운 마음에 기도를 하였습니다.

③ 미국 국민이 진실하고 정의로운 질서 가운데 바른 결정을 할
수 있게 해달라고 기도하였습니다.

④ 미국의 지식층, 권력자, 재력가, 기타 공동체에 임하는 정의의
힘을 위해 기도하였습니다.

⑤ 미국에 총기 사고, 마약범죄, 부부 이혼, 부정한 탐욕, 살인사
건, 배신, 사기, 폭력, 분노의 감정, 재난사고, 자연재해 사고
가 일어나지 않도록 기도했습니다.

⑥ 세계의 평화를 위하여 온 인류가 합심 단결하는 마음이 일어
나도록 기도하였습니다.

5. 노년 시절

① 미합중국의 새 역사, 미래의 패권, 인권, 건강, 죄, 거룩한 돈
과 권력, 천륜과 윤리를 위해 기도하였습니다.

② 미합중국과 전 세계에 하나님의 거룩함이 임하고 새 꿈이 창
조되길 위해 기도했습니다.

③ 미국 3억 3천만 명의 행복한 미소와 꿈을 위해 기도했습니다.

④ 미국에 거룩하고 성스러운 섹스가 확산되기를 위해서 기도했고, 사생아 100만 명의 구원을 위해 기도했습니다.

⑤ 유엔과 국제기구의 협력 아래에 세계를 위협에 빠트리는 국제 문제들이 잘 해결되기를 기도했습니다.

⑥ 3억 3천만명의 의인사명자와 미국의 지도자가 TV나 신문에 나오면 손으로 쓰다듬으면서 기도했습니다.

전체적으로 나는 다음과 같은 꿈을 꾸고 있습니다.

"미국의 땅에 나의 꿈을 기도합니다."

① 감정해소학교를 세우고 싶은 꿈을 꾸고,
② 세계양심기념관의 꿈을 꾸고,
③ 하나님의 기도대회의 꿈을 꾸고,
④ 세계인류창조기념관을 세우고 싶은 꿈을 꾸고,
⑤ 세계평화기념관을 세우고 싶은 꿈을 꾸고,
⑥ 성인관 7가지 희망의 꿈을 꾸고,
⑦ 세계봉사타운을 세우고 싶은 꿈을 꾸고,
⑧ 사랑의 기업을 설립하고 싶은 꿈을 꿉니다.
⑨ 미국인 3천 3백 명(의인) 사명자를 세우고 싶은 꿈을 꿉니다.

이 모든 꿈은 나의 꿈이기도 하지만 여러분의 꿈이며 우리 모두의 꿈이기도 합니다. 이에 여러분의 후원과 재능기부를 모집하며 나아가 협찬가와 협력자가 나타나기를 위해 기도합니다.

이 꿈이 이루어지면 모든 것을 겸손하고 진실하게 미합중국의 국민에게 바칠 것입니다.

---

296) 모든 사람은 저마다의 가슴속에 양심과 욕심이 모두 존재합니다. 이 중 욕심 대신 양심을 선택하는 사람들이 점점 더 많아질 수 있기를 위해 기도합니다.

미국의 변화를 위한 0.001% 사명자(의인)의 꿈

※ 100가지 사명자의 분야

| 지도 계층 전문직 사명자 |

한 국가를 이끌어가는 사람들은 결국 지식계층이라 할 수 있는 전문직 종사자들일 것입니다.

최고의 사명자는 바로 이러한 전문직 종사자들 사이에서 세워져야 합니다.

그래야 국가의 진실과 정의가 바로 세워지고 약자가 보호받으며 나라의 평화와 공영이 이루어질 것이기 때문입니다.

1) 바른 정치 사명자

국가 운영의 제일 첫 번째는 역시 정치라 할 수 있습니다.

정치가 국가를 좌지우지하기 때문입니다. 그런데 지금의 정치가들 중에는 바른 정치를 하려는 것이 아니라 권력욕에 물든 채 정치를 하여 온갖 비리와 부정부패가 뒤에서 도사리며

나랏돈을 검은 돈으로 만들어 국가를 휘두르는 사람들이 있습니다.

이에 피해를 입는 사람들은 당연히 국민이며 이래서야 국가가 올

322

바른 길로 나아갈 수 없습니다.

이에 바른 정치를 통하여 국가의 정의와 진실을 세우려는 바른 정치 사명자가 나오길 기도합니다. 바른 정치 사명자는 목숨을 바쳐 탐욕과 권력욕에 들뜬 정치가들과 싸우기에 반드시 이길 것이며, 오로지 국가의 정의와 진실을 위해 일하기에 유보수와 무보수 양 체제 봉사직으로 정치를 해나가는 미국 땅의 진정한 정치 지도가가 될 것입니다.

2) 진실한 미국의 상하의원 사명자

민주국가에서 정치는 사실상 정당 중심으로 이루어지기 마련이고 그래서 상하의원의 역할은 무엇보다 중요합니다.

상하의원은 지역 정치의 수장 역할을 할 뿐만 아니라 새로운 법을 만드는 역할까지 하기에 상하의원이 바로 서지 않는다면 그 국가는 결국 패망의 길로 갈 수밖에 없습니다.

따라서 이러한 상하의원이 누구보다 진실한 사람으로 세워지기를 기도합니다.

이른바 진실한 상하의원 사명자가 나타나야 하는 것입니다.

진실이란 거짓이 없이 바르고 참된 것을 뜻하므로 진실한 상하의원 사명자는 거짓 없이 오로지 참된 것을 목숨처럼 지킬 수 있는 사람이어야 합니다.

그래야 진실한 법이 만들어지고 지역사회의 진실과 정의가 바로 세워질 것이기 때문입니다.

3) 정의의 법조계 사명자

여기서 법조계라 함은 판사부터 검사, 변호사, 법학과 교수, 각종 법 관련 종사자 모두를 포함하는 개념을 뜻합니다. 한 국가에 법이 존재하는 이유는 국가의 정의를 지키기 위해서입니다. 우리나라에서는 법무부 장관이라 부르지만 미국에서는 정의부 장관(Ministry of Justice)이라 부르는 이유가 바로 법의 정의성 때문입니다.

그런데 정의를 지켜야 할 법조계에서 정의가 무너진다면 그 나라의 정의가 어떻게 되겠습니까. 더러운 불의로 가득한 나라가 될 수밖에 없을 것입니다. 이에 정의의 법조계 사명자의 반석의 믿음을 위해 기도합니다.

미국 땅에서 정의를 목숨처럼 지키는 정의의 법조계 사명자가 나타난다면

미국에 존재하는 모든 불의가 사라질 뿐 아니라

전 세계 법조계의 정의도 바로 세워질 것을 확신합니다.

4) 거룩한 능력의 장관 사명자

한 나라의 실제 행정 지도는 각 부처별 장관에 의해 수행됩니다. 따라서 한 나라의 국가 운영은 장관의 능력에 좌지우지된다고 할 수도 있을 만큼 장관의 능력은 중요합니다.

그런데 이러한 장관의 능력은 단지 탁월한 능력만 있어서는 안 되고 거룩한 능력이 있어야 합니다. 속으로는 탐욕으로 가득 차 있으면서 탁월한 능력을 부린다면 그는 뒷구멍으로 검은 돈을 가득

챙기는 도둑이 될 수도 있기 때문입니다. 따라서 나는 미합중국 행정부에 거룩한 능력의 장관 사명자가 나타나길 기도합니다. 거룩한 능력의 장관 사명자는 자신의 목숨을 다하여 하나님이 주신 능력을 발휘하므로 자신이 속한 부처의 일들을 탁월하게 잘 처리하여 국가의 이익에 기여할 것입니다.

이로 인해 국가는 더욱 부강해질 것이 틀림없습니다.

5) 미국의 성실한 고위관료 사명자

일반적으로 고위 관료란 국가 기관에서 일을 하는 공무원 중 고위직에서 일하는 사람들을 뜻합니다. 이들은 선거에 의해 선출된 선출직 공무원이 아니라 임명직 공무원으로서 평생직장으로 공직에서 일하는 사람들입니다. 사실 국가 정치의 고위직 중 선출직 공무원들은 결국 임기가 끝나면 물러갈 사람들이나 고위 관료들은 특별한 사고가 없는 한 정년까지 공직에서 일하게 되는 사람들입니다.

따라서 이들의 생각이나 행동이 국가의 운영에 커다란 영향을 끼칠 것은 두 말할 나위없습니다.

이러한 고위 관료가 정의와 진실 앞에 바로 세워져 있을 때 그는 바로 진실한 고위 관료 사명가가 될 수 있습니다.

진실한 고위 관료 사명자는 아무리 포악한 정치가가 나타날지라도 굴복하지 않고 생명을 바쳐 끝까지 싸워 이길 것이므로 국가의 정의와 진실을 세우는 데 크게 공헌하게 될 것입니다.

6) 올바른 공무원 사명자

공무원이란 국민들을 위하여 국가 또는 지방 자치 단체의 업무를 담당하고 집행하는 사람들을 뜻합니다.

그런데 이런 공무원이 검은 돈을 뇌물로 받거나 자기가 알고 있는 국가 정보를 뒤로 빼돌려 탐욕을 꾀한다면 나라꼴이 어떻게 되겠습니까.

오늘날 선진국에서는 이런 일이 드물게 일어나나 후진국으로 갈수록 이런 일이 다반사로 일어나고 있는 것이 현실입니다. 따라서 최고 국가인

미합중국에서 올바른 공무원 사명자가 나타난다면 먼저는 미국의 공직사회를 깨끗하게 정화할 뿐 아니라

전 세계 공직사회, 특히 타락으로 물든 후진국 공직사회를 깨끗하게 하는 데 첨병의 역할을 할 것이 틀림없습니다.

그래서 나는 이 순간 미합중국에 올바른 공무원 사명자의 정의의 의무에 악인을 보고는 못 참는 사명을 위해 간절히 기도하고 있습니다.

7) 강직한 장군 사명자

장군이란 군을 지휘하고 통솔하는 우두머리로 대개 별을 단 스타를 말합니다. 군에서의 장군은 다른 분야의 지도자보다 더욱 강직한 성품을 필요로 합니다.

여기서 강직이란 기질이 꿋꿋하고 곧은 성질을 뜻합니다. 하지만

어떤 상황 앞에서도 꿋꿋하고 곧고 바르게 나아가는 장군이 많지만, 일부 장군들은 권력욕에 물들어 세속화된 장군이 있을까 걱정됩니다.

이에 나는 미합중국에 강직한 장군 사명자가 나타나 먼저 미국 군대를 강직하게 바로 세우기를 기도합니다.

강직한 장군 사명자의 등장은 미국 국민 전체에도 감동을 주어 미국 정치와 사회에도 긍정적 영향을 줄 것이 틀림없습니다.

나아가 세계의 군대를 이끄는 장군들에게도 좋은 영향력을 끼쳐 군대의 진실과 정의를 세우는 데 큰 역할을 하게 될 것입니다.

8) 충성된 군인 사명자

군인이란 국가의 안전보장과 국민의 생명과 재산을 보호하기 위하여 군대에 복무하는 장교, 부사관, 병사를 통틀어 이르는 말입니다. 따라서 군인의 중요성은 두 말할 나위 없을 것입니다. 군인들이 국가와 상관에게 충성하지 않고 하극상을 일삼는다면 그 군대가 어떻게 되겠습니까. 따라서 군인에게 요구되는

제1의 덕목이 바로 충성입니다. 충성이란 국가나 윗사람을 위해 몸과 마음을 다 바쳐 일하는 것을 뜻합니다. 따라서 국가를 위해 몸과 마음을 다 바쳐 일하는 군인이 바로 충성된 군인 사명자가 되는 것입니다.

미합중국에서 충성된 군인 사명자가 많이 나타난다면 미군은 지금보다 백 배, 천 배 더 깨끗하고 강한 군대로 거듭날 것이며,

---

297) 사람을 죽이는 전 세계의 전쟁 무기가 도리어 사람을 살리는 무기가 될 수 있기를 위해 늘 기도합니다.

전 세계에 나가 있는 미군들에게도 매우 좋은 영향을 끼칠 것이 틀림없습니다.

9) 사회질서 지킴이 경찰 사명자

경찰은 생활 속 범죄의 현장에서 우리를 지켜주는 역할을 하기에 무엇보다 중요한 존재입니다.

이러한 경찰이 돈에 눈이 어두워 범죄를 눈감아 주거나 피해자를 구해주는 역할을 하지 못한다면 그 사회질서가 어찌 되겠습니까?

돈을 위해 적당히 법을 어기거나 편법을 쓰는 사람들이 사회에 가득하게 되어 그야말로 썩은 내가 진동하는 사회가 되지 않겠습니까?

이를 위해 미국 땅에 사회질서와 법을 수호하기 위해 목숨을 바쳐 일하는 사회질서 지킴이 경찰 사명자가 세워지기를 위해 기도합니다.

이러한 사회질서 지킴이 경찰 사명자가 세워지면 불법에도 적당히 눈감아 주거나 피해자의 억울함을 풀어주지 못하는 경찰들에게 경종을 울려 정의로운 경찰 조직을 세우는 데 큰 역할을 하게 될 것입니다.

이는 세계의 경찰들에게도 파급되어 경찰조직을 깨끗이 하는 데 원동력이 되리라 확신합니다.

10) 사랑의 의사 사명자

우리 사회에서 일하는 전문직 종사자 중 가장 존경받는 직종 중 하나가 바로 의사일 것입니다.

어느 사회이든 의사가 되기 위해서는 엄청난 공부를 해야 하기 때문이며 무엇보다 우리의 질병과 생명을 책임지는 역할을 하고 있기 때문입니다.

이러한 의사는 환자와 직접 대면하여 질병을 치료하는 사람인데 만약 의사가 환자를 사랑하지 않고 돈으로만 대한다면 그 환자의 질병을 제대로 치료할 수 있을까요.

의사가 환자를 진정으로 사랑한다면 그가 나을 수 있는 최선의 길로 인도하여 그를 완전히 낫게 하는 길로 인도할 수 있을 것입니다.

하지만 환자를 돈으로만 대한다면 건성으로 진단하고 늘 처방하던 약을 처방해 줄 뿐일 것입니다. 그래서 환자는 당장 약 기운으로 버티지만 병을 달고 사는 일이 반복되는 것입니다.

나는 사랑의 의사 사명자가 나타나 진정으로 환자를 사랑하는 마음으로 치료해주는 날이 오길 간절히 기도합니다.

11) 봉사정신의 의료계 사명자

내가 사랑의 의사 사명자와 별도로 봉사의 의료계 사명자를 위해 기도하는 이유는 의사 외에도 의료계에는 간호사, 임상병리사, 물리치료사, 치과위생사, 방사선사, 치과기공사 등의 의료 기사, 그리고 각 병원 경영 및 행정 종사자들이 함께 일하기 때문입니다.

이러한 의료계 종사자들의 중요성은 환자의 생명과 직결되어 있기 때문에 두 말할 나위 없습니다.

그런데 의료계 종사자들이 환자의 생명을 존중하지 않고 마치 돈으로 대한다면 이것은 한 명의 소중한 목숨을 놓칠 수도 있는 일이기에 큰 문제가 아닐 수 없습니다.

그래서 나는 봉사정신으로 투철한 의료계 사명자의 거룩함을 위해 기도하고 있습니다.

봉사정신의 의료계 사명자는 환자를 위하여 자신을 돌보지 아니하고 애쓰는 사람들로서 이들 때문에 환자들의 질병은 더욱더 빨리 퇴치될 것입니다.

12) 책을 쓰는 진리의 작가 사명자

'펜은 칼보다 강하다'는 말이 있습니다. 이는 글로 써서 언론이나 책 등의 정보로 전달되는 힘이 칼로 휘두르는 힘보다 사람들에게 훨씬 큰 영향력이 있다는 것을 비유한 말입니다.

이런 대단한 글을 쓰는 사람을 작가라 합니다. 그런데 이런 작가가 당장의 욕심을 부추기는 성공 비결만을 위한 글을 쓰거나 성공을 위한 세상의 지식 전달만을 위한 글을 쓴다면 오늘날의 불의한 세상을 어떻게 바꿀 수 있겠습니까. 만약 이런 대단한 힘을 지닌 작가가 진리를 추구하는 글을 쓴다면 어떻게 될까요?

하나님의 거룩한 뜻과 정의가 담긴 글을 쓴다면 어떻게 될까요?

위대한 작가의 글은 사회의 가치관까지 바꾸는 힘이 있는 법입니다.

따라서 진리 추구 작가 사명자의 새 꿈의 희망을 위해 기도합니다.

그래서 미국 사회가 하나님의 진리를 추구하는 가치관으로 변화

330

하길 위해 간절히 바라고 기도합니다.

13) 위대한 영화감독 사명자

오늘날 영화 한 편이 관람객에게 주는 영향력은 대단합니다.

어떤 사람은 영화 한 편이 자신의 인생을 송두리째 바꿔놓았다고 할 정도입니다.

이런 영화를 만드는 사람이 바로 영화감독입니다.

한 영화에는 그 영화를 만든 영화감독의 가치관이 고스란히 배어들게 마련입니다.

그런 점에서 영화감독이 지닌 가치관은 매우 중요합니다.

만약 영화감독이 거룩한 하나님의 뜻을 담은 영화를 만든다면 그는 위대한 영화감독이라 불릴만할 것입니다.

그 영화를 본 사람들은 마음속 깊이 하나님의 거룩한 뜻을 간직하고 점점 그것을 자신의 가치관으로 승화해나갈 것입니다.

그런 점에서 이런 거룩한 영화를 만들어낼 위대한 영화감독 사명자를 위해 기도합니다.

그의 영화 한편이 미국과 세상을 변화시킬 것입니다.

14) 겸손한 인기배우 사명자

영화나 드라마에서 가장 중요한 요소는 역시 영화나 드라마에 등장하는 배우입니다. 사실 인기 있는 배우 한 사람이 주는 영향력은 영화나 드라마 전체보다 더 크다 할 정도로 대단합니다.

298) 미합중국 국민이 매일 생활 속에서 두 사람씩 서로 위로하고 관심과 사랑으로 달래주며 협력하는 문화가 정착되기를 위해 기도합니다. 이렇게 되면 범죄 사건이 51% 감소할 것 같은 마음에서 늘 기도합니다.

그런 위대한 배우라면 그의 사생활도 만인의 모범이 되어야 할 것입니다.

하지만 위대한 배우의 마음에 교만하고 거만한 마음이 들어오면 어떻게 모범이 되겠습니까. 사실 사람이 높은 곳에 올라가면 교만한 마음이 싹트기 마련인데, 그래서 나는 겸손한 인기 배우 사명자를 놓고 기도하였습니다. 겸손한 인기 배우 사명자가 세워진다면

그는 누구보다 인기가 오래갈 것이며 다른 배우들과 심지어 팬들에게까지 거룩한 영향을 끼치게 될 것은 물론

미국 사회와 전 세계에서도 위대한 사명자로 우뚝 설 수 있을 것입니다.

15) 옳은 지식인 사명자

나는 한 사회의 진화와 발전을 위해 가장 중요한 존재가 결국 그 사회의 지식인들이라고 생각합니다.

지식인들은 그 사회문제에 대하여 올바른 답을 제시할 수 있어야 하며 발전방향에 대하여서도 옳은 방향을 제시할 수 있어야 합니다.

그런데 오늘날 지식인들은 그런 역할을 하지 못한 채 오히려 한쪽 편을 들므로 사회를 더욱 혼란시키는 주체로서의 역할을 하고 있으니 통탄하지 않을 수 없습니다.

그런 점에서 옳은 지식인 사명자가 세워지길 위해 기도합니다.

옳은 지식인 사명자는 오늘날 미국 사회의 문제에 대한 답을 정확히 제시하며 세계 최고 국가로서의 미국이 나아가야 할 방향을

정확히 제시하는 데 큰 역할을 하게 될 것입니다.

16) 거룩한 종교계 사명자

오늘날 미국 교회의 권위는 점점 무너지고 있는 분위기입니다. 이는 단지 미국에만 나타나는 현상이 아니라 전 세계적으로, 특히 선진국에서 나타나는 현상입니다. 그 이유는 교회와 사원이 세속적으로 물들었기 때문입니다.

연일 신문지상에 종교 지도자의 일그러진 모습이 등장하고 이와 더불어 사회와는 단절된 모습의 교회가 등장합니다. 이는 올바른 종교의 모습이 아닙니다.

종교란 사회의 정신적 지주가 되어야 할 존재인데 그 반대의 모습이 되고 있으니 안타까운 일이 아닐 수 없습니다. 이에 종교 본연의 거룩한 종교계 사명자가 세워지길 위해 간절히 기도합니다.

거룩한 종교계 사명자는 사회의 본이 되는 정신과 행동과 길을 제시하여 정신적으로 혼란과 혼돈에 빠져 있는 세상을 바로 일으킬 거룩한 역할을 하게 될 것입니다.

17) 사회적 기업가 사명자

아무리 바른 정신을 주장하더라도 결국 육체의 몸을 입고 있는 인간은 음식을 먹고 경제생활을 영위해야 살아갈 수 있는 존재입니다.

그런 점에서 현대사회의 경제를 이끌어가는 주체인 기업가의 중요성은 더할 나위 없습니다.

안타까운 것은 오늘날 자신만의 이윤을 추구한 나머지 빈익빈 부익부 현상이 더 깊어지고 있다는 사실입니다.

돈을 많이 번 기업가는 점점 더 부유해지지만 그렇지 못한 계층들은 경제적으로 힘들어지는 모순이 심각해지고 있는 것입니다.

이에 나는 사회적 기업가 사명자가 세워지기를 위해 기도하고 있습니다.

사회적 기업가 사명자란 개인의 이익보다 사회적 가치를 우위에 두고 사회를 위하여 목숨을 다하여 기업의 영업 활동을 수행하는 기업가를 말합니다.

이런 기업 사명자가 세워진다면 사회적 약자의 경제활동이 더욱 활성화될 것이며, 따라서 빈익빈 부익부 현상은 확실히 줄어들 것이라 확신합니다.

18) 지혜의 교육계 사명자

현재 미합중국은 전 세계 최고의 패권국가입니다. 하지만 역사적으로 패권국가의 패권이 영원히 지속된 나라는 단 한 나라도 없습니다. 마찬가지로 미국의 패권도 언제까지 지속될지 아무도 모릅니다.

그러나 내가 바라는 것은 미국의 패권이 영원히 지속되며,

미국이 전 세계에 보여준 사랑과 봉사정신이

전 세계 인류의 중심사상으로 영원히 남기를 바라는 것입니다.

이를 위해 미국의 교육은 너무나도 중요합니다.

미국의 중심사상을 영원히 이을 미래세대가 올바른 교육을 통하

여 지속적으로 재생산되어야 되어야 하기 때문입니다.

이것은 지혜로 아이들을 가르치는

지혜의 교육계(교사, 교수 등) 사명자가 세워져야 가능합니다.

그래서 나는 지혜의 교육계 사명자를 놓고 오늘도 간절히 기도하고 있는 것입니다.

19) 감정정화의 음악가 사명자

오늘날 우리 사회 곳곳에서는 분노와 두려움 등의 부정적 감정으로 수많은 사건사고들이 터지고 있습니다. 도대체 이런 부정적 감정은 어떻게 치유하여야 할까요. 여러 가지 방법이 있겠지만 나는 예술적 음악이야말로 인간의 감정을 정화할 수 있는 최고의 수단이라고 생각합니다.

이에 인간의 부정적 감정을 긍정적이고 깨끗한 감정으로 정화하는 것을 평생의 사명으로 삼고 목숨을 바쳐 치유의 음악을 만들어 내는 감정 정화의 음악가 사명자의 영혼의 열정을 위해 기도하고 있습니다.

만약 감정 정화의 음악가 사명자가 나타나 내가 만든 '워싱턴의 밤', '꿈을 심어보자'에 곡을 붙인다면 더없는 희열과 감사를 올리겠습니다.

감정 정화의 음악가 사명자는 먼저 미국 땅의 모든 부정적 감정들을 깨끗이 정화할 것이며,

전 세계에서 부정적 감정으로 고통받는 사람들을 거룩하게 치유할 것입니다.

---

299) 우리나라가 전쟁 후 세계에서 제일 못 사는 국가로 전락하여 GNP 58불 소득 국가에서 현재 3만 불 이상의 소득 국가로 번영하였습니다. 이 모든 것이 미국 덕분이라 생각하며 감사 기도를 드립니다.

20) 최고미의 미술가 사명자

아름다움이란 즐거움과 기쁨을 줄 만큼 예쁘고 고운 것을 말합니다.

우리는 이런 아름다움을 예술작품 중 주로 미술 작품을 통하여 볼 수 있습니다.

그런데 인간이 가장 아름답다고 느끼는 대상은 하나님의 작품이라 할 수 있는 자연경관을 통해서입니다.

즉, 하나님의 숨결이 배인 작품이 최고의 아름다움을 줄 수 있는 것입니다. 마찬가지로 나는 사람들이 어떤 미술 작품을 보고 아름답다고 느끼는 것은 바로 하나님의 숨결을 그 작품에서 느꼈기 때문이라고 생각합니다.

그런 면에서 나는 최고 미의 미술가 사명자가 세워지는 큰 꿈을 위해 기도합니다.

그가 만든 하나님의 숨결을 담은 최고 미의 미술 작품은 많은 사람들에게 감명을 주며 그들을 죄에서 돌이켜 하나님의 의의 길로 인도할 것이라 확신합니다.

| 기타 사회생활 속 사명자 |

21) 탐욕 극복 사명자

100가지 사명의 분야 중 탐욕을 첫 번째 주제로 하는 것은 탐욕이야말로 만 가지 죄의 근원이기 때문입니다. 탐욕이란 그것을 차지하고 싶어 몹시 욕심을 부리는 상태를 말합니다.

만약 인간의 본성 중 이러한 탐욕만 제대로 잡을 수 있다면 죄 문제의 절반은 쉽게 뛰어넘을 수 있을 정도로 탐욕이 부리는 힘은 매우 막강합니다. 따라서 탐욕은 단지 금욕의 마음으로는 이길 수 없고 사명감으로 접근해야 이길 수 있습니다.

즉, 탐욕을 절제하는 것이 하나님의 절대명령임을 사명으로 받아들이고

이에 순종하는 마음을 가질 때 비로소 탐욕을 이길 수 있다는 이야기입니다.

이에 탐욕 극복을 평생의 사명으로 여기는 탐욕 극복 사명자가 세워지기를 새 마음으로 기도합니다. 이러한 사명자는 탐욕의 반대인 겸손과 사랑이 가득한 사람이 되어야 할 것입니다.

22) 부정부패 척결 선구자 사명자

부정과 부패는 주로 권력자에게서 나타나는 죄성입니다. 권력자에게서 이런 죄성이 나타나는 이유는 권력을 이용하려는 교만 때문입니다. 높은 자리에 올랐으니 세상이 다 내 아래에 있는 것 같아 교만한 마음이 일어나는 것입니다.

권력자가 되면 뭐든 다 가질 수 있을 것 같아 탐심이 생기게 마련입니다.

그런데 탐심으로 이런 것들을 차지하려면 법을 어겨야 하는 문제가 생기는데 권력자의 교만한 욕심이 쉽게 부정과 부패로 이끌게

합니다.

그래서 '권력자의 부패는 필연적이다'라는 말이 있을 정도로 권력자의 부정과 부패는 끊이지 않고 일어나는 것입니다.

결국 부정과 부패의 문제도 사명자가 세워져야 뿌리가 뽑혀질 것입니다.

그래서 부정과 부패 척결을 평생의 사명으로 삼는 부정부패 척결 사명자의 능력을 위해 기도하는 것입니다.

23) 불법 범죄 예방 인도 사명자

법을 어긴 사람을 범죄자라 하며, 따라서 불법은 주로 범죄자가 저지르는 죄입니다. 대부분의 사람들은 법을 지키고 살기에 범죄자가 되지 않습니다. 그러나 범죄자는 쉽게 법을 어기고 범죄를 저지르는데 이것은 사회적 문제로 번지게 됩니다.

범죄자 때문에 당한 피해로 평생 눈물과 한으로 살아야 할 피해자들을 양산하기 때문입니다.

이러한 불법에 해당하는 것으로는 가장 중한 살인부터 시작하여, 강도, 강간, 도적질, 사기, 절도, 폭행상해… 등 수많은 것들이 있는데 이로 인해 피해 받은 수많은 피해자들이 고통과 두려움에 떨고 있으며 이런 사람들이 많을수록 사회는 질서가 무너지고 혼란이 가중되기 마련입니다.

이러한 범죄자 예방을 평생의 사명으로 품고 생명을 바칠 사명자가 필요합니다.

그래서 불법 범죄를 예방하는 것을 평생의 사명으로 삼는 불법 범죄 예방 인도 사명자의 전사의 힘을 기도하는 것입니다.

24) 이혼 억제 인도 사명자

오늘날 세계의 중심국가인 미국뿐만 아니라 전 세계의 주요 국가들, 심지어 나의 나라 대한민국까지 이혼은 날로 늘어가고 있는 안타까운 현실입니다.

이혼이 주는 상처는 단지 남편과 아내뿐만 아니라 아이들에게까지 평생 씻을 수 없는 아픔과 고통을 남긴다는 점에서 매우 큽니다. 그 뿐만 아니라 이혼은 곧 사회의 기본 세포 단위라 할 수 있는 가정을 파탄으로 이끌어 대혼란을 주므로 사회에도 나쁜 영향을 끼칩니다. 따라서 미래의 새 꿈과 새 희망의 사회를 만들기 위해 이혼을 줄이기 위해 필사적으로 이해와 설득을 해야 합니다.

이에 이혼을 억제하고 줄이는 것을 평생의 사명으로 삼는 사명자의 영력을 위해 기도합니다.

나는 1%의 이혼 억제 인도 사명자만 세워져도 전 세계의 이혼율이 10% 이상 줄어들 것이라 확신하며 기도하는 것입니다.

25) 새 희망 운동 사명자

희망이 얼마나 중요한 것인가 하면, 만약 자살하려고 하는 사람에게 희망이 1%만 있어도 그는 자살을 하지 않게 됩니다.

희망의 힘은 이 정도로 막강합니다.

300) 우리 민족은 전쟁 속에서 고아가 많이 발생하였습니다. 이때 미국이 고아원을 설립하고 또 미국으로 입양함으로써 참으로 귀한 생명을 살려냈습니다. 이에 미국 국가와 양부모의 정성에 깊이 감사하는 마음으로 기도합니다.

그런데 오늘날 미국은 물론 전 세계에 마지막 1%의 희망마저 잃어가는 사람들이 점점 많아지고 있으니 통탄할 일이 아닐 수 없습니다. 왜 희망을 잃어가는 것일까요?

세상의 죄악 때문에 두렵고 연쇄반응의 여파로 절망적인 일이 너무 많이 일어나기 때문입니다.

그 속에서 두드려 맞고 상처투성이가 된 채 그 마음에 마지막 소망마저 없어지기 때문입니다.

이에 사람들의 마음속에 새 희망을 심어주는 것을 평생의 사명으로 삼고 새 희망 축제의 운동을 펼칠 사명자가 절대적으로 필요합니다.

이런 새 희망 운동 사명자 1명이 1만 명의 사람들을 절망의 수렁에서 건져 새 희망을 심어줄 것을 기도합니다.

※ 100가지 사명자의 분야 26번부터는 3권에서 이어집니다.

황무지가 장미꽃같이 시리즈 5권
한글판 · 영문판 출판 선교 · 후원 하신분입니다.

(가나다순)

군포제일교회	목사	권태진	대신종합주방기구	회장	박찬의
정주로	변호사	권태호	원주기도원		박희경
에몬스가구	회장	김경수	비손파크	회장	백일현
공인회계사		김두남		군목 목사	손성락
	권사	김순아	에스엠	회장	송종채
고려대AMP 최고위 총회장		김영식	서울안과	원장	안은정
방태산업	회장	김용남	IGNP		어윤홍
세원글로벌	회장	김용석		변호사	오병주
부천병원	원장	김용진	미창석유공업	회장	유재순
삼원기업	회장	김윤중	동방특송	회장	윤백호
삼원아스콘				작가	이경윤
고려대AMP	봉사위원장	김지인	누가치과	원장	이기백
	권사	김희자	순천향건강	CEO총회장	이덕수
동원약품그룹			와인스쿨	원장	이동현
망담교회	목사	소진철	나라사랑모임	장로	이상렬
그린바이오메디칼	회장	박경순	그레이트씨엔씨	회장	이수영
만해법률	변호사	박기동		장로	이정혁
공인회계사		박성배	삼보물류그룹	회장	이진현
LBLA 2기	회장	박인숙	골드화인그룹	회장	이홍기
	장로	박종주			

황무지가 장미꽃같이 시리즈 5권
한글판 · 영문판 출판 선교 · 후원 하신분입니다.

(가나다순)

바둑동호회	총무	임진화	동방인쇄공사	대표	허성윤
	목사	장기만	LBLA 2기		허예회
L.A환경조형연구소	이학박사	장익식		변호사	강창재
건강증진기능수제화	회장	전근표	봉담성북교회	목사	김 철
코리아나	회장	전병직		법률이사	권오성
	회장	정선열	CBMC	회장	이장우
	장로	정요한	〃	회장	전남제
	장로	정태호	〃	교수	장정용
영광기업	대표이사	정학영	동암연세이빈인후과의원	원장	정재봉
청도프로방스 용암온천	회장	정한태	법무사	대표	최정열
			순종교회	목사일동	
새한신용정보	회장	지광윤	검단중앙교회	목사	강신창
경동교회	목사	채수일		회장	금기창
패션그룹 형지	회장	최병오		영사	신창식
	회장	최상희			
강동물류	회장	최승락			
	권사	하은주			
대원디엔시 경복궁	회장	한영희			

여러분의 소중한 관심이 큰 힘이 됩니다. 많은 후원 부탁드립니다.
우리은행 1005-303-416846 이병기 꿈에출판
          010-9516-4216

황무지가 장미꽃같이 시리즈 5권 홍보대사

(가나다순)

권선묵 행복출판사	구충모	김사철 작가
권태진 군포제일교회	권경환	김상길 세무사
김상철 목사	권순재	김석조 목사
박성민 캐나다목사	권순학	김성룡
박영산 목사	권시완	김순아 권사
서삼석 목사	권의균	김승희 목사
송성자 미국목사	권태호 대표변호사	김양섭
임오혁 장로	김경수 회장	김연규
임주현 랜드마크법무법인	김관열	김영민
장헌일 목사	김규리	김영식 전총회장
정창덕 총장	김대원	김영진 회장
강병진 대표이사, 총재	김동엽	김용남 회장
강숙자	김동철 장로	김용만 이사장
강창재 변호사	김두남 공인회계사	김용석 회장
강철수	김명성	김용진
강호원	김명숙	김운주
고상순	김문찬	김유선 대표
고종욱 장로	김봉욱 목사	김윤중 대표이사/회장

황무지가 장미꽃같이 시리즈 5권 홍보대사

(가나다순)

김일구	문강민	박찬의 회장
김장수	문해민	박태욱
김재율	민영규 회장	박해용
김재현	박경순 대표이사	박희원
김정렬	박기동 변호사	방준혁
김주원	박미진 사무장	배의봉
김진기	박병철 장로	배진아
김철인	박성배 공인회계사	백일현 회장
김학기	박성웅	변남길
김현석 변호사	박영산 목사	서경진
김형석	박완순	성하국 회장
김형운 변호사	박용옥	소진철 목사
김희자 권사	박용일 이사/감정평가사	손광기 회장
노연구	박종우	손영복
동일범 사장	박종주 장로	손환기 권사
두문진 장로	박종진	송영복
류명진	박종철 목사	송종채 회장
목정태	박진우	신경택 회장

황무지가 장미꽃같이 시리즈 5권 홍보대사

(가나다순)

신상윤	유이관	이성갑	이혜림
신용호	유재순 회장	이수영 회장	이홍기 회장
심병택 회장	윤백호 회장	이시원 회장	이홍열
안미성	윤영옥 목사	이영재	이희자 총회장
안병정	윤정종	이옥규	임광수
어윤홍	이강국	이이형 장로	임병선
오병주 변호사	이귀범 목사	이인호	임상환
오영숙	이규상	이인환	임순학
오영택	이규현	이장우	임인배
우순희 목사	이기준 회장	이재협	임재만
우아해 목사	이동섭	이정혁 장로	장경규
원필연	이동주	이종래	장경식
위명환	이래영	이준희	장기만 목사
유명수 장로	이명희	이진현 회장	장석구 대표회장
유승민	이민자 권사	이창식	장영선
유연식	이병천 회장	이태복	장익식 이학박사/소장
유연학	이상선	이태선	장현일 목사
유운상	이석규	이형기	전병직 회장

황무지가 장미꽃같이 시리즈 5권 홍보대사

(가나다순)

전영우	지미옥	허성윤 회장
정광택	진영길 회장	허훈
정선열 회장	진호원	현명인 목사
정영도 회장	차광수 방송인	현홍균 총재
정영래 세무사	차완식	홍은지
정요한 장로	채규식	홍종철 중앙선거관리
정일채 장로	채학철 장로	위원
정태호 장로	최경순	황기봉
정한태 회장/보건학박사	최병오 회장	이상덕 장로
정형기 목사	최승락 회장/경영학박사	반균환 장로
조건진 방송인	최용섭	이은복 목사
조동희	최현오	이상훈 장로
조용호	탁수명	문찬수장로
조평열 회장	하은주 권사	노인우 장로
주상철	한명섭 회장	이상명 장로
주승중 목사	한영곤	김영철 장로
주영희	한영복	정병윤 목사
주은형	한영희 회장	
지광윤 회장	한종수 회장	

협력을 원하시는 분께서는 010-9516-4216으로 문자 주시면 2~5권에 기록하겠습니다.

여호수아 17장18절

그 산지도 네 것이 되리니 비록 삼림이라도 네가 개척하라 그 끝까
지 네 것이 되리라 가나안 사람이 비록 철병거를 가졌고 강할지라
도 네가 능히 그를 쫓아내리라

마태복음 11장5절

소경이 보며 앉은뱅이가 걸으며 문둥이가 깨끗함을 받으며 귀머거
리가 들으며 죽은 자가 살아나며 가난한 자에게 복음이 전파된다
하라

누가복음 1장77절

주의 백성에게 그 죄 사함으로 말미암는 구원을 알게 하리니